育部哲学社会科学研究重大课题攻关项目（项目批准号11JZD022）

东省哲学社会科学"十一五"规划项目(09E-22)

东省高层次人才项目(201079)

东外语外贸大学2010年度出版基金资助项目成果

汇率变化的贸易收支效应

——基于汇率传导与贸易弹性的研究

HUILÜ BIANHUA DE MAOYI SHOUZHI XIAOYING

JIYU HUILÜ CHUANDAO YU MAOYI TANXING DE YANJIU

杨碧云 陈 平 著

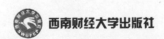

西南财经大学出版社

图书在版编目(CIP)数据

汇率变化的贸易收支效应:基于汇率传导与贸易弹性的研究/杨碧云,陈平著.一成都:西南财经大学出版社,2012.9

ISBN 978 - 7 - 5504 - 0830 - 2

Ⅰ.①汇… Ⅱ.①杨…②陈… Ⅲ.①人民币汇率—汇率波动—影响—对外贸易—研究—中国 Ⅳ.①F832.63②F752

中国版本图书馆 CIP 数据核字(2012)第 201230 号

汇率变化的贸易收支效应——基于汇率传导与贸易弹性的研究

杨碧云 陈 平 著

责任编辑:孙 婧

助理编辑:何 敏

封面设计:墨创文化

责任印制:封俊川

出版发行	西南财经大学出版社(四川省成都市光华村街 55 号)
网 址	http://www.bookcj.com
电子邮件	bookcj@foxmail.com
邮政编码	610074
电 话	028 - 87353785 87352368
照 排	四川胜翔数码印务设计有限公司
印 刷	郫县犀浦印刷厂
成品尺寸	170mm × 240mm
印 张	13.5
字 数	235 千字
版 次	2012 年 9 月第 1 版
印 次	2012 年 9 月第 1 次印刷
书 号	ISBN 978 - 7 - 5504 - 0830 - 2
定 价	39.80 元

序 言

汇率变化对贸易收支的影响可以通过两方面的因素来解释：一是汇率变化对贸易价格的影响，可定义为汇率变化的价格传导因素；二是贸易价格的变化对贸易数量的影响并在此基础上通过价格与数量的共同变化影响到贸易额，可定义为贸易价格弹性因素。早期的理论研究文献都假定汇率变化对贸易价格实现完全传导（本币贬值/升值能同幅降低/提高一国出口外币价格而提高/降低进口本币价格），仅考虑贸易价格与数量之间的弹性关系，并认为，当马歇尔—勒拉条件（简称ML条件）成立，即一国进出口需求的价格弹性之和大于1时，则贬值将改善贸易收支，升值将恶化贸易收支。但随后大量的实证研究表明，即使ML条件成立，也不能得到汇率变化对贸易收支影响的这一传统结论。在弹性分析方法得不到有效证实之后，研究者们开始从汇率变化的价格传导因素着手进行分析，并结合实证分析得出结论：汇率变化对贸易价格的传导并不完全，且汇率传导程度存在显著的行业和国别差异。这使得对汇率变化的贸易收支效应的分析变得更为复杂。

汇率变化对贸易额的最终影响实际上取决于汇率波动幅度、汇率对贸易价格的传导程度以及贸易价格与数量间的弹性关系三方面的综合影响。在给定汇率变化的前提下，实际上就是取决于汇率传导和贸易弹性两大因素中的各具体因素的综合影响。而到目前为止，国内外文献对该问题的研究始终都是采取给定某一具体影响因素，而后单独分析另一因素所造成的影响，鲜有从理论或实证方面将两因素的综合影响系统地进行阐述和估计。本书的研究目的就在于以汇率传导理论和弹性分析理论为基础，在考虑一定汇率变化对贸易价格传导现实的同时，还分析贸易价格与数量之间的弹性关系，最终得到汇率变化对一国贸易收支的综合影响，包括其影响方向与影响程度，并进一步分析造成这种影响的具体原因。

本书研究的基本思路就是以人民币汇率变化和中国对外贸易发展的现实为

背景，以汇率变动对各行业和各贸易方式的进出口价格传导和 ML 条件在我国各类对外贸易活动中是否成立为分析核心，在借鉴相对成熟的西方汇率传导理论和贸易弹性理论的基础上，结合中国现实对各理论予以拓展，运用现代主流的经济计量和统计方法，对 1995 年 1 月~2008 年 8 月的相关数据进行分析，先后进行四个方面的研究：①测算我国人民币名义有效汇率。该部分首先计算我国与 14 个主要贸易伙伴之间贸易额（包括进口额、出口额和总贸易额）的相对权重和对应双边名义汇率，其次将双边名义汇率与贸易权重（分进口权重、出口权重和贸易总额权重）加权加总分别得到进口加权的名义有效汇率、出口加权的名义有效汇率和总额加权的名义有效汇率，以分别考察影响进口额、出口额和贸易总额、贸易余额的汇率变量的变化。②采用协整分析方法估计长期内人民币名义有效汇率变化对总进口、总出口价格与对分行业和分贸易方式的进口、出口价格的传导程度，并对分行业和分贸易方式的进出口价格的汇率传导程度进行比较分析。③利用截面数据分析方法估计总进口、总出口和分行业和分贸易方式进口、出口需求的价格弹性，判断 ML 条件在中国各类对外贸易活动中是否成立。④直接对汇率与全国各类贸易额相关变量进行建模，采用协整分析方法分别估计总进口、总出口、总贸易余额和分行业与分贸易方式进口、出口、贸易余额的长期汇率弹性，并通过数理推导分析各贸易余额的汇率弹性与对应汇率传导程度、进出口需求的价格弹性之间的内在联系，系统构造三者之间的基本理论关系并对其进行数值检验。

本书最后结合中国开放经济发展和人民币汇率调整的现实，根据书中得出的理论推导与实证结论提出一系列的政策建议，主要包括汇率安排、对外贸易结构调整以及其他相关配套政策等方面的政策建议。

杨碧云　陈平

2012 年 2 月 5 日

ABSTRACT

There are two fatctors to explain the trade balance effect of exchange rate variate, one is exchange rate pass-through, which describes the influence of exchange rate variate on trade price, the other is trade elasticity, which describes the influence of trade price on trade quantities. Most of early theoretic research papers assumed the perfect exchange rate pass-through to trade price, such as domestic currency depreciation will decrease export price in foreign currency and increase import price in domestic currency with same fluctuation, and domestic currency appreciation will increase exprot price in foreign currency and decrease import price in domestic currency with same fluctuation. These researches only considered the elasticity relationship between trade price and trade quantities, and concluded that domestic currency depreciation will increase trade balance and appreciation will decrease trade balance if Marshall − Lerner condition exists. But subsequent researches did not testify this conclusion. And then researchers turn their steps to exchange rate pass-through, and come a conclusion that the exchange rate pass-through is not perfect, and there are distinct differences among industries, trade forms and bilateral trade partners. The research on trade balance effect of exchange rate variate becomes to be complicated.

Ultimately, the effect of exchange rate variate on trade balance relies on the complicated influence of three factors: the range of exchange rate variate, the extent of the exchange rate pass-through and trade price elasticity. If the range of exchange rate variate is given, the effect will rely on the extent of exchange rate pass-through and trade price elasticity. Up to now, most of researches on this subject only analysis the effect of one factor by assuming the other factor. Few of them concentrate on both of two factors to ananlysis the effect of exchange rate variate on trade balance systemetically. The aim of this book is to analysis the influence of trade elasticity factor and exchange rate pass-through factor at one time based on the exchange rate pass-through theory and trade elasticity theory, and come a conclusion on the trade balance effect of exchange rate variate, and analysis the reason of those effects.

The frame of his book is following: backgrounds of this research are the realities of RMB exchange rate variate and the development of China's foreign trade; principal parts of this research are the exchange rate pass-through to trade prices in different industries and trade forms, and whether the Marshall − Lerner condition exists according to industries and trade forms; the theoretic base of this thesis is exchange rate pass-through theory and trade elasticity theory. This book applies monthly China datas from 1995.5 to 2008.8 and some popular econometric and statistical mehtods to research four contents: ① to measure the nominal effective exchange rate of RMB. In this part, firstly I calculate the bilaterial nominal exchange rates and the trade weights of China's 14 trade partners, including import weights, export weights, and total trade weights. ② to use cointegration method to estimate the exchange rate pass-through to import prices, export prices totally and in different industries and different trade forms in the long run, and then compare and analysis these exchange rate pass-throughs. ③ to use pool data method to estimate the import demand elasticity and export demand elasticity totally, in different industries and different trade forms, and judge whether the Marshall − Lerner condition exists in different industries and different trade forms. ④ to model directly on the exchange rate and all kinds of trade volume, and estimate the exchange rate elasticity of import value, export value, total trade value and trade balance totally, in different industries and different trade forms by applying cointegration method. Another subject in this part is to deduce the theoretic relationship among exchange rate elasticity, exchange rate pass-through and trade elasticity by using symbolic logic, and testify this theoretic relationship by empirical conclusion.

According to the conclusion of above research, based on the realities of RMB exchange rate variate and foreign economic development, this book brings forward some policy suggestions about exchange rate adjustment, foreign trade structure adjustment and other related matched policy suggestions at the end.

Key words: effective exchange rate, exchange rate pass-through, trade elasticity, exchange rate elasticity

目 录

1 导论

1.1 研究背景

1.1.1 国际经济理论关于汇率的贸易收支效应解释

关于浮动汇率问题的研究最早可追溯到弗里德曼（Friedman，1953）所提出的浮动汇率是调整国际相对价格的有效途径的理论，其理由是某国家发生现实冲击（如生产率提高或货币政策调整）时，国家间商品的实际相对价格发生变化，汇率便需要进行调整，以使其名义相对价格与实际相对价格相一致并达到均衡状态。名义汇率的调整和国内价格的调整都能实现实际汇率达到均衡的目标，如果二者的灵敏度相同，则两种调整方式无差异，但事实上，一国的国内价格往往是高度不灵活的，即国内价格名义刚性。费尔德斯坦（Feldstein，1992）也指出，国内价格的下降需要付出一定时期的失业代价，故政府往往倾向于使用名义汇率手段。这些传统观点都认为，在开放经济条件下，汇率变动通过对相对价格的即时调整能实现对总需求的即时影响，因此最优的货币政策要求采取浮动汇率制度。

在布雷顿森林体系瓦解之后，浮动汇率制度受到相当多研究者和政府的追捧，以期待通过汇率的变化来调整国际收支。传统的国际经济理论认为，一国货币贬值将导致进出口相对价格的变化，从而导致进出口数量的变化，使得进口减少、出口增加，从而贬值有益于增加一国贸易余额；相反，如一国货币升值则导致进口增加、出口减少，从而降低一国贸易余额，但经济现实似乎并不必定如此。研究者们通过多种方法从不同角度对传统理论成立所需的各种前提条件进行了分析，并对经济现实与理论结论错位的原因进行了诸多的解释。一国汇率变动对贸易收支的影响总的来说可以分为两个因素，一是汇率变动对一国贸易价格的影响；二是贸易价格的变化引起的贸易数量的变化从而最终影响到贸易收支余额。那么与之相对应的，对汇率变动的贸易效应的研究也主要集中在两个方面，一是对汇率变动的价格传导问题的研究，二是对用来描述价格数量关系的贸易弹性问题的分析。同时，对应于开放条件下宏观经济学的发展以及国际经济现实的不断变化，对汇率变动的贸易效应问题的研究也呈现出两阶段特征。起初，由于传统开放经济的宏观经济学中都假定市场完全竞争，假定汇率变动对价格的传导完全，故长期以来人们分析汇率变动的贸易效应时一直关注贸易弹性因素——贸易品价格与数量的弹性分析。但浮动汇率制度在许多国家实施的结果并不如人们所期望的那样，绝大多数国家的贸易收支对汇率的变化都反应小且迟缓。这一结果导致研究者们争相寻找能解释这一"调整困惑"（Adjustment Puzzle）的原因。研究者们最初从国际市场上贸易价格与数量之间的弹性关系入手，对汇率变动对贸易收支影响的贸易弹性因素进行了大量的实证研究，曾一度认为 ML 条件难以成立而形成"弹性悲观论"，并用以解释贸易收支对汇率变动的弱反应现象。但之后大量研究结果表明 ML 条件在大多数国家都成立（麦基，1973；戈德斯坦和卡恩，1978；梅侬，1995），因此基于弹性悲观论的传统观点不能完整地解释有关"调整困惑"的问题，从而，大量的研究者们开始把目光集中在汇率变动影响贸易收支的汇率传导因素——汇率变动对价格的影响问题上。

相当数量的实证研究表明，即使是需求弹性很大，ML 条件满足，也不足以实现汇率变动对贸易收支产生显著影响，这与弹性分析法的结论明显不符。这是因为传统的弹性分析都假定了汇率变动对贸易品价格的传导是完全的，而事实并非如此。相反，汇率变动对贸易品价格的传导是不完全的，因而大大削弱了汇率变动对贸易收支的影响。至于汇率变动对一国贸易收支余额的最终影响如何，关键是取决于汇率变动的幅度、一定波幅下汇率对各类进出口商品价格在各个时期内的传导程度、商品进出口数量对价格的弹性等多方面的因素。因此，汇率变动对贸易的影响最终受汇率的价格传导与贸易数量的价格弹性二者的共同影响。

自 2005 年 7 月 21 日起至今，人民币持续升值，我国对外贸易顺差在此期间内继续增长，基于此，有必要从理论与实证两方面对该现象予以充分的分析和解释。对人民币升值的贸易效应进行研究将有助于政府当局在进行贸易收支调整的过程中对汇率制度的安排予以恰当的考虑，同时也有助于在面临汇率调整压力时采取有效措施调整我国贸易收支，实现我国对外贸易的稳定发展。

1.1.2 中国经济高速增长时期汇率与贸易收支的变动趋势

1.1.2.1 人民币汇率变动趋势描述

长期以来我国采用盯住美元的固定汇率制度，但 2005 年汇率制度改革后名义汇率的变化采取参考一揽子货币的有管理的浮动汇率形成机制。近年来，美元在全球范围内的持续贬值和中国经济的持续高速增长给人民币带来了很大的升值压力，但人民币对美元名义汇率的下降（升值）并不必定意味着人民币对其他国际货币也存在相同的变化趋势，更不能因此而判定影响我国贸易收支的有效汇率呈升值趋势。而真正能够影响一国贸易的汇率变化指标应采用贸易加权后的有效汇率指标，因此本书首先对我国人民币有效汇率的变动趋势进行分析，见图 1－1。

数据来源：联合国国际货币基金组织（International Monetary Fural，IMF）网站的国际金融统计（International Financial Statistics，IFS）数据库。

图 1－1 人民币实际有效汇率与名义汇率变化趋势

从图 1－1 可以看出，1995 年 1 月到 2008 年 8 月期间我国人民币实际有效汇率共经历了三个阶段的变化：第一阶段为 1995 年 1 月到 2002 年 1 月，人民币实际有效汇率呈现早期快速升值和后期相对稳定的特征；第二阶段为 2002 年 2 月到 2005 年 6 月，该阶段呈现出较为明显的贬值特征；第三阶段自 2005 年 7 月至 2008 年 6 月，人民币实际有效汇率与汇改后名义汇率的变化基本趋同，反映为持续升值特征。（注：图中 ner 表示 1 美元表示的人民币名义汇率，其下降表示升值；reer 表示以 2000 年为 100 的人民币实际有效汇率指数，其上升表示升值。）

以上三阶段变化特征可以通过爱德华兹（Edwards，1989）提出的发展中国家的真实均衡汇率决定模型来进行说明。均衡真实汇率决定模型表示，所有经济的基础因素都将影响一国均衡真实汇率，其中最主要的影响因素为一国贸易条件、进口关税、技术进步、资本流入、名义汇率的变动以及其他经济基础因素，如政府支出占国内生产总值（GDP）的比重等。张静、汪寿阳（2005）运用中国的数据对该模型进行了实证研究，并得出了各参数的符号与理论一致的结论。结论为，贸易条件改善将导致真实汇率升值，贸易条件的替代变量可以用出口与进口的比值表示。由于中国对外贸易政策长期以来一直采用出口退税和高进口关税的政策，鼓励出口而限制进口，故加入世界贸易组织（WTO）之前，出口导向型经济发展战略一定程度地导致了人民币实际有效汇率的升值，另外，该阶段外商直接投资的快速增长和国内技术进步也促进了真实汇率的升值。自2001年12月中国加入WTO之后，国内政策对对外贸易的影响逐渐减弱，进口关税减少，真实汇率进入下行阶段。2005年7月汇改后，名义汇率的升值浮动对实际有效汇率的升值起到了决定性的影响，直接导致实际有效汇率升值。且通过与人民币对美元名义汇率的升值幅度进行比较，汇改后三年内，除开少数因季节影响形成的有效汇率贬值月份（共15个月贬值）外，在其他所有升值月份中，仅4个月份的升值幅度小于名义汇率。通过目测我们可以得出，在汇改后名义汇率升值的同时，人民币实际有效汇率的升值幅度在绝大多数时间内都高于名义汇率的升值幅度，也即实际有效汇率对名义汇率的变化弹性大于1。

1.1.2.2　中国贸易收支变动趋势描述

改革开放以来我国对外贸易飞速发展，30年来的年平均增长速度达到17.4%，在世界贸易中的排名由1978年的第32位跃进到2004年的第3位。中国出口在世界出口总额中的占比也由1978年的0.75%上升到2007年的8.98%，仅次于德国的9.78%。进入2007年后，我国对外贸易总额已经突破2万亿美元，成为名副其实的世界贸易大国，对全球贸易增量的贡献突出。同时进口的快速增长与出口一同对我国GDP的增长作出了突出贡献。但与此同时，我国的外贸依存度也大幅提高，由1978年的9.6%增加到2007年66.3%。对外贸易发展风险正日益增加并呈现多元化趋势。

1978—1993年，我国外贸经历了发展过程中的成长阶段。自1994年开始，我国进行了深层次的汇率和外贸体制改革。之后，我国的外贸发展过程可以大致划分为两个阶段：第一是稳步发展阶段（1994—1999年）；第二是加速发展阶段（2000年至今）。在第一阶段内，1994年开始了以汇率并轨为核心的新一轮全面的外贸体制改革，人民币的大幅度贬值导致对外贸易大幅度增长，外贸依存度也由1993年的32.5%大幅度升高到1994年的43.6%。之后几年由于受到宏观调控与金融危机的影响，对外贸易的增长速度一度出现明显减缓，但总体增长稳定，贸易余额也在六年时间内实现累计顺差1 184亿美元。进入新世纪后，随着我国正式加入世界贸易组织且世界经济经历20世纪90年代末的金融危机后逐渐复苏，外贸依存度也由1999年的36.5%飞速增加到2007年的66%，加速发展趋势突显。平均25%以上的增速使得我国外贸发展开始面临更多的风险，不稳定因素增加。

随着对外贸易总量的迅速增长，我国对外贸易的商品结构也出现重大变动。就出口而言，改革开放初期，初级产品出口超过总出口的一半，1985年以后制成品的出口才开始超过初级产品出口，至2004年则制成品出口增加到93%。而在工业制成品内部，纺织服装产品与机电产品分别在20世纪80年代与90年代成为我国出口的主导。与此同时，我国的高新技术产业也加速发展，至2004年高新技术产品出口已经占总出口的27.9%。从这里可以看出，在市场化的经济改革与对外开放的推动下，我国的出口产品结构遵循初级产品—劳动密集型产品—资本与技术密集型产品的演进方向，这与我国资源禀赋及比较优势相一致（赖平耀，2005）。

就进口而言，在总量实现增长的同时，其结构在这30年中也发生了变化。早期工业制成品在总进口中始终保持主导地位，其比重基本上保持在80%~85%的水平上。在工业制成品内部，属于资本密集型、技术密集型的设备及工业原材料始终占支配地位。但近几年来我国的初级产品进口急剧增加，2003年、2004年中国初级产品进口的年增幅分别为47.7%和61.2%，远远高于同期工业制成品38.3%和30.6%的增长速度。

从1994年到2008年我国贸易余额已经持续15年形成外贸顺差，且该顺差一直呈扩大趋势，贸易顺差的变化也基本上可以分为两个阶段。在2002年之前，顺差始终处在100多亿美元的变化区间，涨幅小，速度慢；而进入2002年后，贸易顺差由2001年的174亿美元跃升到2008年的2 954.6亿美元，7年内贸易顺差整整增长了17倍，贸易顺差占GDP的比率也由2001年的2.6%飞速增加到了2008年的6.7%，其间该比率最高曾在2007年达到9.6%。这些巨额的贸易顺差主要来自于货物贸易顺差，虽然在此期间我国一般贸易也开始出现顺差并有所增长，但货物贸易顺差仍以加工贸易顺差占主导，加工贸易顺差自进入1995年之后就开始猛力增长，由1994年的94亿美元增加到2007年的2 492亿美元，占GDP的比率也对应地从1994年的1.7%增长为2007年的7.6%，这主要是由于世界经济增长和国际产业转移结构变化的影响导致。另外，2005年后加工贸易顺差的突发性暴增这一情况，存在人民币升值导致的人民币投机的影响因素。贸易顺差的持续快速增长使得我国与欧盟、美国等主要的外贸伙伴国家或地区之间的外贸不平衡正日益加剧，贸易摩擦不断升级，我国对外贸易发展的不稳定因素日益增多。

1.2 研究的目的和意义

从传统理论上来看，人民币升值将可能一方面对我国出口贸易带来冲击，另一方面也可能促进我国的进口。但是实际影响如何，必须要对人民币汇率变化的价格传导程度和贸易数量的价格弹性予以进一步分析。通过研究不同行业和不同贸易方式的进出口总量数据，可以更好地了解人民币升值对我国总进出口和分行业进出口等结构性影响，从而可以从有效调整贸易收支的角度提出更有针对性的汇率调整政策建议，同时也有助于在人民币面临调整压力时采取积极措施调整贸易收支。

1.2.1 研究的理论意义

本研究在理论方面分阶段系统地论述了汇率对贸易余额的影响，在汇率变动──→贸易价格变动──→贸易数量变动──→贸易余额变动中，每一个因素的变化都会对最终贸易变化产生作用。本研究将从贸易余额等式和进出口额与进出口价格数量之间的等式关系出发，构造进出口均衡数量的价格决定模型，同时将各贸易价格表示为汇率的函数，通过复合函数求导法则，推导出贸易余额的汇率弹性与汇率的进出口价格传导、进出口需求的价格弹性之间的理论关系。

而到目前为止，国内外文献对该问题的研究始终都是采取给定某一具体因素的假定，而后分析另一因素所造成的影响，鲜有从理论方面或实证方面将两因素的综合影响系统进行阐述和估计的。本书的研究目的就在于以汇率传导理论和弹性分析理论为基础，在考虑一定汇率变化对贸易价格的传导现实的同时，还分析贸易价格与数量之间的弹性关系，最终得到汇率变化对一国贸易收支的综合影响，包括其影响方向与影响程度，并借以分析造成这种影响的具体原因。在对该问题的理论研究中保持了研究的影响因素间的连贯性与完整统一性。

1.2.2 研究的实践意义

由于汇率变动对进口价格的传导和对出口价格的传导有着明显不同，并且在进口或出口内部存在显著的行业差异；同时，各行业或各贸易方式的进出口价格对进出口数量的影响弹性也有所不同，对此进行的分类研究有利于对各行业和各贸易方式的进口和出口的汇率价格传导机制与贸易弹性机制予以对比分析，对我国对外贸易政策的调整有着重大的实践意义。

1.3 研究的思路、方法和框架

1.3.1 研究思路

本书遵循的基本研究思路就是以中国汇率变化和对外贸易的现实为背景，以汇率变动对各行业和各贸易方式的进出口价格传导和 ML 条件在中国各行业对外贸易和各贸易方式中是否成立为分析重点，在借鉴国外相对成熟的汇率传导理论和贸易弹性理论并结合中国现实对各理论予以拓展的前提下，运用现代主流的经济计量方法，分析我国人民币汇率变动对贸易收支状况的影响，并借以提出在当前人民币持续升值条件下根据相应的汇率变动价格传导和贸易弹性的相关事实如何调整汇率安排和对外贸易策略的政策建议。汇率变动的贸易效应见图1-2。

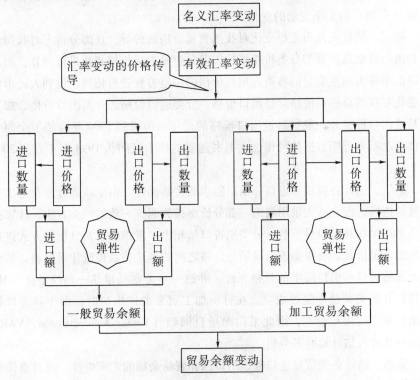

图1-2 汇率变动的贸易效应图解

1.3.2　研究方法

本书将从对现代主流的数量经济分析方法的理解与对我国汇率变动趋势与对外贸易形势的掌握出发，就我国人民币升值的价格传导和贸易弹性分别进行建模，在结合我国对外贸易总量与结构变化等具体现实特征的基础上，构建适合中国特点的指标变量，拓展原有的汇率传导模型与贸易弹性模型。在实证分析部分，主要分以下四个步骤来完成：

第一，测算我国人民币名义有效汇率。由于 IMF 所提供的有效汇率指数的贸易权重计算是以 20 个发达国家的贸易额为基础，不符合中国对外贸易的实际情况，因此需要对我国人民币有效汇率进行重新测算。该部分首先计算我国与 14 个主要贸易伙伴之间贸易额（包括进口额、出口额和总贸易额）的相对权重和对应双边名义汇率，其次将双边名义汇率与贸易权重（分进口权重、出口权重和贸易总额权重）加权加总分别得到进口加权的有效汇率、出口加权的有效汇率和总额加权的有效汇率，以分别考察影响进口额、出口额和贸易总额（差额）的汇率变量的变化。

第二，估计人民币汇率变化对我国贸易价格的传导。这部分首先对我国进口和出口价格总指数与分类价格指数以及分贸易方式价格指数进行测算，而后对以汇率等为内生变量的各类进出口价格的协整方程进行估计，得到人民币汇率变化对我国总进口价格、总出口价格、分类进口价格、分类出口价格、加工贸易进出口价格和一般贸易进出口价格的传导。考虑到 1994 年开始了全面外贸体制改革和近期数据的可得性，本书选取的样本区间为 1995 年 1 月到 2008 年 8 月。

第三，估计各类贸易进口和出口需求的价格弹性。由于该部分涉及进出口数量的指标，因此首先采用与第一部分价格指数测算一致的归类方法，计算我国总进口量和总出口量指数、分类别进口量和出口量指数以及分贸易方式进口量与出口量指数，再根据进出口量与价格之间的理论关系构造计量模型，估计各类贸易进口和出口需求的价格弹性，并进一步考察马歇尔—勒拉条件（ML条件）在各类贸易中是否成立。在分析加工贸易的进出口时，由于其进口量与出口量之间相互影响，因此采用向量自回归（Vector Autoregression，VAR）方法对其进行估计检验和分析。

第四，估计各类贸易进口额、出口额和贸易余额的汇率弹性。通过直接估计各贸易额的汇率弹性，讨论汇率对各贸易额的影响。结合第二和第三部分的汇率传导估计和贸易弹性估计结果，分因素讨论汇率对各类贸易的影响。并比较两因素分析方法和整体分析法各自所得的结果，检查并验证两因素分析的准确性，并基于两因素分析的结论对汇率变化的贸易影响进行因素分解分析。

1.3.3 研究框架

全书共分七章，第一章为导论，介绍本书的研究背景、研究的目的和意义以及本研究的基本思想、研究方法和框架；第二章是汇率变动的贸易收支效应文献综述，包括汇率传导效应和贸易弹性效应两方面的理论演变与实证文献的综述和评价；第三章是关于人民币各汇率指标的测算及其变化趋势分析；第四章对人民币汇率的价格传导问题进行理论建模与估计检验；第五章对我国进出口价格弹性的估计与检验问题进行理论建模与估计检验并讨论 ML 条件在中国各类贸易中是否成立，最后结合中国具体现实对其进行理论解释；第六章分析人民币汇率变化的贸易收支效应及原因分析，研究人民币升值对贸易收支的综合效应；第七章就人民币升值问题对我国未来汇率安排和对外贸易结构调整提出相关政策建议。

1.4 研究的创新与不足

1.4.1 理论创新

第一，已有关于汇率变动的贸易收支效应的理论研究皆单独从汇率传导是否完全或 ML 条件是否成立的某一个方面来作为基本分析前提。即采用比较静态分析，假定其中一个条件成立，如在汇率传导完全假设下分析 ML 条件是否成立，或在 ML 条件成立假设下分析汇率传导是否完全。将汇率变化影响贸易收支的两因素进行割裂，分开讨论不同情况下汇率变化对贸易收支的影响。本研究弥补了这一缺陷，试图将汇率传导与贸易弹性两者结合起来，讨论汇率传导不完全和在特定假设下 ML 条件成立或不成立的情况下，连贯地分析汇率变动影响贸易收支的具体机制和影响效应，将两个因素统一在同一个理论模型框架下进行综合研究。

第二，已有文献一般直接采用实际有效汇率指标的变动来作为汇率变动的分析起点，其政策意义受到局限。本书直接采用名义有效汇率的变动作为分析起点，在探讨实际有效汇率变化的贸易收支效应之前，分析了名义汇率变动对实际有效汇率变动的影响，这有助于对该研究主题进行分析之后提出更为直观和有效的政策建议。另外，由于实际有效汇率本身已是所有经济变量变化后的均衡结果，其中已包含了名义汇率变化的影响，因此，在实证分析中使用名义有效汇率指标也避免了运用实际有效汇率指标可能产生的估计中的共线问题。

第三，已有文献在对汇率传导环节进行研究时，极少考虑加工贸易这种特殊的贸易方式，而基本都是以一般贸易为分析的基本假定。基于一般贸易和加工贸易在贸易方式上的显著不同，其价格受到汇率影响的机制和效应也有很大区别，汇率传导程度差异很大。由于我国加工贸易长期以来在贸易总额中占比一直很高，故本书将分贸易方式对一般贸易和加工贸易的汇率传导机制与效应进行分开讨论。对加工贸易方式的重点考虑有利于更准确地理解我国贸易受汇率影响与其他国家贸易受汇率影响的差异，也有利于在汇率调整安排过程中有意识地考虑我国对外贸易方式的结构调整这一因素的影响，提出更为完善的政策建议。

1.4.2 实证中数据与方法的创新

已有的国内研究由于受数据的约束，大多采用年度数据或季度数据做时间序列分析，主要采用协整和误差修正模型分析各变量之间的长期均衡和短期波动关系与特征。由于样本期短，样本数量较少，故研究结果的有效性有限。另外，国内研究大多以总量数据来考察汇率变动的贸易效应，只有个别研究用分行业数据或分国别数据进行了分析，这不利于在汇率调整过程中针对贸易结构（包括贸易行业结构和贸易方式结构等）的调整给出有效的政策建议。本研究试图弥补以上国内研究的缺陷。首先在数据的选取上，采用月度数据，从而扩大了样本量。其次，对加工贸易和一般贸易的数据进行分别处理，并对进出口商品分商品类章进行价格、数量和金额的数据处理，采用面板数据进一步扩大样本量，并对其进行面板分析；再通过对各商品类章的价格、数量和金额进行分类加权处理估算进出口的总价格指数，用时间序列分析总量数据之间的长期均衡与短期动态变化关系。

本书中存在大量的数据处理，主要是构造我国进出口本币价格总指数、分类商品和分贸易方式进出口价格指数、第二部分的进出口数量总指数、分类商品数量指数以及分贸易方式进出口数量指数。另外，人民币名义和实际有效汇率的测算也包含了大量的数据处理，计算了包括出口加权的有效汇率指数、进口加权的有效汇率指数和贸易总额加权的一般有效汇率指数，采用不同加权的有效汇率指数的原因在于在分析进口或出口的单一影响时，我国进口来源地与出口目的地结构有很大差异，而且与同一贸易伙伴的进口权重与出口权重也存在不同，使用不同贸易加权的汇率指标有利于更准确地描述汇率变动对进口或出口的单一影响。

1.4.3 研究的不足

本书的不足之处主要有三个方面：第一，由于进出口量值数据并不完整，因此本书在进行各类贸易的进出口价格指数和数量指数的归类测算时，未能包含所有贸易类别，数据不完整导致汇率传导和贸易弹性两因素分析结果与汇率对贸易额的整体影响分析结果之间存在一定差异，削弱了两因素分析结论的解释力。第二，没有研究汇率变化对各双边贸易的影响。由于本书的核心在于对汇率变化的贸易余额效应采取两因素分析方法，其中涉及贸易价格与数量数据，基于双边贸易中缺少关于贸易数量或贸易价格的相关数据，故无法就汇率对双边贸易的影响进行分因素分析。第三，未能对汇率传导和贸易弹性本身的影响因素进行更深入的理论和实证分析。影响汇率传导和贸易弹性的因素非常多且影响机制复杂，由于数据原因无法对其进行有效的实证分析，但理论分析的探讨是可以更进一步的，这项研究将作为本书的后续研究留待以后进行。

1.5 研究的基本概念及界定

1.5.1 汇率相关定义

任一国家都用一种货币来计量其商品或服务的价格，国际市场上存在多种货币，就使得它们之间的兑换不可避免。而一国货币与他国货币之间的兑换比率就必然成为国际贸易活动与国际资本流动所必须关注的问题。一国货币相对于另一国货币的价格，即为汇率。本书在汇率政策安排、汇率制度设计和理论研究方面涉及的汇率概念有多个，以下作逐一介绍。

1.5.1.1 名义汇率

在一国经济生活中被官方直接公布、用来表示两国货币之间比价的汇率称为名义汇率。名义汇率往往用来进行两国间的货币兑换和国际结算。名义汇率一般有两种标价方法：一是直接标价法，即固定单位数量外币的本币价格；二是间接标价法，即固定单位数量本币的外币价格。本书所使用的名义汇率皆采用直接标价法。在直接标价法下，以人民币对美元汇率为例，人民币名义汇率指标的提高表示人民币相对于美元贬值；反之，人民币名义汇率指标的下降表示人民币相对于美元升值。

1. 5. 1. 2 实际汇率

实际汇率是用同一货币表示的两国商品的相对价格水平，是以名义汇率为基础的一种调整汇率。实际汇率指标往往用来衡量一国商品在国际市场上的竞争能力，同时也经常被用到关于汇率调整、贸易保护以及考察货币的实际购买力等问题的研究上。根据对名义汇率的不同调整，实际汇率一般有两种含义，从而产生两种不同的估算方法。一是各国政府为了调整贸易余额，经常对各类进出口商品实施关税和限额或财政补贴和税收优惠等对外贸易政策。为了估算两国同一商品间的实际比价，需对名义汇率进行调整，实际汇率＝名义汇率±财政补贴和税收减免。[①] 用该实际汇率指标进行研究旨在探讨外贸政策对实际汇率的影响。二是名义汇率剔除两国通货膨胀水平之后的实际汇率水平，实际汇率＝名义汇率×外国价格指数/本国价格指数。该指标用来考察两国通胀水平对实际汇率的影响，反映一国货币在国际市场上的实际购买力水平。由于本书采用的数据皆为总量宏观数据，无法具体地对不同商品考察本国外贸政策对其进出口的影响，故本书采用的是实际汇率的第二重含义和第二种估算方法，是剔除两国通货膨胀因素后的人民币实际汇率指标。

国家间产品竞争力的比较主要体现在不同国家的产品价格对比之上。如果可贸易品平价成立，则国家间产品竞争力也可以直接反映在不同国家内部贸易品部门与非贸易品部门产品的价格对比之上。前一种价格对比通过影响一国产品的外部需求而影响其国际竞争力，后一种价格对比则从一国内部供给方面影响该国产品在国际市场上的竞争力。用来表示国家间产品竞争力的实际汇率指标也因此而存在另一种分类，对应于以上两种情况可被分为外部实际汇率[②]和内部实际汇率。[③] 这两种实际汇率的含义具有紧密的内在联系，但又因基本假定和分析侧重点的不同而存在明显差异，使得两种实际汇率的变动方向可能出现不一致的情况。为了保持研究的统一性和连贯性，同时也为了能更深入地分析两国商品价格水平的对比如何影响国际需求从而影响到本国贸易的变化，本研究采用了实际汇率指标中的第一种概念，即外部实际汇率指数。该汇率指数数值越大，说明本国商品的国际竞争力越强，指数的上升表示实际贬值。

1.5.1.3 名义有效汇率和实际有效汇率

由于一国对外贸易在全球范围内开展，一国对外贸易绝不仅限于单一双边

---

① 参见姜波克，国际金融学，高等教育出版社，1999，(34)。
② 请参见爱德华兹 (Edwards, 1989)。
③ 关于实际汇率的不同定义，还可参见欣克尔和蒙铁尔 (Hinkle&Montiel, 1999)。

贸易，而是一对多的国际贸易行为。要反映一国商品在整个国际市场上的竞争水平，需要用贸易加权后的汇率来反映，贸易加权汇率更多地被称为有效汇率。

有效汇率作为一种贸易加权平均汇率，通常以对外贸易比重为权重，对一国的所有双边汇率进行加权而获得。根据对双边名义汇率和双边实际汇率进行加权的不同，有效汇率又可分为名义有效汇率和实际有效汇率。与实际有效汇率相对比，名义有效汇率具有更直观的政策含义。同时与实际有效汇率不同，名义有效汇率指标本身只是反映一种政策调整信号，而不是各宏观经济变量系统反应后的均衡实际量，因此适用于对贸易等经济活动的影响进行分析并给出合适的政策建议。

1.5.2　汇率价格传导和汇率传导程度的定义

汇率价格传导是指一国汇率变化最终将不同程度地传递到商品各类价格上导致各价格发生不同程度的变化。由于一国经济主体内部、两国一对一双边贸易活动内部和一国一对多的多边贸易活动内部，其商品价格有很多种，从而使得汇率变动对价格传导的定义变得复杂。另外，汇率变动对不同价格的传导程度因所处经济活动的不同环节和所受影响因素的不同而存在很大差异，使得汇率变动的价格传导程度的估算也变得异常复杂。因此有必要分经济活动不同环节和分类别地对汇率价格传导进行具体定义。

短期来看，汇率变化首先分别影响到一国进口价格和出口价格的变化，并且第一时间对进口价格产生影响。而出口价格由于当前定价是由厂商在汇率变动之前就已经确定，故汇率变动后出口厂商要进行出口价格的调整需要一定的时间，在滞后一定时期后，汇率变动也将反映到出口价格的变化上。中长期来看，当一国进口原材料、中间产品和资本品时，这些进口品都将进入国内生产环节，其价格构成国内产品成本的一部分，汇率变动在首先影响其进口价格之后，进入生产环节影响国内生产价格，进入国内销售环节后进一步对国内消费价格产生影响，如若存在出口部分也将对产品的出口价格产生影响。

根据汇率传导理论，汇率变化对进出口商品价格的传导程度除了取决于商品进出口供求弹性以外，还受到出口厂商市场定价策略（Pricing to Market）的影响（克鲁格曼，1987）。市场定价策略中一个重要的内容就是定价货币的选择，定价货币的不同选择会极大地影响汇率对进出口价格的传导程度。由利佐佐木（Yuri N. Sasaki, 2002）认为市场定价就是指厂商根据消费需求的情况，以商品销售市场当地的货币进行定价（Local - Currency Pricing, LCP），与之相对应的，若以商品生产地货币定价（Producer - Currency Pricing，PCP）则称为非市场定价。除此之外，市场结构、关税和非关税壁垒、跨国公司内部交易等都对汇率传导产生一定的影响。

汇率变化对贸易价格的传导是指一国汇率变化对该国进出口商品的进口国货币价格的传导。因此，将汇率变化的进口价格传导定义为对进口本币价格的传导，$pt_m = \dfrac{dp_m/p_m}{de/e}$；汇率变化对出口价格传导定义为对出口外币价格的传导，$pt_x = \dfrac{dp_x^*/p_x^*}{de/e}$。其中 p 为本币价格，p^* 为外币价格。

关于传导程度的定义可以用某种商品进口或出口的例子来做出回答。由于本国进口就是外国出口，所以仅就进出口中其中一例来进行说明。例如，对于出口而言，一国汇率变化后，若其出口商品的本币价格不变，而海外销售的外币价格随汇率的波动发生同比例变化，则称汇率变动对出口外币价格的传导程度为 100%，即汇率完全传导；反过来，若海外销售的外币价格不变，所有汇率变动都反映在出口本币价格的变化上，则称汇率变动对出口外币价格的传递效应为 0，即汇率 0 传导。一般情况下，由于诸多因素的影响，汇率的价格传导程度往往在 0 到 1 之间，称之为不完全传导。

1.5.3 进出口供需弹性和马歇尔—勒拉条件的定义

在假定汇率对进出口价格实现完全传导的前提下，汇率变动对贸易收支的影响就完全取决于进出口数量对相对价格的贸易弹性的大小。若汇率传导稳定在某一个不完全的水平，那么汇率变动对贸易收支的影响除了取决于汇率传导程度，还取决于进出口数量对进出口价格的弹性的大小。因此，对进出口供需弹性大小的研究是考察汇率变化的贸易收支效应所必然面对的另一个重大议题。

自 20 世纪 20 年代初开始至今，研究者们就运用弹性分析法对一国货币汇率变动（其中主要假定货币贬值）的贸易收支效应问题进行了诸多的分析，其中以对马歇尔—勒拉条件（ML 条件）（Marshall，1923；Lerner，1934）的运用和检验最为普遍。ML 条件是指，一国货币贬值导致其贸易收支状况改善的充要条件是：假定进出口供给的价格弹性无穷大，可支配收入保持不变，且最初一国贸易收支均衡时，如果满足进出口需求的价格弹性之和大于 1，即 $\eta_x^d + \eta_m^d > 1$ 时，贬值将增加一国贸易盈余。其中，η_x^d 和 η_m^d 分别表示出口商品需求的外币价格弹性和进口商品需求的本币价格弹性，也即 $\eta_x^d = \dfrac{dq_x/q_x}{dp_x^*/p_x^*}$，

$$\eta_m^d = \frac{dq_m/q_m}{dp_m/p_m}。$$

扩展后的 ML 条件对供给弹性无穷大的假设进行了修正，琼斯（Jones，1961）从微观视角出发，以提供曲线（Offer Curve）为基础在一般均衡框架下分析了两国生产、消费和贸易行为，得出新的判定条件为两国进口需求与出口供给的价格弹性总和大于 1，即（$\eta_1^d + \eta_1^s$）+（$\eta_2^d + \eta_2^s$）>1。

2 汇率变动的贸易收支效应文献综述

2.1 汇率传导理论演变及实证分析的文献述评

2.1.1 汇率传导理论的演变

关于汇率传导的理论研究最早始于弹性分析，探讨进口供需弹性与汇率传导之间的关系，但这一分析方法只适用于具有单一进出口的两国贸易经济假定，未考虑多元市场结构的可能。之后的研究弥补了这一缺陷，从市场结构特征分析了影响汇率传导的具体因素，研究者们分别从完全竞争市场和不完全竞争市场两方面对不同市场结构的影响进行了分析。另外，从关税和非关税贸易壁垒的政府行为宏观层面和跨国公司内部贸易与贸易定价货币的选择等企业微观层面的分析也进一步充实了汇率传导影响因素的理论研究。

2.1.1.1 汇率传导的弹性分析

最初关于汇率传导的研究源于人们对进口商品的需求与供给价格弹性进行的考虑，汇率与贸易品价格之间的关系也可以用这些弹性来表示。以下模型提供了一种在一价定律条件下汇率变化对进口品本币价格传导的弹性表示方法。

以进口国为本国，假定进口品所有的需求都通过外国供给，且外国对该产品的生产全部用于国际市场销售，即全部形成本国的进口需求。

进口商品的需求函数：

$$q_d = q(p) \tag{2-1}$$

进口商品的供给函数：

$$q_s = q(p/e) \tag{2-2}$$

式（2-1）表示本国对进口品的需求取决于进口品的本币价格；式（2-2）

表示外国对进口品的供给取决于进口品的外币价格 p^*，且在一价定律前提下 $p^* = p/e$。其中，p 为进口品的本币价格，p^* 为进口品的外币价格，e 为汇率，即单位外币的本币价格。进口品市场均衡时 $q_d = q_s = q$，$\partial q_d = \partial q_s$。

分别对等式（2-1）和（2-2）左右两边全微分：

$$\partial q_d = (\partial q_d / \partial p) \partial p \tag{2-3}$$

$$\partial q_s = \partial q_s / \partial p^* [(1/e) \partial p - (p/e^2) \partial e] \tag{2-4}$$

令进口商品的需求弹性为：

$$\varepsilon_d = -(\partial q_d / \partial p) p / q_d \tag{2-5}$$

进口商品的供给弹性为：

$$\varepsilon_s = (\partial q_s / \partial p^*) p^* / q_s \tag{2-6}$$

用供给和需求弹性将微分后所得结果简化得：

$$e \frac{q_d}{p} \varepsilon_s \left(\frac{1}{e} \partial p - \frac{p}{e^2} \partial e \right) = -\frac{q_d}{p} \varepsilon_d \partial p \tag{2-7}$$

则汇率变化对进口品本币价格的传导可表示为：

$$pt = \frac{\partial p}{p} \bigg/ \frac{\partial e}{e} = \frac{1}{1 + \varepsilon_d / \varepsilon_s} \tag{2-8}$$

式（2-8）表示汇率变化引起的进口品本币价格的变化程度可表示为进口品供给弹性和需求弹性的函数。$\varepsilon_d / \varepsilon_s$ 趋于 0 时，即 ε_d 趋近于 0 或 ε_s 趋近于 ∞ 时汇率变动的价格传导趋于完全；反之，$\varepsilon_d / \varepsilon_s$ 趋近于 ∞ 时，汇率变动的价格传导趋近于 0。基于这一模型的相关研究的一般结论认为，开放程度较低的较大国家的 PT 值要小于开放程度较高的较小国家的 PT 值（克赖宁，1977；斯皮塔列尔，1980）。这是因为，开放程度低的较大国家对进口品的需求富有弹性，汇率贬值使得进口价格相对上升，从而使人们更多地消费国内生产的产品，降低对进口品的需求，即汇率变化将导致支出转移效应；而此类国家的进口供给却可能由于资源或生产周期以及技术条件等约束而使得进口品的供给弹性较低，从而使其 PT 值相对较低。对于开放程度高的小国而言，情况则刚好相反，国内对进口品的需求占比较大，由于国产品对进口品的替代有限，汇率变动的支出转移效应较弱，人们对进口品的需求存在一定程度的刚性，进口需求相对缺乏弹性，而其所面临的世界供给却相对较大，进口品的供给比大国所面临的供给更具弹性，从而使得 PT 值相对较高。

该模型为研究汇率变动对贸易品价格的传导打开了一扇门，并提供了相对简单方便的研究方法，但没有考虑到汇率传导的动态过程，也没有分析在不同市场结构和产品差异条件以及多国贸易情景下的现实情况。该模型以一价定律为分析前提，并暗含了单一进出口的两国贸易经济假定，未考虑多元市场结构的可能。故此该模型通常只被应用于单一进出口国家总的汇率传导水平的研究。

2.1.1.2　市场结构与产品特征

2.1.1.2.1　完全竞争市场

为了分析市场结构和产品特征对汇率传导的影响，我们首先考虑完全竞争的市场背景，这有助于为本书进一步分析不同市场结构和产品特征时提供比较的标准。在完全竞争市场条件下，进口品和国产品具有完全替代特征。在两国生产与贸易经济模型中，各国的生产皆用于国内消费和出口两方面，从而一国对产品的需求也就通过国内供给和进口供给两方面实现。

根据国内市场达到均衡时有国内总需求等于国内总供给，则：

$$D(p) = S_d(p) + S_m(p/e) \qquad (2-9)$$

式中 $S_d(p)$ 为本国厂商提供的国产品供给，是产品本币价格的函数，$S_m(p/e)$ 为外国厂商提供的进口供给，是进口品外币价格的函数，外币价格 $p^* = p/e$，即隐含了一价定律假定。模型中另外假定本国生产的国产品与外国生产的进口品同质，二者可完全替代。将等式两边分别全微分：

$$\frac{\partial D}{\partial p}dp = \frac{\partial S_d}{\partial p}dp + \frac{\partial S_m}{\partial p^*}\left(\frac{1}{e}dp - \frac{p}{e^2}de\right) \qquad (2-10)$$

根据供需的价格弹性，令总需求的价格弹性 $\varepsilon_D = -(\partial D/\partial p)p/D$，国产品供给的价格弹性 $\varepsilon_S^d = (\partial S_d/\partial p)p/S_d$，进口品供给的价格弹性 $\varepsilon_S^m = (\partial S_m/\partial p^*)p^*/S_m$，将上式简化得：

$$pt = \frac{dp}{p}\bigg/\frac{de}{e} = \frac{\varepsilon_S^m S_m}{\varepsilon_S^d S_d + \varepsilon_S^m S_m + \varepsilon_D D} \qquad (2-11)$$

设进口供给占总供给的份额为 α，则有 $S_m/D = \alpha$，$S_d/D = 1-\alpha$，上式可另表示为：

$$pt = \frac{\varepsilon_S^m \alpha}{\varepsilon_S^d(1-\alpha) + \varepsilon_S^m \alpha + \varepsilon_D} \qquad (2-12)$$

（2-12）式反映了在完全竞争市场条件下，当进口品与国产品完全替代时汇率变化对进口品本币价格的传导与供需弹性和进口份额之间的关系。该结论表示，给定弹性的条件下，当一国消费对进口的依赖程度越高，则汇率变化对进口本币价格的传导程度也越高，即 α 越大时，PT 值越大；就弹性而言，进口品供给越富有弹性，则汇率传导程度越高，国产品的供给弹性与国内总需求弹性越大，则汇率传导程度越低。该结论与单一进出口经济模型中得出的结论

[由（2-8）式表示] 基本一致，但由于模型设定时考虑了国产品的本国消费，故进一步分析了进口份额与国产品供给弹性对汇率传导的影响。

2.1.1.2.2　不完全竞争市场的厂商定价——产品差异、分割市场与市场结构

在不完全竞争市场条件下，市场价格不再是生产的边际成本，厂商往往对产品进行成本的加成定价，从而使其在短期内甚至是长期内都获得超额利润。那么汇率变动对价格的影响也就可以通过汇率变动时厂商对价格中成本加成部分的调整显示出来。故而不完全竞争条件下汇率传导分析的重点可落实到厂商的出口定价行为上来。出口厂商如何对其成本加成予以调整，取决于决定厂商定价能力的两个方面因素：一是由产品差异程度决定的国产品与进口品的替代程度；二是市场分割程度。多恩布什（Dornbusch，1987）运用迪克西特—斯蒂格利茨（Dixit - Stigliz，1977）的模型分析了因产品差异而造成的国内外产品不完全替代对汇率变动价格传导的影响，并得出结论认为，汇率传导程度与进口品和国产品之间的替代程度直接相关。费希尔（Fischer，1989）则运用伯特兰德竞争模型分析了同时在国内市场和国外市场上以一致价格提供相同产品的出口厂商在不同市场上面临不同竞争时对汇率传导将产生怎样的影响，文章结论认为，相比国外市场，如果国内市场的垄断程度较高，则将导致更高的汇率传导。

厂商在面临不完全竞争并对市场进行分割时，一价定律不成立。对一价定律的检验大概集中在两个方面，一是进口品与同类国产品之间的价格不一致，其原因是产品差异使产品间存在不完全替代；二是国内生产的同一种产品在国内市场与出口到国外市场上的价格不一致或是出口到两个不同国外市场上的价格不一致，其原因是对分割市场的价格歧视。以上两个方面都对汇率传导产生显著且持久的不同影响。另外，产业内贸易的迅猛发展使得国产品和进口品市场的区分变得更加困难，从而进一步加强了国产品与进口品之间的不完全替代。

所有研究汇率传导的文献中，除了从产品的不完全替代和分割市场的角度来进行分析外，近期的许多研究都开始考虑不同市场结构对汇率传导的影响，也即在对厂商行为进行不同假设的前提下分析汇率传导问题。多恩布什（Dornbusch，1987）就假定了具有线性需求和不变成本的古诺竞争厂商，并得出结论认为汇率传导程度与外国厂商数量占厂商总数的份额呈正相关关系，也与厂商总数量呈正相关关系。即进入本国市场的外国厂商所占比重越大、市场整体的竞争程度越高，汇率传导程度也就越高。赛伯特（Sibert，1992）对多

恩布什（Dornbusch，1987）的模型进行了扩展，分析了进入国内市场的外国厂商之间的勾结程度和所占市场份额对汇率传导的影响，进一步确证了多恩布什（Dornbusch，1987）得出的汇率传导程度与外国厂商数量呈正相关的结论。

以多恩布什（Dornbusch，1987）和维纳布尔斯（Venables，1990）的模型为基础，本书先考虑一个具有线性需求和不变成本的古诺寡头模型，这有助于我们在假定国产品和进口品完全替代的前提下分析不同市场结构对汇率传导的影响。假设生产同一产品的国内厂商数量为 n^d，各国内厂商之间具有同质性，国外厂商数量为 n^f，各国外厂商之间也具有同质性，但国外厂商与国内厂商之间不具同质特征。在古诺假设下，每个厂商的产量决策取决于进入国内市场的所有其他厂商的产量决策，价格是总需求量的线性函数。

国内厂商追求本币利润的最大化，其利润函数为：

$$\pi^d = p(X)x^d - c^d x^d \tag{2-13}$$

国外厂商追求外币利润最大化，其利润函数为：

$$\pi^f = \frac{p(X)}{e}x^f - c^f x^f \tag{2-14}$$

令 $\varepsilon_D = -(\partial X/\partial p)p/X$，其中 $X = n^d x^d + n^f x^f$，求上两式利润最大化的一阶条件，求解国内外厂商各自的反应函数，则有：

$$p\left(1 - \frac{x^d}{\varepsilon_D X}\right) = c^d \tag{2-15}$$

$$p\left(1 - \frac{x^f}{\varepsilon_D X}\right) = ec^f \tag{2-16}$$

均衡价格为：

$$p = \frac{\varepsilon_D(n^d c^d + ERn^f c^f)}{\varepsilon_D(n^d + n^f) - 1} \tag{2-17}$$

汇率传导：

$$PT = \frac{n^f}{n^f + n^d} \tag{2-18}$$

此式揭示了汇率传导与进入国内市场的国内厂商和外国厂商的数量有着密切的关系，而且随着外国厂商数量在所有进入国内市场的厂商总数量中所占比重的增加，汇率传导程度将提高。

进入国内市场的外国厂商的数量并非外生给定，它将随着外国厂商的进入—退出决策而发生变化，而厂商的进入—退出决策取决于多个方面。外国企业进入国内市场将产生分销成本，另外，已进入者要留守市场也需花费一定费用来维持分销渠道、进行售后服务和提升品牌形象，而这些投资都具有不可逆性，俗称沉没成本（Sunk Cost）。那么，汇率变化的幅度和动态变化将是厂商作出相关进入或退出决策的重要依据，厂商在作出决策和采取行动之前存在一段时间的观望。如果汇率变化只是暂时性的且幅度较小，那么在存在大量沉没成本时厂商将不会采取行动，而只有当一次或多次汇率发生大幅波动时厂商才会实施进入或退出决策。如果是汇率升值，在外国厂商选择是否进入市场时，如果国内市场消费的品牌忠诚度很高，这会减少新进入者的未来收益，从而进一步妨碍新厂商的进入。依此我们也可以得出，汇率传导的动态变化将受到出口商沉没成本、进口国消费惯性和汇率变动幅度以及出口商对汇率变化的预期等因素的影响。其沉没成本越大，进口国消费惯性越大，实际的和预期的汇率变动幅度越小，则厂商数量的变化就越小，从而汇率传导的变化就越小。只要实际和预期的汇率变动幅度保持在某一临界区间内，厂商数量就不会发生变化，从而市场竞争不会发生变化，汇率变动也就不能最终反映在价格变化上，换句话说，就是这种"磁滞效应"（Hysteresis Effect）降低了汇率对价格的传导程度。但一旦汇率的波幅超过了致使厂商采取行动的临界区间，那么厂商将采取行动进入或退出市场，永久地改变市场结构，从而改变了汇率与进口价格之间的原有关系，汇率传导本身发生变化。根据以上结论，我们还可以得出，在其他条件保持不变的情况下，进口国货币升值，进入国内市场的外国厂商将越多，此时汇率传递程度要高于贬值时的情况。

在不完全竞争市场条件下对汇率传导的研究中，已进入市场的垄断出口商的定价行为一直是个重要话题。其中"因市定价"就是指出口厂商为了保住国外市场份额，当汇率发生暂时或永久性波动时对产品采取战略性定价。弗若特和克伦佩勒（Froot & Klemperer，1989）就根据这一考虑设定了一个两期模型，厂商在第一期的市场份额的大小将影响到第二期时价格对升值的反应。该部分的重要意义在于它所得出的结论不因对行业的竞争性假设、需求曲线的形式以及时期设定或者市场份额的不同而发生变化，也即其结论具有一定的普适性。进口国的暂时性货币升值将有可能使得出口商提高或降低价格，而一次永久性升值则必定导致外国出口商大幅调整其出口价格以赢得更多的市场份额。之所以会出现这种情况是因为未来的市场份额取决于当期的市场份额的大小，任何因升值而赢得的市场份额都具有持久效应。

2.1.1.3 跨国公司与公司内贸易

跨国公司所追求的目标是全球利润最大化，为规避汇率变动所带来的风险，跨国公司所采用的通常办法就是对于发生在跨国公司内部的贸易活动使用内部汇率，这些汇率往往与公司外部的实际汇率有很大的差异。在以往，内部汇率的使用主要是为了避免公司内部的债务因汇率的变动而受到影响（赫莱纳，1985）和对子公司配置资金以符合国际流动性政策（格雷斯曼，1973）。这种内部汇率还可用来反映公司在全球的定价决策和对汇率变动的吸收决策。美国价格监督局（Pricing Surveillance Authority，PSA）在1989年就曾提供证据表明，在澳大利亚跨国公司使用公司内部汇率的情况已相当普遍，其基本目的就是为了避免因汇率的大幅波动对价格产生的不利影响，PSA还进一步指出，跨国公司内部汇率的使用严重弱化了汇率与进口价格之间的联系。

另外，跨国公司内部贸易还可以通过灵活调整支付时间而规避汇率变动的风险，这同样也会导致汇率与进口价格之间关系的弱化。与公司间贸易不同的是，跨国公司内部贸易更容易调整从子公司进口的支付时间而充分利用更有利的汇率条件，规避汇率变动的风险。由于公司内部的支付时间的调整并不影响整个公司的利益，所以公司可以相当自由地选择支付时间，以充分利用更有利的汇率条件保证子公司的价格稳定和子公司所在市场的稳定性和独立性。格雷斯曼（Grassman，1973）就曾指出，在跨国公司的内部贸易当中存在相当普遍的支付时间的调整现象，而且其操控空间也非常大。比如，考虑公司内贸易，当子公司所在国家货币面临贬值可能时，该子公司为了保证其出口在海外市场的份额，在贬值发生前就进行销售将会比较有利，但贬值发生期间若要求对方付款，则将提高对方的支付价格，为了避免提高对方支付价格以至于市场份额的流失，该子公司可以要求兄弟公司在汇率回复到原来水平时再行支付。当然这种情况只适用于具有短期回归特征的汇率变化。这种调控支付时间方法的使用具有很大的局限性，一般仅应用于跨国公司内部交易的分析，当然，也有一些具有特殊关系的公司之间采用这种方法。一般而言，在信用条款中公司内部交易的延缓支付时间相当于与其他公司之间延缓支付时间的两倍甚至更长（卡斯，1980）。至于对延缓支付时间的调控幅度，则取决于跨国公司内部的子公司之间或与其他公司之间的关系以及公司所面临的特殊条件。在应对汇率变动的风险时，公司可以采用支付时间作为一个有用的决策变量来进行调整。

以上关于跨国公司的讨论仅局限于在面对汇率风险时，跨国公司为了在全球范围内分散风险、实现利润最大化采取各种不同措施（如采用内部贸易汇率、调整内部贸易支付时间等）的行为。这些文献都没有考虑到当前浮动汇率制度下汇率变动幅度的逐渐加大也将进一步对跨国公司造成更大压力，从而使得跨国公司在应对汇率变动时越来越多地减少其利润边际、越来越多地实行价格调整战略以尽可能规避汇率变动所造成的影响，这些都加剧了汇率与价格之间传导关系的调整，进一步降低了汇率传导的程度。

2.1.1.4 非关税壁垒

非关税壁垒在国际贸易中的大量增加对汇率传导有着重要的影响，它会大大削减汇率变动对进口价格的传导程度。巴格瓦蒂（Bhagwati，1988）指出，美国在 20 世纪 80 年代上半期，美元被高估，此时非关税壁垒也显著增加。布兰森（Branson，1989）也支持这一结论并明确得出关税壁垒的大量存在使得美元贬值对进口价格的传导不完全，在汇率波幅不大时该传导甚至为 0。当1985 年美元开始贬值时，由于非关税壁垒的存在，贬值并未能促使进口价格上升，而是减少了那些实施非关税壁垒的进口品的销售溢价。换句话说，贬值带来的进口成本的增加并未反映在进口价格的上升上，而是反映在这些进口品产生收益的减少上，故而贬值对进口价格的影响为 0。只有当贬值幅度大到使得进口商所遭受的贬值成本大于因非关税壁垒而产生的收益总量时，差额部分才会通过进口价格的上涨来进行反映，从而导致贬值对进口价格的不完全传导。

2.1.1.5 定价货币选择

最近的文献涉及出口产品结算货币选择的内生性问题（巴切塔和温库帕，2003，2005；柯塞蒂和皮塞蒂，2004；德弗卢、恩格尔和施图尔加德，2004）。在这些模型中，价格刚性始终是模型的基础假设，但出口商到底采用本币还是外币定价在模型中却是内生的，与国家间货币与汇率政策的稳定性的比较有关。这样做的目的实际上意味着假定了厂商在进行产品定价与选择定价货币时，事前就考虑了未来可能发生的汇率风险并相应地选择最优的套利行为。恩格尔（Engel，2006）和戈德伯格和蒂尔（Goldberg & Tille，2005）指出，结算货币的最优选择与最优的汇率传导率有着相当类似的特征。德弗卢与恩格尔（Devereux & Engel，2003）在一般均衡框架下讨论了对具有较小汇率波动和较稳定货币政策的国内厂商而言，可能更加倾向于选择自身的货币作为国际贸易中的结算货币。而对于那些具有不稳定货币政策的进口国而言，其汇率传导水平将更高。简而言之，在国际贸易中，出口商更倾向于使用具有稳定汇率预期的货币来进行产品定价。对于进口国而言，其汇率和货币政策越不稳定，PCP的可能性越大，从而汇率传导的程度越大；反之，汇率与货币政策若相对出口国而言更稳定，则 LCP 的可能性越大，从而汇率传导的程度就越小。但也有研究者对该问题持有不同的看法，戈德伯格和蒂尔（Goldberg & Tille，2005）认为宏观经济波动性在国际贸易结算货币选择中的作用是有限的。贸易品的产品结构，尤其是不同贸易品中占优势的贸易品类型，其结算货币的选择必定受到宏观经济稳定性的影响。但如果贸易品具有相当的同质特征，那么宏观经济波动对结算货币选择的影响就将明显减弱。对于同质商品的生产者而言，其结算货币选择应取决于其他同类商品竞争者的定价货币选择。

德弗卢与恩格尔（Devereux & Engel，2003）在期望效用最大化的框架下讨论了不同的定价方式将会影响到汇率变化的贸易结果。他们认为，如果在国际商品市场上，贸易品价格是 PCP（生产者货币定价或卖方货币定价），则汇率对消费价格的传递（汇率传导）是即时且完全的，那么在 ML 条件成立的前提下，调整汇率将有助于实现贸易收支的改善；如果贸易品价格是 LCP（消费者货币定价或买方货币定价），则汇率波动对消费价格的传递为0，汇率变动达不到相对价格调整的目的，从而不能实现对贸易收支的影响。

2.1.2 汇率传导实证研究文献述评

2.1.2.1 汇率传导实证研究内容简述

对汇率传导程度的测算是一项非常复杂的系统性工程。若要较为全面地了解一国汇率变动对其国内外价格水平的影响，不仅要测算汇率变化对不同类型价格的总传导，在考虑对贸易价格的传导时还需分国别研究双边贸易市场上进口或出口价格对汇率变化的反应，另外，还需要分商品类别考察各不同行业或不同商品类章进出口价格对汇率变化的反应，以及分国别、分商品类别同时考虑在不同双边市场上不同商品的进出口价格对汇率变化的具体反应。在对汇率传导水平进行测算的同时，不管是汇率总传导的测算、还是分国别和商品类别传导的测算，都需要考虑汇率传导程度在不同时期的变化特征，比较短期汇率传导与长期汇率传导程度之间的差异，最后还要考虑汇率传导程度的趋势特征，并对各种汇率传导程度的趋势特征给出合理的解释。

关于汇率传导问题的研究文献根据不同价格类型划分可以分为汇率变化对进口价格传导的研究、汇率变化对出口价格的传导和汇率变化对国内价格的传导的研究，而汇率对国内价格传导的研究又可以细分为对国内生产价格的传导和对国内消费价格的传导两方面。从传导环节及程度上来看，汇率波动最先影响到一国进口商品的价格，而后是生产价格指数和出口厂商的出厂价格指数，最后才是消费价格指数以及出口价格，传导程度也依照该顺序逐渐减弱。从对各种价格传导的时间上来看，长期价格传导程度要略高于短期价格传导，也即汇率变化对价格传导的过程中存在滞后。从汇率传导的总体趋势来看，在发达国家普遍存在汇率对进口价格传导程度下降的趋势。这一趋势大致可以从各种商品的汇率传导程度本身的变化特征和一国对外贸易的商品结构和行业结构的变化特征两个方面来解释。汇率变化的价格传导流程见图2-1。

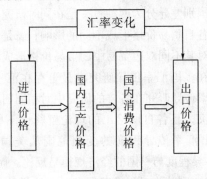

图2-1　汇率变化的价格传导流程图

2.1.2.2　汇率传导问题实证研究的基本结论

2.1.2.2.1　汇率传导程度具有不完全特征并呈动态变化

在本书掌握的有关汇率传导的大量国外研究文献中，有一个结论几乎是普遍认可的，那就是汇率变化对价格的传导并不完全。大野（Ohno，1989）的实证结果表明，汇率变动对日本出口价格的平均传递系数为0.5左右。戈德伯格和拉特尔（Goldberg & Knetter，1997）的实证分析得出汇率贬值对经济合作与发展组织（OECD）国家工业制成品进口价格的传递系数约为0.5。

另外，在汇率变化不能完全被价格信息所反映的同时，汇率变化对价格的传导还存在时期差异。即使是得出汇率完全传导结论的文献也指出汇率对价格的完全传导需要一个较长的时期。赫尔克与胡珀（Helkie & Hooper，1988）认为汇率变动后对进口价格实现完全传导需要8个季度的时间，克拉克（Clark，1991）则认为这一时间为5个季度。坎帕和戈德伯格（Campa & Goldberge，2001）采用1975—1999年的季度数据对OECD25国的汇率传递系数进行了估计，其结论为OECD 25国平均短期汇率传递系数为0.61，长期汇率传递系数为0.77。长期内汇率变化对价格的传导程度要高于短期传导程度，这进一步说明不管总的传导程度如何，价格对汇率变化的反应都存在滞后。尼克（Nick，2002）用格鲁吉亚1998年8月到2001年6月的月度数据检验了贬值与通胀的关系，结论认为汇率每贬值1%，在短期内（一个月）消费物价指数（CPI）上升0.21%，长期内CPI上升0.52%。伊藤隆敏和佐藤清贵（Takatoshi Ito & Kiyotaka Sato，2007）运用VAR方法对东南亚金融危机中各国汇率贬值对国内价格的传导进行了分析，得出结论：在遭受危机的国家，货币贬值对进口价格的传导程度相当高，而对CPI的传导程度较低，仅印度尼西亚货币贬值显著地导致了通货膨胀。

2.1.2.2.2 汇率传导程度具有显著的国别差异

汇率传导程度的国别差异分为两种：一是在同时研究多国汇率传导时，不同国家的汇率变化对各自贸易价格形成不同的影响；二是单独研究一国汇率变化时，一国汇率变化对其不同双边贸易中的贸易价格形成不同的影响。对于第一种国别差异而言，在多国汇率传导研究中显著存在汇率传导程度的国别差异，但不同的多国汇率传导研究在各自的研究中对相同国家所得出的结论并不一致，甚至是相互冲突，且各自所给出的理论解释也不尽相同。比如克赖宁（Kreinin，1977）指出汇率传导程度的变化范围从美国的50%到意大利的100%，并认为汇率传导程度与一国的经济规模呈反比。而科斯拉与寺西（Khosla & Teranishi，1989）则认为对于像美国和日本这样的经济大国来说汇率传导是完全的，而对于像印度尼西亚和菲律宾这样的小规模经济体来说汇率传导程度则很低。但也有研究指出即使都是大国经济，其汇率传导程度也各有不同，比如斯皮塔列尔（Spitaeller，1980）的研究认为美国的汇率传导程度是完全的，而德国的汇率传导程度却不完全。对于第二种国别差异而言，多数研究因市定价（Pricing to Market）的文献指出，汇率传导不但不完全，而且还会因为出口市场的不同而有所不同。大野（Ohno，1989）、施布利（Schembri，1989）和马斯顿（Marston，1990）等认为出口厂商在面临汇率变动时，往往通过限制汇率变化对外币价格的传导程度而对不同的国外市场进行歧视性定价，从而稳定其市场份额。

就大部分研究汇率传导国别差异的文献而言，在解释汇率传导国别差异的原因时大致可以总结为宏观原因与微观原因。宏观因素主要有：经济规模、国内消费中的进口份额、汇率制度安排、贸易保护和通胀水平等；微观因素主要有：进出口商品结构和行业结构、市场竞争程度、进入国内市场的外国厂商数量占比、进口品成本中沉淀成本的占比、跨国公司内部贸易、定价或结算货币的选择和各贸易商品的供需价格弹性等。

2.1.2.2.3 汇率传导程度具有显著的商品类别和行业差异

皮里亚（Piriya，2004）对泰国九种主要商品的汇率传递进行实证研究，发现这些商品的汇率传递系数很低，汇率传导程度最低的是动植物油脂类商品，为0.104，最高的是机械类商品，为0.527，同时还指出自泰国1997年金融危机后，泰铢汇率波动性增强且变化趋势难以预测，从而使汇率波动对进口价格传递程度出现下降趋势。王国梁与吴中书（Kuo-liang Wang & Chung-shu Wu，1999）对我国台湾地区石油化工产业的汇率传递进行研究的结果表明，在新台币升值的过程中，台湾石化企业只吸收了很少一部分汇率变化，导致出口商品价格上涨。

坎帕和戈德伯格（Campa & Goldberge，2001）认为引起汇率传导程度变化的根本原因是各国进口商品的产业结构的变化。其基本结论是，工业制成品和食品的汇率传导不完全且相对较低，而能源与原材料的汇率传导较高且长期内接近完全传导。并且由于 OECD 国家的进口中从原来以能源进口为主，转变到以工业制成品的进口为主，故近年来各国汇率传导程度呈现下降趋势。

2.1.2.2.4　对同一国家汇率传导程度的不同研究所得出的结论也不尽相同

在对汇率传导的研究中，对发达国家的研究占了绝大多数，而其中又以对美国的研究最为集中。在多数样本期间集中在美国二十世纪七八十年代的进口价格研究中，汇率变化对进口价格传导的相关结论差异极大。如奥尔特曼（Alterman，1991）得出汇率变化对进口价格的传导程度为 48.7%，而赫尔克与胡珀（Helkie & Hooper，1988）却得出这一比例高达 91%，其他同类研究得出的传导程度均位于这两者之间。这些研究所包含的时间样本和商品样本都非常接近，之所以得出的结论的差异如此之大，可以归因于计量方法、模型设定和变量指标的选取等方面的差异。在这些相近的文献中，除了金（Kim，1991）对各变量去趋势处理后构建了 VAR 模型，其他研究基本上都采用了传统的普通最小二乘法估计，而在进行 OLS 估计的那些研究中，也只有赫尔克与胡珀（Helkie and Hooper，1988）对序列相关问题进行了处理。另外在不同研究中，其动态建模也不尽相同，虽然大部分采用了多项式分布滞后模型（Polynomial Distributed Lags），但在多项式中设定的阶数却不同。也有一些研究对滞后进行了约束，比较通用的是对滞后施加尾约束（Tail Constraint），这一约束将使得相邻滞后项权重接近为零，从而改变原有滞后结构和对累计汇率传导程度的估计。

2.2　贸易弹性论的演变与发展及文献述评

在研究汇率变动对贸易收支影响的早期研究中，关于 ML 条件是否成立的争论成为汇率调整是否能有效地影响贸易收支的关键，也是贸易弹性论演变与发展的核心内容。所有关于 ML 条件的论争研究，根据不同的经济背景、研究方法和研究结论，本书将其分为三个部分进行综合述评：贸易弹性理论的产生、贸易弹性理论的基本内容及其演变和实证研究中贸易弹性论的演变与发展。

2.2.1 贸易弹性论的产生

贸易弹性论的前身是在金本位的国际金融体制、重商主义理论背景下休谟所提出来的古典国际收支调节机制"价格—金币流动机制"，即在充分就业和灵活的国内工资、物价前提下，价格变动对国际收支失衡具有自动矫正的作用。20世纪30年代大危机爆发之后，金本位彻底瓦解，各国实施纸币流通制度，金币流动不复存在，同时，30年代大危机之后，由于政治经济条件的变化，垄断组织和工会力量的不断强大，工资物价刚性特征明显，价格变化的前提也不复存在，价格—金币流动机制自动失效。

在经济大危机的背景下，凯恩斯摒弃了完全竞争市场（价格灵活变动）和充分就业的理论前提，提出了非充分就业条件下价格刚性假设，并将一国外部均衡与内部均衡联系起来提出了需求管理理论。该理论认为，一国为了改善贸易收支、维持国际收支均衡，不仅要扩大出口，还要运用控制国内总需求的办法来抑制进口。这一结论使得国际收支均衡目标与国内经济增长和充分就业目标发生冲突（宋小川，1986）。

如何才能既促进国内经济增长与就业，又维持外部均衡？既然绝对价格调整和国内总需求管理都不能有效实现这一目标，那么在新的经济背景下是否存在新的途径来解决这一问题呢？大危机之后汇率的频繁波动使得研究者们把目光投向了相对价格的调整。弗里德曼（Friedman，1953）最早提出了浮动汇率是调整国际相对价格的有效途径的观点，其理由是某国家发生实际冲击（如生产率提高或货币政策调整）时，国家间商品的实际相对价格发生变化，需要进行调整以使其名义相对价格与实际相对价格相一致并达到均衡状态。名义汇率的调整和国内价格的调整都能实现实际汇率达到均衡值的目标，如果二者的灵敏度相同，则两种调整方式无差异。但事实上，一国的国内价格往往是高度不灵活的，即国内价格名义刚性。弗尔德斯坦（Feldstein，1992）也指出，国内价格的下降需要付出一定时期的失业代价，故政府往往倾向于使用名义汇率手段。这些观点都认为，在开放经济条件下，汇率变动通过对相对价格的即时调整能实现对总需求的即时影响，因此最优的货币政策要求采取浮动汇率制度。

浮动汇率能通过对国际相对价格的影响最终影响到国际收支和国内经济。但具体影响如何，就对国际贸易的影响而言，必须考虑汇率对贸易价格的传导和贸易收支的价格弹性。由于传统经济学中弹性分析法的广泛运用，最早关于该问题的讨论是从贸易收支弹性开始的，弹性论也就因此应运而生。

2.2.2 贸易弹性理论的基本内容及其演变

2.2.2.1 马歇尔—勒拉条件

自20世纪20年代初开始至今，弹性分析法经历了多个阶段的发展。最初，弹性分析法认为，一国货币贬值导致其贸易收支状况改善的充要条件为马歇尔—勒拉条件（Marshall，1923；Lerner，1944），即假定进出口供给的价格弹性都为无穷大，且最初一国贸易收支均衡时，国内经济充分就业、收入不变且不存在国际资本流动时，若进出口需求的价格弹性之和大于1，即若 $\eta_x^d + \eta_m^d > 1$，则马歇尔—勒拉条件成立，也即货币贬值将增加一国贸易盈余。

若货币贬值完全被价格变化所吸收，则出口和进口的本币价格变化对出口和进口（用本币表示）的影响见图2-2和图2-3（丹尼斯和阿尔弗雷德，1986），其中横轴分别表示出口数量和进口数量，纵轴分别表示出口本币价格和进口本币价格。一国货币贬值，假定国际贸易的定价货币采取产地定价，即PCP定价模式，则出口本币价格保持不变，国内供给不变；相对于外国消费者而言，出口商品的相对价格下降，一单位外国货币可购买更多本国出口品，不变外币对本国出口品的实际购买力增加，从而本国出口品的外国需求增加，需求曲线右移，假定国内供给完全弹性，需求增加仅导致出口量的上升，价格并不发生变化，均衡出口量从 q_x^1 增加到 q_x^2。若假定本国货币贬值率为 k，且货币贬值对出口外币价格完全传导，即出口外币价格下降率为 k，同时，假定出口需求的价格弹性为 η_x，且贬值前的本币出口额为 R_x^1，则贬值后由于出口量的增加而导致的出口额的增加量为 $\Delta R_x = R_x^1 k \eta_x$ [①]。在国内进口市场上，由于进口价格由外国生产地货币定价，进口外币价格保持不变，则本国货币贬值将使得进口的本币价格从 p_m^1 上升到 p_m^2，在本国收入不变的前提下，国内需求曲线固定，则进口本币价格上升将导致进口需求量的减少，在国外供给完全弹性的前提下，均衡进口量从 q_m^1 减少到 q_m^2。若假定本国货币贬值率为 k，且货币贬值对进口本币价格完全传导，即进口的本币价格上升率为 k，同时，假定进口需求的价格弹性为 η_m，且贬值前的本币进口额为 R_m^1，则贬值后由于进口价

---

① 若选择使用产地货币定价，汇率变化对出口外币价格完全传导，则一国货币贬值 k 个百分点，出口外币价格也就下降 k 个百分点，即 $dp_x/p_x^1 = -k$，由于 $\eta_x = -dq_x/q_x^1/(dp_x/p_x^1)$，故 $dq_x/q_x^1 = k\eta_x$，$dq_x = k\eta_x q_x^1$，出口额的变化 $\Delta R_x = R_x^2 - R_x^1 = p_x^1 dq_x = p_x^1 q_x^1 k \eta_x = R_x^1 k \eta_x$。

格的上升和进口量的下降而导致的进口额的增加量为 $\Delta R_m = R_m^1 \kappa (1 - \eta_m)$①。货币贬值对贸易收支的总影响取决于对出口影响和对进口影响的综合结果，即 $\Delta T = \Delta R_x - \Delta R_m$，那么要实现贬值对贸易收支改善的结果，就必须要求 $\Delta R_x >$ ΔR_m，也即要求 $R_x^1 \kappa \eta_x - R_m^1 \kappa (1 - \eta_m) > 0$，$\dfrac{R_x^1}{R_m^1} \eta_x + \eta_m > 1$②。若贬值前的进出口额相等，即初始状态下贸易收支平衡时，贬值促进贸易余额改善的充要条件就是该国出口需求和进口需求的价格弹性之和大于 1，即 $\eta_x + \eta_m > 1$。

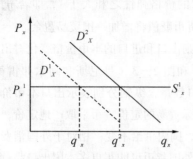

图 2-2　贬值对出口的影响

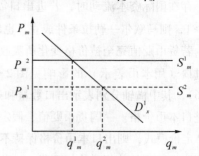

图 2-3　贬值对进口的影响

马歇尔—勒拉条件和之后的绝大多数关于贸易弹性的研究基本上都是基于货币贬值为分析前提的。人民币从 2005 年 7 月以来至今都处于货币升值通道，货币升值的贸易余额效应是否与贬值的贸易余额效应相对称？货币升值是否减少一国贸易余额是不是也取决于同一充要条件？要回答此类问题首先必须要从理论上对人民币升值的贸易余额效应予以考察。根据贬值通道下致使马歇尔—勒拉条件成立的所有基本假定，我们也可以推导出升值通道下的贸易余额影响，具体变化见图 2-4 和图 2-5。在直接标价法下汇率值下降（如升值率为 $-k$，其中 $k > 0$）表示本国货币升值，仍假定进出口的供给弹性无穷大，国内外名义收入不发生变化，不考虑资本流动，且国际贸易以产地货币定价

---

① 同样假定产地货币定价原则，汇率变化对进口本币价格实现完全传导，则一国货币贬值 k 个百分点，进口本币价格上升 k 个百分点，即 $dp_m / p_m = k$，同时由于外国供给无穷大，价格上升导致进口量减少，进口额的变化量 $\Delta R_m = R_m^2 - R_m^1 = (p_m^1 + \Delta p_m)(q_m^1 + \Delta q_m) - p_m^1 q_m^1 = p_m^1 \Delta q_m + q_m^1 \Delta p_m + \Delta p_m \Delta q_m$，假定价格的变化量与进口变化量的乘积较小并可忽略不计，则 $\Delta R_m = p_m^1 \Delta q_m + q_m^1 \Delta p_m$，由于 $\eta_m = -\dfrac{dq_m / q_m}{dp_m / p_m}$，$dq_m / q_m^1 = -k \eta_m$，则 $p_m^1 \Delta q_m = -p_m^1 q_m^1 k \eta_m$，$q_m^1 \Delta p_m = q_m^1 p_m^1 k$，最后，由于 $R_m^1 = p_m^1 q_m^1$，$\Delta R_m = p_m^1 \Delta q_m + q_m^1 \Delta p_m = -p_m^1 q_m^1 k \eta_m + q_m^1 p_m^1 k = R_m^1 k (1 - \eta_m)$。

② 此处由于以货币贬值（直接标价法下汇率值上升表示本国货币贬值）为前提，故 $k > 0$。

（PCP 定价模式），则升值将导致出口的外币价格上升（出口本币价格不变），进而外国等量收入对本国出口品的实际购买力下降，出口需求减少；同时，升值导致进口的本币价格下降，进口量增加。升值对出口额的影响为 $\Delta R_x = -R_x^1 \kappa \eta_x$，升值对进口额的影响为 $\Delta R_m = -R_m^1 \kappa (1 - \eta_m)$，若要减少贸易顺差，实现升值对平衡贸易余额的作用，则需要求解使得 $\Delta T < 0$（$\Delta R_x < \Delta R_m$）实现的条件。根据前面的计算可得，同样以初始贸易平衡为条件，要使升值能减少贸易余额，当且仅当 $\eta_x + \eta_m > 1$[①]时即可实现。

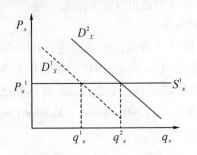

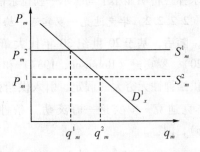

图 2-4　升值对出口的影响　　　　图 2-5　升值对进口的影响

马歇尔—勒拉条件是研究国际收支问题中的重要理论——弹性理论的核心内容和发展源头，之后弹性论的发展都是通过对马歇尔—勒拉条件的逐步修正而实现的。如果说一个理论的假设越偏离现实，那么该理论在应用于现实时所体现的缺陷也就越突出。马歇尔—勒拉条件因其诸多严格的理论假定而招致不少批评，也为后来的研究者们提供了进一步研究的突破口。对该条件的批评主要来自以下几个方面：①初始贸易平衡的假定。该假定给该理论的政策意义制造了障碍，因为一国想要通过调整汇率来调整贸易收支，其初始状态一定是贸易收支不平衡，如果贸易收支不平衡，不同的初始条件就会改变原来马歇尔—勒拉条件中对进出口需求弹性的要求。如在贬值政策下，初始状态往往为贸易逆差，$R_x^1 / R_m^1 < 1$，则需要更高的出口需求弹性才能满足贬值改善贸易收支的目的；反之，在升值政策下，初始状态往往为贸易顺差，$R_x^1 / R_m^1 > 1$，此时只需要较小的出口需求弹性就可以满足升值降低贸易盈余的目的。②进出口供给弹性无穷大的假定。除了经济大危机背景以外，进出口供给弹性无穷大假定与现实严重不符，即使价格变化，商品供给数量的调整可能由于有限资源的约束和缓慢的结构调整而不能实现完全供给弹性，这在充分就业的情况下尤其不

---

①　关于升值的贸易效应的推导理同贬值条件下的贸易效应的推导过程。

符，也不适用于市场经济不完善的发展中国家。③只从价格数量关系角度讨论进出口市场的局部均衡状况，未考虑汇率变化导致的收入和国内吸收以及资本项目的变化，而这些变化都会不同程度地进一步影响贸易收支，因此，该条件未能实现一般均衡框架下的分析。④$\Delta p \Delta q = 0$的假定。如果$\Delta p \Delta q \neq 0$，则满足贬值改善贸易赤字和升值降低贸易盈余的充要条件将与汇率变动幅度k有关，在初始贸易平衡时，该条件将变更为$\eta_x + (1+k)\eta_m > 1$，在汇率波动较大时，即使进出口弹性都保持不变，那么要满足汇率调整的贸易目标所需要的进出口需求弹性将明显小于马歇尔—勒拉条件所要求的进出口需求弹性。

2.2.2.2 毕克迪克—罗宾逊—梅茨勒条件

随后，基于20世纪30年代大萧条的经济背景，毕克迪克（Bikerdike，1920）、罗宾逊（Robinson，1937）和梅茨勒（Metzler，1948）等放弃了进出口供给弹性无穷大的假定，引入供给弹性修正原有判定条件，并将其称之为"毕克迪克—罗宾逊—梅茨勒"条件（Bikerdike - Robinson - Metzler Condition），即：

$$\frac{\eta_x^d \eta_m^d (1 + \eta_x^s + \eta_m^s) + \eta_x^s \eta_m^s (\eta_x^d + \eta_m^d - 1)}{(\eta_x^d + \eta_x^s)(\eta_m^d + \eta_m^s)} > 0 \qquad (2-19)$$

该条件认为本币贬值能否改善贸易收支以及能在多大程度上改善贸易收支，不仅取决于进出口商品的需求价格弹性，而且还取决于进出口商品的供给价格弹性。即使$\eta_x^d + \eta_m^d < 1$，马歇尔—勒拉条件不满足，只要$\eta_x^s \eta_m^s$足够小，贬值也能改善贸易收支。而只有当进口供给弹性和出口供给弹性都趋向于无穷大时，毕克迪克 - 罗宾逊 - 梅茨勒条件才与马歇尔—勒拉条件相一致。马歇尔—勒拉条件是以经济大危机为背景提出的进出口供给价格弹性无穷大的假定，具有一定的合理性。但事实上，如果不存在大萧条，进出口供给弹性无穷大的假设是不符合经济现实的。比如初级产品受到自然条件和资源储备的限制就不能保证其供给随价格的上涨而大量增加，另外其他产品的供给也可能由于生产国在资金、能源、技术等生产要素以及基础设施等公共服务方面的限制而不能在短期内实现生产规模和产业结构的快速调整，这一点在发展中国家尤其如此。因此，该修正对研究发展中国家的贸易收支问题有着重要的意义。

2.2.2.3 一般均衡框架下汇率变动对贸易收支的影响：来自琼斯（Jones，1961）和多恩布什（Dornbusch，1975）的修正

不管是马歇尔—勒拉条件还是毕克迪克 - 罗宾逊 - 梅茨勒条件，在探讨汇率变化对贸易收支的影响时，都只局限于商品市场价格与数量之间的局部均衡分析，而没有考虑汇率变动还将通过影响收入从而对一国内部的消费行为、生

产行为产生影响并进而影响到该国的贸易行为。琼斯（Jones，1961）和多恩布什（Dornbusch，1975）分别从微观和宏观视角对该理论进行了修正。

琼斯（Jones，1961）从微观视角出发，撇开之前弹性理论中纯贸易国假定或两国纯贸易行为假定，以提供曲线（Offer Curve）为基础在一般均衡框架下既分析两国贸易行为，还分析两国生产和消费行为，即除了考虑汇率变化对本国进出口的直接影响外，还考虑汇率变化对两国国内生产和消费产生影响进而对贸易收支产生的间接影响。得出新的判定条件为两国进口需求与出口供给的价格弹性总和大于 1，即 $(\eta_1^d + \eta_1^s) + (\eta_2^d + \eta_2^s) > 1$。该条件与毕克迪克－罗宾逊－梅茨勒条件最大的不同是，原判定条件认为，即使 $\eta_x^d + \eta_m^d < 1$，只要 η_x^s 和 η_m^s 足够小，贬值也能改善贸易收支，但新的判定条件在对供给弹性的讨论上却得出了相反的结论，该结论为，不管需求弹性大小如何，供给弹性越大，越能保证判定条件的实现。琼斯（Jones，1961）还进一步将两国进口需求的价格弹性和出口供给的价格弹性细化为由两国消费行为决定的进口品替代弹性和边际进口倾向以及由两国生产行为决定的经过修正的出口品供给弹性，从而细化弹性特征后贬值增加贸易余额的新的判定条件为 $(\eta_1^{ms} + mpm_1 + \eta_1^{s'}) + (\eta_2^{ms} + mpm_2 + \eta_2^{s'}) > 1$。该弹性条件的细化更直接地体现了汇率变化的贸易效应与两国国内的生产与消费之间的紧密联系。

多恩布什（Dornbusch，1975）从宏观角度运用国民收入恒等式为弹性分析提供了有益的补充。弹性分析法对贸易方程式 $T = X - M$ 的分析是建立在国民收入保持不变的假定之上的，没有考虑宏观经济的均衡问题。如果考虑商品市场均衡时贸易余额等于窖藏（窖藏等于国民收入 Y 与国内吸收 A① 之间的差额 $T = Y - A$）这一条件，则本币贬值是否改善贸易余额就要看贬值之后窖藏数额是否提高。也就是说，即使一国经济满足弹性判定条件，贬值带来的贸易余额改善还只是自主性贸易余额的改善，当自主性贸易余额改善带来国民收入的增长后，还需要比较国民收入的增长与因此而带来的国内吸收的增长之间的大小，并依此而最终确定窖藏或均衡时的贸易余额。这构成了"吸收分析法"的基本内容。吸收分析法考虑了国民收入变动后，贬值对自主性贸易余额和引致贸易余额两方面的综合影响，并得出贬值可以改善最终贸易余额的条件是：在贬值可以改善自主性贸易余额（即满足弹性判定条件）时，还要求由此而引起的国民收入增加所带来的进口的增加要小于自主性贸易余额的增加，也即要求边际吸收倾向小于 1。

---

① 国内吸收等于国内的消费、投资和政府支出，$A = C + I + G$。

贬值会因为改善自主性贸易余额进而增加国民收入，国民收入的增加又导致国内吸收的增加，但事实上，贬值也可能通过其他途径直接影响国内吸收，比如汇率贬值将产生现金余额效应影响国内吸收。本币贬值，则外国商品的相对价格提高，因为需要消费一部分进口商品，故本国居民原有收入的实际购买力水平下降，从而总消费减少，为了维持原有的生活标准，人们将不得不在收入不变的情况下增加其支出，从而增加自主性吸收支出。这一效应称之为"劳尔森－梅茨勒效应"（Lausen－Metzler Effect）。考虑了贬值对自主吸收的影响后，贬值的贸易余额效应就变得更加复杂和不确定。

从以上分析可知，贬值既会直接影响贸易余额，也会通过贸易余额变动引起收入与吸收的变动从而对原有的贸易余额产生进一步的影响。因此，在分析中，必须将贬值对贸易余额的直接影响以及对收入与吸收的影响结合起来，才能全面分析贬值对贸易余额的影响。

2.2.2.4 J 曲线效应

以弹性分析为基础，贬值改善贸易收支的各弹性判定条件即使实现，从贬值到贸易收支改善也需要一定的时间，或者说，汇率对贸易收支的影响存在滞后效应。当一国货币贬值后，最初不是改善贸易收支而是恶化贸易收支，经过一定时期后才能实现对贸易收支的改善。由于从汇率变化开始到贸易收支调整结束，根据其在时间坐标上的反映，在贬值政策下，贸易余额的调整经过先恶化后改善的动态路径，形成 J 形曲线特征，故称贬值对贸易收支的影响呈现 J 曲线的动态变化路径。最早对这一效应进行讨论的经济背景是美国在 20 世纪 70 年代初的贬值政策所造成的贸易影响。[①] 多数研究者将该现象发生的根本原因归结为：汇率的调整是即时完成，但消费者和生产者对相对价格的调整却存在滞后，致使贬值短期内可能导致贸易收支恶化。这是因为，贬值导致贸易条件恶化，长期内由于满足 ML 条件而必定实现对贸易收支的改善，但由于短期内的贸易品价格数量弹性要小于其长期弹性，故短期内贬值并不必定改善贸易收支。

但贬值是否在短期内必定导致贸易收支的恶化，多数理论研究并未给出一致答案。琼兹和隆伯格（Junz &Rhomberg，1973）、麦基（Magee，1973）和米德（Meade，1988）都先后对此现象进行了理论解释，其中 Magee（1973）的

---

① 1970 年美国贸易余额为 22 亿美元，到 1971 年贸易收支恶化，对外贸易形成 27 亿美元的赤字，美国当局为了平衡贸易收支，之后采取了对美元贬值的货币政策，但出人意料的是，贬值后一年，也即 1972 年美国贸易收支进一步恶化，形成 68 亿美元的贸易赤字。

三阶段理论解释最具代表性，其研究结论指出，贬值在短期内依据一定条件可恶化贸易收支，但在另外的条件下也不一定恶化贸易收支。他将贸易收支对汇率变化的反应期分为三个时期：①货币－合约期。初始贸易品的定价发生在贬值之前，而在合同期内此价格不会因为汇率变化而发生任何变化，故在货币－合约期内，汇率贬值对贸易收支的影响只反映其即时影响，此时定价货币价格和贸易数量都不发生变化，贬值对以本币表示的本国贸易余额的最终影响只与进出口定价货币的选择和初始贸易状况有关。任何进出口商在考虑汇率变化的条件下都倾向于选择能获得资本利得或避免资本损失的货币来对商品进行定价，如进口商倾向于选择未来走弱的货币对进口品定价，而出口商倾向于选择未来走强的货币对出口品定价，如果两种货币的未来趋势相同，则最终定价货币的选择取决于进出口双方的议价能力（Bargaining Power），一般来说，出口比较优势产品，进口竞争弱势产品，故出口方的议价能力往往要强于进口方。因此，贬值致使货币合约期内的贸易收支恶化的实现条件可表示为：

$$\sum_{j=1} (s_j^x c_j^x d_j X_j^0 - s_j^m c_j^m d_j M_j^0) < 0$$，其中 s_j^x 表示该国出口中出口到 j 国的占比，s_j^m 表示该国进口中源自 j 国的占比，c_j^x 表示出口合约中外币合约的占比，c_j^m 表示进口合约中外币合约的占比，d_j 表示贬值率，X_j^0 与 M_j^0 分别表示出口到 j 国和源自 j 国的进口各自的初始额。在初始贸易平衡时，如果进口合约中外币合约的占比要大于出口合约中外币合约的占比，即 $c_j^x < c_j^m$，则贬值将导致贸易收支恶化；若初始贸易不平衡，则 $c_j^x < c_j^m$ 是贬值导致贸易恶化的必要条件，除此之外，还需考虑初始状态是贸易赤字或是贸易盈余，若为盈余，则贬值有恶化贸易收支的作用，反之，若为赤字，则贬值有改善贸易收支的作用。②合同调整期或价格传导期。在这一阶段，出口商无法即时对其生产和对外销售进行调整，进口商也需要时间寻找替代品从而调整其订单，因此即使价格变化，但进出口的供需价格弹性都非常小，进出口数量不变或变化非常小，则短期内价格效应大于数量效应，ML 条件得不到满足，贸易余额恶化。③数量调整期。长期内，进出口的供需价格弹性逐渐提高，ML 条件一旦得到满足，数量效应大于价格效应，贸易收支就可以得到改善。当然，贸易余额改善的程度取决于弹性的大小和前一期价格传导的程度。

传统的 J 曲线效应理论并不能完整地说明所有汇率变动的时滞问题，后来的研究者们从三个方面对 J 曲线效应提出了不同的看法。首先，J 曲线效应需满足马歇尔—勒拉条件，如果该条件不满足，或者贬值后国内物价的上涨赶上甚至超过本币贬值程度①，则贸易收支非但不能改善，反而可能进一步恶化，贬值出现负的贸易收支效应。其次，霍克（Hoque，1995）认为如果考虑回归预期，那么即使马歇尔—勒拉条件满足，本币贬值也不一定能带来 J 曲线效应，贬值还可能产生 W 曲线效应。这是因为贬值初期的贸易收支恶化或其他原因可能导致另一次的货币贬值，当发生连续货币贬值时，该经济体的贸易收支可能长期在逆水平上徘徊，从而产生 W 曲线效应。第三，因为 J 曲线效应理论是建立在汇率与进出口之间存在一个稳定关系的前提之上的，而汇率与进出口之间稳定关系的存在只发生在某一特定的汇率变动区间之内，若汇率变动超出这一汇率区间，则汇率与进出口之间的原有关系也将发生变化。在这一分析中，汇率波动性或波动幅度问题显得尤为重要。鲍德温与克鲁格曼（Baldwin & Krugman，1989）运用"沉淀成本模型"解释了在一个不稳定的环境中，厂商不愿意主动对汇率作出反应，而当厂商作出最终反应后，又很难促使他们再次改变决策，从而出现贸易决策中的滞后问题。也就是说滞后的原因来源于国际贸易中的沉淀成本和汇率易变性。在滞后存在的条件下，即使恢复原有的汇率水平或是环境，也不足以恢复原有的结果。这意味着贸易方程同宏观经济的许多其他方面一样，都面临卢卡斯批判，当环境发生改变时，决定贸易的因素和结果之间的原有关系也随之改变。

基于以上分析，我们在考察汇率变动对贸易余额影响的时滞问题时，不仅要考虑其价格和数量的滞后特征，而且还需考虑在不同汇率变动幅度下汇率与贸易关系的可能变化。

2.2.3　实证研究中弹性论的演变与发展

2.2.3.1　实证研究中关于"弹性悲观论"与"弹性乐观论"的争论

关于弹性分析法的实证研究重点在于考虑国际贸易在多大程度上对相对价格的变化作出反应，具体地说就是贬值能否改善国际贸易收支，也即 ML 条件是否成立。有研究结论显示，由于进出口需求的价格弹性极低，不能满足马歇尔—勒纳条件，一国汇率贬值不能有效地改善贸易收支（梅茨勒，1948），从而一度出现了"弹性悲观论"。持该观点的代表性研究有兰德尔·欣肖（Randall Hinshaw，1945）和汉斯·艾德勒（Hans Adler，1945），他们皆通过对统计图形进行图解的方法分析了美国在两次大战之间（1922—1937 年）的贸易

---

① 在 PCP 定价模式下，国内物价上涨超过汇率贬值幅度，则进口的相对价格下降，反而会导致进口需求的增加；就出口而言，国内价格上升，出口相对价格下降，将导致出口供给减少，在外国进口需求和出口供给弹性前提下，将导致均衡时本国进口增加、出口减少，贸易收支恶化。

价格弹性，并得出美国免税进口品的需求价格弹性在 0.3 ~ 0.5 之间，且汇率调整不能改善贸易余额的结论。之后的一系列实证研究对世界各主要贸易国家的价格弹性进行了细致的考察，大多得出了基本一致的结论。20 世纪 50 年代初期开始，一些国际贸易问题的研究者们开始对之前盛行的弹性悲观论提出质疑，并就研究方法问题对其进行强烈抨击。认为是错误的计量方法的运用导致了弹性被严重低估，而实际上贸易品的价格弹性是较高的。奥克特（Orcutt，1950）对以往弹性估计中运用的经济计量技术所形成的误差进行了较为完整的剖析，并从五个方面总结了以往研究得出低弹性结论的原因。一是战后世界贸易比两次世界大战间发展速度加快了，价格弹性上升；二是原有分析中存在观测误差；三是以往的研究用短期弹性替代了长期弹性；四是价格变化越大，弹性也会越大；五是原有预测采用了历史价格和数量数据，而这只反映汇率变化前的弹性关系。随后的研究在克服奥克特（Orcutt，1950）所指出的错误后，得到的结论都认为进出口商品的需求价格弹性是较高的，但同时，这又对原来悲观弹性观点的矫正有些过头，从而出现了弹性高估的现象，一度形成了"弹性乐观论"。

2.2.3.2　关于 J 曲线效应的实证检验

2.2.3.2.1　使用总量数据的实证研究

米德（Meade，1988）通过对三种情景[①]进行模拟（Simulation）得出不支持 J 曲线效应的结论，并认为从美元贬值到贸易余额改善的时间长度取决于美元贬值持续的时间长度。另外，米德（Meade）还指出运用总量贸易数据进行分析的不足，将贸易数据进行分部门处理[②]，考察部门 J 曲线效应（Sectoral J - Curve）的存在性和差异。各设定部门对相对价格变化的反应存在很大差异，贬值后，非石油原料部门经历短期的贸易恶化之后快速调整为贸易改善；资本品部门不存在贸易恶化阶段；而消费品部门贸易余额则对汇率变化无反应。米德（Meade）最后得出结论，贸易余额总调整的幅度和时间取决于相对贸易伙伴国而言贬值国对汇率贬值的幅度与持续时间以及各部门贸易余额对汇率变化的反应强度。弗莱明翰（Flemingham，1988）运用无约束的分布滞后模型（Unrestricted Distributed Lag Model）对澳大利亚 1965 Q1—1985 Q2 的数据进行分析，也同样得到了不支持 J 曲线效应的结论，但在不同汇率制度下贸易

---

①　情景 1：不考虑汇率对收入和价格的回馈效应（Feedback Effect）；情景 2：考虑汇率对收入和价格的回馈效应；情景 3：考虑连续贬值情况。

②　Meade 将贸易部门划分为三部分：非石油原料部门、资本品部门（包括汽车部门）和消费品部门，以 1987 年为例，这三个部门涵盖了非农业出口的 80% 和非石油进口的 70%。

余额与汇率的关系具有不同的表现，1974 年前（该子样本期间内为固定汇率制度）的系数表明存在 J 曲线效应，而 1974 年之后（浮动汇率制度）的系数表明不存在 J 曲线效应。霍克（Hoque，1995）对澳大利亚的三种汇率制度转换①中贸易对汇率变化的反应进行了分析，得到的结论与弗莱明翰（Flemingham，1988）的基本一致。

一部分文献在动态的一般均衡框架下讨论了贸易余额和汇率变化之间的关系，并得出汇率贬值是否改善或恶化贸易收支，关键取决于各种冲击的相对重要性，这些冲击包括本国和外国的货币与财政政策变化所带来的生产、消费、相对价格等实际变量的变化。不同的冲击将导致不同方向的贸易与汇率的相关关系。若不将冲击具体化，将很难得出某种确定的结论，一旦对冲击进行具体设定，则在贸易余额和汇率变化之间的关系就可以被确定。巴克斯、基欧和基德兰德 [Backus，Kehoe & Kydland（BKK），1994] 最早对 OECD 各国的具体冲击进行了分析，得出结论表示，在资本流动和消费平滑假定下持续的生产率冲击将导致贸易余额与贸易条件之间呈 S 形相关关系（贬值导致贸易条件恶化），若不考虑资本流动假设，国内生产率冲击下贸易余额和贸易条件之间呈帐篷形的截面相关函数关系（Tent - shaped Cross - correlation Function）。Senhadji（1998）在小国开放经济模型框架下运用 30 个欠发达国家（Less Developed Countries，LDCs）的数据对 BKK 的分析结论进行了扩展，认为欠发达国家的一些重要经济特征都将导致贸易余额和贬值间的 S 曲线变化关系，如有限的资本流动、不足的外汇储备、内生的右下倾斜出口需求曲线等。并且认为 LDC 的出口主要跟生产率冲击和世界收入冲击有关，二者的变化共同导致 S 曲线效应。

浮动汇率制度下汇率的变化不仅通过自身直接影响到贸易余额，而且还会影响到收入等其他实际变量，这些都将综合影响到贸易余额。但 OLS 估计方法不能识别汇率变化对贸易影响的间接效应，为了解决这一问题，最近的一些文献采用了向量自回归模型（Vector Autoregression，VAR）和脉冲反应函数（Impulse Response Function）等计量技术将各个变量内生进行处理，对不同国家的 J 曲线效应进行了考察。拉尔和洛因格（Lal & Lowinger，2002）运用约翰逊协整检验和脉冲反应函数考察了 7 个东亚国家②的情况，得出 J 曲线效应成

---

① 在澳大利亚，1965 Q1—1974 Q3 实施固定汇率制度；1974 Q4—1983 Q4 实施有管理的浮动汇率制度；1984 Q1—1992 Q4 实施浮动汇率制度。

② 印度尼西亚、日本、韩国、马来西亚、菲律宾、新加坡和泰国。

立的结论，并认为不同国家间 J 曲线效应存在显著差异。哈克与哈特米（Hacker & Hatemi，2003）对 5 个北欧国家①的研究也得出了类似的结论，认为 J 曲线效应在这几个国家都显著存在。但李与陈（Lee & Chinn，2002）运用相同计量技术对 7 个发达国家②的研究却得出了不同的结论，认为伴随着实际汇率升值，各国经常账户余额将得到改善。

在不同时间段，随着经济计量技术的发展，研究者们运用的计量经济学方法也各有不同，从最初的普通最小二乘法（OLS）、到后期的协整与误差修正（Cointegration and Error Correct）、向量自回归（VAR）针对时间序列的分析，或是用数值模拟（Simulation）来进行情景分析，各种方法下对 J 曲线效应的研究都没有得出一致的结论。但基本结论可以概分为以下几个方面：①不同贸易品对相对价格的反应有所不同，并非所有贸易品的汇率反应都呈现 J 曲线效应；②不同汇率制度下贸易余额对相对价格的反应有所不同，浮动汇率本身能就不同外部冲击快速作出调整，J 曲线效应不明显；③贸易对汇率变化的 J 曲线反应可能因各种财政和货币冲击而招致改变，形成 S 效应；④考虑汇率变化对贸易余额的直接与间接影响后，能更多支持 J 曲线效应成立的假设。在所有总量数据的分析中，由于进出口价格只能用进出口价格指数来进行替代，故绝大多数模型都采用了贸易条件（Terms of Trade），即单位出口能带来的进口数量 p_x/p_m 这一指标来替代汇率变化，并假定贬值将恶化贸易条件，而升值改善贸易条件。但这一假定是否成立还依赖多方面因素的影响，这又是一个复杂的问题。

2.2.3.2.2　使用双边数据的实证研究

当一国名义汇率发生变化，其相对于某一贸易伙伴国的实际汇率可能贬值，而相对于另一贸易伙伴国而言，其实际汇率又可能升值，对于不同贸易伙伴国的一国双边贸易余额也可能是有的恶化而有的改善。总量数据的分析不能区分这些不同影响，因此一国汇率变化的贸易效应具体如何更需从各双边贸易余额对各双边实际汇率变化的反应角度分别进行分析。用双边数据分析至少能带来两方面的好处，一是不需要构造剩余世界收入的代理变量，二是可以防止出现总量误差。

在双边贸易数据的分析文献中，运用得最多的模型就是罗斯和约伦（Rose & Yellen，1989）通过进出口供需函数得出的关于决定贸易余额的理论模型

---

①　比利时、丹麦、荷兰、挪威、瑞典。

②　美国、加拿大、英国、日本、德国、法国、意大利。

$B = B$ （rex，y，y^*），对其进行 log 线性处理后计量模型为 $TB_{jt} = a + blny_t +$ $clny_{jt} + dlnrex_{jt} + \varepsilon_t$，其中 TB_{jt} 是美国对 j 国经过国民生产总值（GNP）平减指数进行平减处理后的实际净出口额 $B = X - M$，y_t 为美国的实际收入，y_{jt} 为 j 国的实际收入，rex_{jt} 为美元对 j 国货币的双边实际汇率，rex_{jt} 下降表示实际汇率贬值，ε_t 为随机扰动项。也有研究者对等式左边的贸易余额变量进行了变换，如席瓦尼和维尔布拉特（Shirvani & Wilbratte，1997）将因变量改为 ln（B_t），其中 $B = X/M$，如果 ML 条件成立，则 $d < 0$；伯曼尼与布鲁克斯（Bahmani & Brooks，1999）同样也在等式左边运用 ln（B_t），但其中 $B = M/X$，如果 ML 条件成立，则 $d > 0$。三种不同的模型表示其本质上没什么差别，对计量结果也基本没有影响，只是在解释参数系数时有所不同。但对这些模型的计量方法和运用的样本数据不同，从而导致了不同的计量结果。最早罗斯和约伦（Rose & Yellen，1989）运用的 OLS 估计和 IV（Instrument Variable，工具变量）估计方法对 1960—1980 年季度数据进行分析，得出的结论不支持 J 曲线效应；席瓦尼和维尔布拉特（1997）考虑到各时序变量数据的不稳定特征，采用了约翰逊和尤塞柳斯协整技术对 1973 年 1 月～1990 年 8 月的月度数据进行分析，得出的结论支持 J 曲线效应；伯曼尼与布鲁克斯（Bahmani & Brooks，1999）则将原有模型进行了自回归分布滞后（Auto Regression Distributed Lags，ARDL）处理并采用协整和误差修正模型对 1975 Q1～1996 Q2 的季度数据进行分析，得出了短期汇率的贸易余额效应无确定模式、长期内 J 曲线效应成立的结论。

2.2.3.2.3 对已有 J 曲线效应研究的总评

不管是运用总量贸易数据还是运用双边贸易数据，ML 条件成立是 J 曲线效应成立的基本前提，因此 J 曲线效应仍属于弹性分析范畴。绝大多数研究贸易余额对汇率变化反应的长短期效应问题得出的结论基本类似。一般结论认为，汇率变化对贸易的短期影响不具确定模式，但若设定具体贸易伙伴，运用双边数据得出的长期效应比运用总量数据得出的长期效应更多支持 J 曲线效应成立的假设。已有的研究基本上没有区分比较优势产品与比较劣势产品的汇率敏感性差异，而这一问题却是关乎汇率变化对贸易收支影响的重要方面，因为一国出口自己的比较优势产品，而进口比较劣势产品，出口与进口的不同汇率弹性应该是未来研究的重点方向之一。本书的研究将对该问题进行重点分析，以弥补已有研究的不足。

2.2.4 "新弹性论"的总评价

最初的弹性论研究始于对 ML 条件的探讨，ML 条件弹性论的假定具有诸多局限性。主要表现为以下几个方面：①非充分就业假定，从而导出供给弹性无穷大假定；②贬值前贸易收支处于平衡状态；③局部均衡分析；④未考虑价格与数量变化的滞后效应。之后的理论研究对以上假定进行了逐步的修正；⑤$\Delta p \Delta q = 0$的假设。毕克迪克 − 罗宾逊 − 梅茨勒条件对完全供给弹性假定进行了调整，同时将进出口的需求弹性和供给弹性一起纳入模型中；琼斯（Jones，1961）和多恩布什（Dornbusch，1975）则分别从微观和宏观视角对原有的局部均衡假设进行了修正，运用一般均衡框架对贸易弹性问题进行了进一步探讨；20世纪70年代以后提出来的J曲线效应则考虑贸易价格和数量变化对汇率变化的滞后反应，讨论了短期和长期的汇率变化的贸易余额效应。逐步的理论修正也在之后的实证研究中一一运用并得出新的汇率变化的贸易效应结论。本书姑且将基于初始ML理论的弹性论的扩展体系称为"新弹性论"体系。由于种种原因，"新弹性论"研究体系中并未对贬值前贸易平衡假设和$\Delta p \Delta q = 0$假设予以重视，在目前为止本书已整理的文献中，尚未发现有文献对这两个假设在新的经济条件下给出理论修正，更没有相关的实证检验。

不管是初始的ML条件弹性论，还是发展至今逐步完善的"新弹性论"体系，弹性分析方法作为一种核心的经济分析方法一直贯穿于贸易收支的汇率效应研究中。但不管其怎么发展演变，这种方法始终都是建立在贸易价格对贸易数量的影响研究基础之上的，进出口价格的变化是贸易收支变化的先决条件，无论弹性大小如何，若汇率变化并不能引起进出口价格的变化，那么汇率变化对贸易余额的影响就根本无从谈起。因此弹性分析法从根本上回避了汇率对进出口价格的影响环节，而是简单假定了汇率对价格的完全传导并以此作为基础来进行价格数量环节的讨论的。要完整地分析汇率变化对贸易余额的影响，还需要突破弹性论，先讨论汇率变化对贸易价格的影响，也就是必须先行研究汇率传导问题，之后再以一定的传导程度为基础的前提下再进行弹性分析，以保持汇率变化的贸易收支效应研究的连续性和完整性。

3 人民币各汇率指标的测算及其变化趋势分析

　　长期以来我国采用盯住美元的固定汇率制度，但 2005 年 7 月汇改后名义汇率的变化采取参考一揽子货币有管理的浮动汇率形成机制。近年来，美元在全球范围内的持续贬值给人民币带来了很大的升值压力，但人民币对美元名义汇率的下降（人民币升值）并不必定意味着人民币对其他国际货币也存在相同的变化趋势，更不能因此而判定影响我国贸易收支的有效汇率成升值趋势。而真正能够影响一国贸易的汇率变化指标应采用贸易加权后的实际有效汇率指标，因此本章将首先对我国人民币对主要贸易伙伴国货币的名义汇率基本状况进行描述性分析；其次测算出主要双边实际汇率并进行趋势分析；最后对有效汇率包括名义有效汇率和实际有效汇率进行测算并对其趋势进行分析。在测算与趋势分析的同时，本章一并对各种汇率指标在整个研究中的运用进行简单界定，为之后各章节的理论和实证研究作准备。

3.1　人民币名义汇率的变化趋势及其描述性分析

　　在一国经济生活中被官方直接公布、用来表示两国货币之间比价的汇率称为名义汇率。名义汇率往往用来进行两国间的货币兑换和国际结算。名义汇率一般有两种标价方法：一是直接标价法，即固定单位数量外币的本币价格；二是间接标价法，即固定单位数量本币的外币价格。本书所使用的名义汇率皆采用直接标价法，在直接标价法下，以人民币对美元汇率为例，人民币名义汇率指标的提高表示人民币相对于美元贬值；反之，人民币名义汇率指标的下降表示人民币相对于美元升值。

3.1.1 人民币对美元名义汇率的变化趋势及描述性分析

自1995年以来，人民币对美元名义汇率的变化趋势见图3-1。

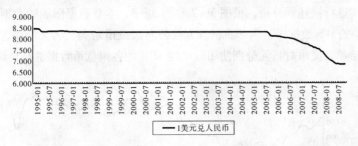

图3-1 人民币对美元名义汇率变化趋势（1995—2008年）

从图3-1我们可以看出，在2005年7月人民币汇率制度改革之前（仅限于1995年之后，因为数据局限和对外贸研究的需要，本研究采用的数据皆从1995年开始）我国一直采用盯住美元的固定汇率制度，人民币与美元兑换比率（名义汇率）长期保持稳定，基本稳定在8.3左右。自改革开放以来，中国经济持续高速增长，中国参与国际竞争纵深发展，国际竞争力日益增强，致使人民币面临长期积累下来的内在升值压力；另外，世界各主要经济体发展速度趋缓，美元对外持续贬值，使得人民币面临持续的外来升值压力。为了缓解人民币升值压力，2005年7月中国实施汇率制度改革，从固定汇率制度转变为实施以市场供求为基础、盯住一揽子货币有管理的浮动汇率制度，并将汇率浮动区间扩大到千分之三。自汇改伊始至今，连续三年多一直实施人民币升值的汇率政策（到2008年最后一个季度人民币对美元名义汇率呈稳定趋势），截至2008年12月，人民币对美元名义汇率由汇改前的8.2765下降到6.8427，累计升值幅度达17.32%。升值幅度之大、时间之长，在我国汇率调整历史上乃至国际金融史上都属罕见。

人民币对美元的名义升值是毋庸置疑的，但要考察人民币汇率变化对我国整体对外贸易的影响，单独一个双边汇率不能完整的说明问题，需要进一步考察人民币与我国主要贸易伙伴国之间的其他双边名义汇率的变化情况。

3.1.2 人民币与其他主要贸易伙伴国货币间的名义汇率

截止到2008年10月，我国主要贸易伙伴国和地区经济体排在前十位的有欧盟、美国、日本、东盟、中国香港、韩国、中国台湾、澳大利亚、俄罗斯和印度，与前七位的双边贸易之和占我国总贸易的比例达到70%，与前三位的双边贸易之和占我国总贸易的比例达到 39.6%。① 近 5 年来，我国与欧盟贸易的增长速度最快，考虑到我国与各国和地区双边贸易占比的大小和各双边贸易增长的情况，本书特别考察了人民币对欧元和人民币对日元名义汇率的变化情况并对其进行描述和分析，见图 3-2 和图 3-3。本节数据图表的数据来源于IMF 网站的 IFS 数据库，由于我国官方仅公布人民币对美元名义汇率，故人民币对欧元和人民币对日元分别使用每单位 SDR 的各国货币数据进行换算得出。

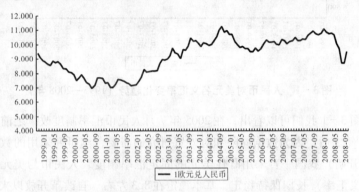

图 3-2　人民币对欧元名义汇率变化趋势（1999—2008 年）

资料来源：IMF 网站的 IFS 数据库。

注：由于欧元 1999 年才正式启用，故人民币对欧元名义汇率的时间样本从 1999 年开始。若无特殊说明，此后所有关于欧盟的汇率数据皆同此注。

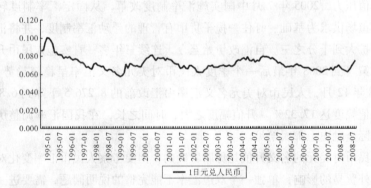

图 3-3　人民币对日元名义汇率变化趋势（1995—2008 年）

从以上二图可以看出，人民币对欧元和人民币对日元在汇改后的名义汇率变化幅度都较小，变化趋势也各有不同，且在各自趋势下呈现出非单调的波动特征。人民币对欧元的名义汇率在 2005 年 7 月汇改后存在持续三年的小幅波

----

① 根据中国商务部网站所提供数据整理所得。

动贬值趋势（汇率上升），而人民币对日元的名义汇率在汇改后三年间则呈现出小幅波动升值趋势（汇率下降）；在2008年后期，当人民币对美元名义汇率保持相对稳定时，人民币对欧元名义汇率经历了先升值后贬值的急剧变化，而人民币对日元名义汇率则同样存在一个先贬后升的变化。

以上人民币对美元、人民币对欧元和人民币对日元三种双边名义汇率的不同变化说明我们不能简单地用人民币对美元名义汇率的变化趋势来判定人民币汇率的综合变化，为了准确分析人民币汇率变化对我国贸易余额的总影响，则需要结合与其他主要贸易伙伴国货币间的多个双边汇率，用贸易加权的方法测算出其人民币的有效汇率。

不管是双边汇率还是有效汇率，各名义汇率形式都没有考虑两国或多国的国内价格水平对不同国家间商品比价的影响。人民币对各贸易伙伴国的双边名义汇率和反映多边贸易影响的名义有效汇率也不能反映我国国内价格水平的变化和各贸易伙伴国国内价格水平的变化对各国商品实际比价的影响。要准确地更为直接地反映人民币汇率变化对贸易收支的影响，在分析双边贸易的影响效应时需进一步测算双边实际汇率，同样，在分析整体贸易的影响效应时需要进一步测算反映多边贸易关系的实际有效汇率指数。名义汇率更多地与一国货币政策、汇率制度和战略性对外政策有关，其水平和变化趋势往往与实际汇率存在一定差异，而实际汇率才真正反映了各国间商品的实际比价，是分析汇率变化对贸易收支影响更为直接和有效的汇率指标。

3.2　人民币双边实际汇率测算及变化趋势分析

实际汇率是指用本国商品数量来直接表示的外国商品的相对价格 $rer = eP*/P$。其中 $P*$ 和 P 分别表示外国总物价水平和本国国内总物价水平，也即 $P* = \sum_{i=1}^{n} \alpha_i p_i^*$，$P = \sum_{i=1}^{n} \alpha_i p_i$，实际汇率反映了在对不同国家的相同商品 i 赋予相同权重 α_i 的前提下不同国家所有商品在整体上的比价关系。在绝对购买力平价假定下，实际汇率恒定为 1；在相对购买力假定下，实际汇率保持为某一常量水平。购买力平价理论认为汇率只是一种货币现象，但事实上，汇率不仅受货币因素的影响，同时也受实际经济因素的影响，这些都将导致一国实际汇率背离购买力平价假定而呈现出波动变化。要考察实际汇率变化对各双边贸易的影响，就有必要先考察各双边实际汇率的长期变化情况。与名义汇率的分析保持一致，本书在这一部分将对我国核心贸易伙伴国（美国、欧盟和日本）的人民币各双边实际汇率进行测算并分析其变化趋势。

本节图表数据说明：各国价格指数月度数据来自于中国经济统计数据库的消费者价格指数，中国 CPI 数据来自宏观月度库，美国、欧盟和日本 CPI 数据来自 OECD 综合月度库，各序列皆为以 2000 年为基期的季度调整消费者价格指数月度数据，其中欧盟 CPI 以消费者调和价格指数替代。由于到目前为止各数据序列只能取到 2008 年 7 月，之后 5 个月的月度数据是根据 IMF 网站 IFS 数据库中的各经济主体价格指数的增长率推导得出。根据上一节中名义汇率和实际汇率函数关系换算出各双边实际汇率。

3.2.1 人民币对美元双边实际汇率的测算及变化趋势

1995 年以来人民币对美元实际汇率的变化趋势见图 3 - 4。

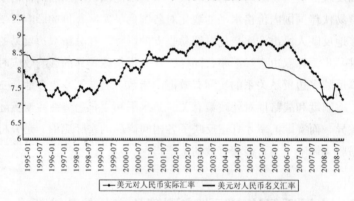

图 3 - 4　人民币对美元实际汇率变化趋势（1995—2008 年）

在 1995—2008 年间，人民币对美元实际汇率经历了先升后降（先实际贬值后实际升值）的基本趋势，见图 3 - 4。由于 2005 年汇改前人民币长期采用盯住美元的固定汇率制度，此期间内名义汇率保持不变，但由于中美国内通胀水平的不同影响，在较早期间，美国物价指数一直低于中国物价指数，致使实际汇率小于名义汇率，且 1997 年前，国内通胀高于美国通胀水平，人民币对美元实际汇率逐步下降，1997 年后，该趋势得到扭转，美国通胀高于中国国内通胀，实际汇率上升；直到 2000 年 5 月之后美国物价指数才高于中国物价指数，使得实际汇率大于名义汇率，且该状况一直保持至今。值得一提的是，汇改后人民币对美元实际汇率与名义汇率的变动基本保持一致，人民币名义升值导致实际汇率值下降，也即名义升值降低了国内产品在美国市场上的竞争力。在浮动汇率制度区间，实际汇率的波动要大于名义汇率的波动。在样本期期末处，2008 年 7 月后，在人民币对美元名义汇率基本稳定的情况下，实际汇率却发生了急剧下降，这体现了美国金融危机发生后导致美国国内经济下行从而美国国内价格指数下降对实际汇率的影响。

3.2.2 人民币对其他主要贸易伙伴国货币双边实际汇率的变化趋势

自欧盟成立以来人民币对欧元实际汇率的变化趋势见图 3－5。

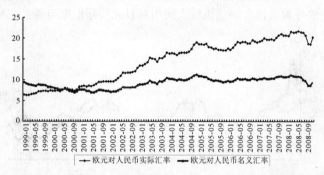

图 3－5 **人民币对欧元实际汇率变化趋势**（1999—2008 年）

实际汇率的上升反映外国商品和本国商品的同一货币价格的比值上升，人民币对欧元实际汇率自 1999 年以来一直保持上升（实际贬值）趋势，意味着我国商品在欧洲市场上的竞争力逐步增强。根据实际汇率的公式，我们不难发现，名义汇率的贬值和外国商品价格指数的上升以及本国商品指数的下降都将导致实际汇率的上升，由于人民币对欧元的名义汇率自 2000 年 10 月开始一直保持贬值趋势，同时 2000 年之后，欧盟内部通胀要高于我国国内通胀水平，对汇率的上升产生了放大效应，故对应区间的实际汇率与名义汇率发生同向变化且上升幅度要高于名义汇率的上升幅度。通过对比实际汇率和名义汇率的波动我们可以看到人民币对欧元实际汇率的波动也要大于名义汇率的波动。这主要是受两国价格指数变化的影响，在一定的名义汇率值波动上升的同时，欧盟价格指数的上升幅度大于我国价格指数的上升幅度，共同推进了人民币对欧元实际汇率值的上升或人民币对欧元的实际贬值。样本期末同样由于美国金融危机的影响波及欧洲市场，使欧洲经济面临下行趋势，致使人民币对欧元名义汇率和实际汇率皆一度升值。具体见图 3－5。

在三个核心贸易伙伴中，人民币双边实际汇率与名义汇率的水平值和变化趋势相关度最大的是人民币对日元的汇率。从图 3－6 可以看出，人民币对日元的实际汇率和名义汇率曲线基本吻合，说明我国国内通胀水平及变化与日本国内通胀水平及变化都比较接近，从 2003 年 9 月开始，由于中国国内物价指数上涨较快，物价水平超过日本国内物价水平，而日本国内物价水平的上涨缓慢，导致人民币对日元名义汇率值高于实际汇率值。在汇改后的样本区间，人民币对日元的名义汇率与实际汇率在贬值过程中该差异有扩大趋势，这主要还是由中国国内物价指数上涨较快引起。但在样本期末，2008 年 8 月开始，同样是受到美国金融危机在全球蔓延的影响，我国国内物价指数也开始下降，而日本物价指数的下降自 2008 年 10 月才开始，且下降幅度小于中国物价指数的下降幅度，故导致美国金融危机后人民币对日元实际汇率与名义汇率的差距逐渐缩小。具体见图 3 - 6。

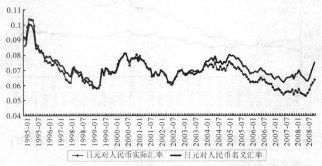

图 3 - 6　人民币对日元实际汇率变化趋势（1995—2008 年）

受各国物价指数水平差异及其变化的影响，各双边实际汇率与名义汇率水平值都存在一定的差异，双边贸易的两国国内物价水平越接近，则名义汇率与实际汇率的水平值就越接近。若外国物价指数高于我国物价指数，则实际汇率值要低于名义汇率，反之，则实际汇率高于名义汇率水平值。若外国通胀（物价变动）高于国内通胀，则实际汇率波动要大于名义汇率波动，反之，则相对于名义汇率波动而言实际汇率波动将缩小。[①] 但总的来说，在汇率浮动的前提下，人民币实际汇率与名义汇率的变化趋势基本相同，且实际汇率的波动范围比名义汇率波动范围要更大一些。由于名义汇率的差异和各国物价水平及其变化的差异导致人民币对不同货币的双边实际汇率之间不管是在水平值上还是在变化趋势上都存在一定的差异，因此我们在做双边贸易研究时不能简单地用人民币对美元的名义汇率或实际汇率甚或是有效汇率指数来作为汇率变量，这些必定会导致与经济本质不符的错误结论。在之后的双边贸易研究中，本书将试图采用双边名义汇率和双边实际汇率两种汇率指标来作为汇率变量，进一步考察名义汇率与实际汇率在双边贸易中的不同影响。

_____

① $rer = eP*/P$，等式两边取对数，再进行一阶差分，则有 $\Delta rer = \Delta e + \Delta P* - \Delta P$。

3.3　人民币有效汇率的测算及变化趋势分析

在考察汇率变动对一国贸易收支总额的影响时，由于其中涉及本国对多国的贸易，因此不能简单使用某一具体的双边汇率指标作为汇率变量，尤其是在当前我国贸易伙伴国并不存在绝对集中的情况下，使用有效汇率指标作为汇率变量进行贸易总量分析更具有实际经济意义。所谓有效汇率就是一种加权平均汇率，通常以对外贸易比重为权重，对一国的所有双边汇率进行加权加总而获得，根据对双边名义汇率和双边实际汇率进行加权的不同，有效汇率又可分为名义有效汇率（Nominal Effective Exchange Rate）和实际有效汇率（Real Effective Exchange Rate），根据国际货币基金组织定义的有效汇率指数（有效汇率指数上升表示升值，有效汇率指数下降表示贬值），名义有效汇率指数和实际有效汇率指数可分别表示为 $neer_t = \sum_{j=1}^{m} \alpha_j \left(\frac{(ner_j)_t}{(ner_j)_{2000}} \times 100 \right), reer_t = \sum_{j=1}^{m} \alpha_j \left(\frac{(P \cdot ner_j / P_j)_t}{(P \cdot ner_j / P_j)_{2000}} \times 100 \right)$，其中 α_j 为本国贸易中与 j 国的贸易占比，m 为贸易伙伴数量，$\sum_{j=1}^{m} \alpha_j = 1$。值得注意的是此处 ner_j 表示一单位人民币可兑换的 j 国货币数量，即间接标价法下的人民币对 j 国货币的名义汇率。

国内外诸多关于汇率变化的贸易收支效应和汇率变化的进出口价格传导效应的研究中对汇率变量的选择基本可以分为以下几种情况：①一部分文献混淆了双边汇率和多边（有效）汇率之间的差异，在研究双边贸易问题时采用有效汇率指标，或是在研究汇率的贸易总额或贸易余额影响问题时采用双边汇率指标。②一部分文献混淆了实际汇率和名义汇率之间的差异，忽略了国家间价格水平变化在其中的作用而直接使用名义汇率指标来考察汇率变化对对外贸易的影响。以上两种混淆在国内的研究中尤为突出，本书的研究将在汇率指标的选取上尽可能地避免以上问题，使经济分析的理论与现实进一步吻合。首先，双边贸易问题用双边汇率指标来进行考察，而考察我国贸易总额或贸易余额的影响时则使用有效汇率指标；其次，国际贸易竞争是通过商品在国际间的相对价格竞争实现的，而名义汇率只是影响贸易品相对价格的因素之一，贸易品相对价格还将受到各国价格水平的影响，因此分析汇率变化的贸易效应时必须使用能反映贸易品相对价格的实际汇率指标。③不管是国内还是国外相关研究，在分别考虑汇率变动对进口或出口的影响或是对进口价格或出口价格的传导时都倾向于直接采用 IMF 的 IFS 数据库中所提供的有效汇率指数来作为汇率的替代变量。有效汇率是经过贸易总额加权后的汇率指标，适合分析一国汇率变化对该国贸易总额或贸易余额的影响，而一国进口或出口的权重与贸易总额权重并不一致，甚至由于一国进口与出口的商品结构存在很大差异而导致与各国进口和出口在该国总进口和总出口中各自的权重存在显著差异，因此，本书认为，若要单独考察汇率对进口或出口的个别影响，需要分别使用进口加权和出口加权的有效汇率，本书将其定义为进口有效汇率和出口有效汇率，而以贸易总额加权的汇率则称为一般有效汇率。本节将对我国与各贸易伙伴国的进口贸易、出口贸易和进出口贸易总额分别进行权重计算，并依此为依据计算进口有效汇率、出口有效汇率和一般有效汇率的名义有效汇率和实际有效汇率，用以考察人民币汇率变化对进口、出口和进出口总额或贸易余额的实际影响。

根据 2000 年以来至今我国主要贸易伙伴排名的基本情况，我们选择了十四个国家和地区的货币和与我国的双边进出口贸易额作为样本，包括欧盟、美国、日本、英国、加拿大、俄罗斯、巴西、印度、印度尼西亚、马来西亚、新加坡、韩国、中国香港和中国台湾等。我国与这十四个国家和地区的贸易总额占我国贸易总额的 80% 以上，在欧元启用前，若不包括欧盟贸易，我国与其他十三个国家和地区的贸易总额在我国贸易总额中的占比也超过了 70%。若单独考虑与样本国（地区）进口或出口在总进口或总出口中的占比，进口占比要低于出口占比，且在趋势上还存在下降特征，而出口占比的趋势较为平稳，这说明我国进口来源地存在多元化趋势，[①] 而出口市场则相对稳定。此节数据中，双边进出口贸易数据来自中国经济统计数据库中的海关月度数据库，人民币与各国和地区的名义汇率数据经 IFS 数据库中单位特别提款权的各国货币额换算所得，其中因 IFS 中台湾地区数据缺失，所以人民币与台币名义汇率和台湾物价指数则源自中华经济研究院资料库[②]，其他价格指数来自 IFS 的 CPI 变动率和中经数据库中的 CPI 指数。其中所有 CPI 皆以 2000 年为 100 并进行季度调整，测算出的各双边实际汇率也以 2000 年为基期将其指数化。除了欧盟对应的欧元汇率和欧盟进出口数据自 1999 年 1 月始取至 2008 年 7 月，其他国家和地区的其他变量数据皆为 1995 年 1 月~2008 年 7 月的月度数据。需特别注明的是，所有用于计算有效汇率的名义汇率和双边实际汇率都采用间接

---

① 根据中国商务部统计资料，2005 年 9 月开始沙特阿拉伯、伊朗等中东国家先后进入我国前十位进口来源市场。

② 中华经济研究院资料库网址：http://sear.cier.edu.tw/index.htm。

标价法。

3.3.1　人民币进口有效汇率和出口有效汇率的测算及变化趋势分析

根据国际贸易的比较优势理论，一国倾向于进口其比较劣势产品而出口其比较优势产品，因此一国进口和出口的行业结构和商品结构必定存在很大差异，同样也必定导致一国进口和出口的国别结构也存在较大的差异。IMF采用贸易总额加权计算有效汇率的做法抹杀了本国从同一贸易伙伴国进口和对该贸易伙伴国出口二者在本国进口总额和出口总额中占比的差异，未能考虑进口和出口在比较优势和国际竞争能力上的根本差别。本节的进口有效汇率和出口有效汇率就是分别采用一国与各贸易伙伴间的进口和出口分别在该国总进口和总出口中的占比为权重计算出来的贸易加权汇率。经测算，我国进口有效汇率和出口有效汇率的名义有效汇率和实际有效汇率的变化趋势见图3-7。在下图中，图（a）表示名义有效汇率中进口加权汇率［$NEER(IM)$］和出口加权汇率［$NEER(EX)$］的比较；图（b）表示实际有效汇率中进口加权汇率［$REER(IM)$］和出口加权汇率［$REER(EX)$］的比较；图（c）表示出口加权有效汇率的实际汇率和名义汇率的比较；图（d）表示进口加权有效汇率的实际汇率和名义汇率的比较。

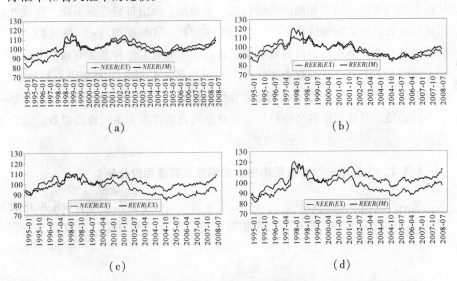

图3-7　$NEER(IM)$、$REER(IM)$、$NEER(EX)$和$REER(EX)$变化趋势及比较

根据上图的比较和分析，至少可以得出以下几点结论：①根据图（a）和（b），我们可以看出，不管是名义有效汇率还是实际有效汇率，以进口加权的

有效汇率波动都要大于以出口加权有效汇率的波动。在本部分的测算过程中发现，与各国和地区双边贸易的进口和出口占比中，几乎与所有贸易伙伴的进口占比的波动都要大于与其出口占比的波动（仅香港除外），其中，波动差异最大的数俄罗斯、巴西、印度、韩国、中国台湾、印尼、马来西亚等新兴市场国家和地区，而欧美、日本和新加坡等传统核心贸易伙伴则差异相对较小。这说明相对于较稳定出口市场结构而言，我国进口来源市场结构的稳定性较差，在新的国际竞争形势下，近几年来我国从新兴市场进口的增长使得进口市场面临的不确定性和风险相对较大。②根据图（a）和（b），在 1997 年 11 月之前，不管是名义有效汇率还是实际有效汇率，其出口加权汇率指数都高于进口加权汇率指数，而在此之后，则刚好相反，进口有效汇率指数始终高于出口有效汇率指数。这是因为在样本期初，人民币兑英镑、美元和港币等主要贸易货币的汇率指数较高，而与这些货币所对应贸易伙伴的出口占比高于与其进口的占比；与其他各国和地区货币的汇率指数相对较低，同时这些国家和地区所对应的双边出口贸易占比又低于进口占比，故与高汇率指数国家的出口占比大于进口占比导致出口加权的有效汇率指数高于进口加权的有效汇率指数。① 1997 年到 1998 年东南亚金融危机期间，各国汇率指数的高低发生大幅度调整，人民币对那些进口占比较高国家的货币普遍出现升值趋势，同时，人民币相对升值使得中国与这部分国家和地区的进口进一步增加，而出口则有所下降，造成此后进口有效汇率指数始终高于出口有效汇率指数。③根据图（c）和（d），不管是进口有效汇率还是出口有效汇率，各自实际有效汇率和名义有效汇率的变化关系与 3.2 中所介绍的双边实际汇率与双边名义汇率之间的变化关系类似，汇率名义指数与实际指数的差别皆因价格指数的国别差异引起，与双边汇率唯一不同的是，有效汇率名义指数与实际指数的差别体现了多国价格指数的综合差异。

3.3.2　人民币一般有效汇率指数的测算及其适用性分析

在国内外诸多有关汇率变化的贸易效应研究文献中，在使用有效汇率指数时一般都直接采用 IMF 的有效汇率指数数据。最新 IMF 中实际有效汇率指数

---

① $\alpha_j^{ex} > \alpha_j^{im}$，当间接标价法下以 2000 年为基期的实际汇率指数 e_j 不变时，$\sum \alpha_j^{ex} e_j > \sum \alpha_j^{im} e_j$。

的计算是根据原有十六个工业国①和新增的澳大利亚、新西兰、希腊和葡萄牙四国总共二十国的贸易总额加权平均调整后所得，而名义有效汇率指数则在原有十六个工业国的基础上新增了希腊后进行贸易总额加权平均后得到的。这些贸易权重国的选取基本上涵括了绝大多数发达工业国家，从世界经济整体考虑具有一定的合理性。但就某一具体国家货币的有效汇率而言，在测算过程中统一使用与工业国的贸易权重并不能反映该国贸易的实际情况，在世界经济格局日益变化的今天，新兴市场国家在国际贸易中的作用越来越大，如中国、印度、俄罗斯和巴西以及东盟各主要国家等都未能被涵盖其中，尤其是对于中国而言，虽然欧盟、美国和日本等发达国家仍是我国核心贸易伙伴国，但与新兴市场国家的贸易在我国对外贸易中的影响越来越大。另外，IMF 所提供有效汇率指数在使用各工业国贸易加权时，仅采用了工业制成品（SITC5 - 8）的贸易额作为计算权重的依据，将初级产品的贸易排除在外，这也不利于真实反映汇率变化对一国贸易总额的影响。基于以上描述，直接使用工业国贸易加权的IMF 有效汇率数据不能真实地反映人民币在中国对外贸易中发挥的作用，仅采用工业制成品贸易加权也不能完整地反映汇率对贸易总额的影响，因此，本书认为在分析人民币汇率变动对我国贸易总额或贸易余额影响时，应当使用我国主要贸易伙伴国的贸易总额进行加权，先行测算人民币的一般有效汇率，见图3 - 8。

图（a）和（b）分别表示经本书测算出的一般有效汇率与 IMF 有效汇率指数就名义有效汇率和实际有效汇率指数的对比图。从图（a）可以看出，经由中国与十四个主要贸易伙伴国双边贸易总额计算出的一般名义有效汇率指数水平略高于 IMF 提供的名义有效汇率指数水平，且二者的变化趋势非常接近。这是因为 IMF 选择的 20 个工业国中除了欧盟、美、日和加拿大外，其他各国与中国的双边贸易在中国对外贸易中的占比都非常小。但图（b）所表示的在本书中测算出的一般实际有效汇率指数与 IMF 所提供的实际有效汇率指数水平及其变化却存在较大差异。在 2000 年 5 月前，一般实际有效汇率指数值高于 IMF 实际有效汇率指数值，之后则相反。该图的特征实际上可以进一步由图（c）和图（d）所反映出来的特征进行解释。与 IMF 所提供的名义有效汇率与实际有效汇率指数较为接近相比照，以我国的 14 大贸易伙伴为参考对象、

---

① 根据 IFS 数据库 2009 年 5 月的指标说明，最新实际有效汇率指数的贸易加权国除了包括原有的十六个工业国外，新增了澳大利亚、新西兰、希腊和葡萄牙四国。原有十六国具体为：美国、加拿大、日本、奥地利、比利时、芬兰、法国、德国、爱尔兰、意大利、荷兰、西班牙、丹麦、挪威、瑞士和英国。

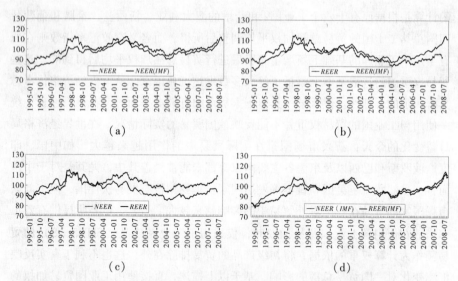

图 3 - 8   NEER、REER、NEER(IMF)、REER(IMF) 变动趋势及其比较

使用包括初级产品在内的贸易总额为权重所测算出来的有效汇率结果显示，名义有效汇率与实际有效汇率的差别较大。这说明 IMF 所选取的 20 个工业国家各自的相对价格较为稳定，而中国及其主要贸易伙伴的相对价格的波动却要大一些，这与我国的外贸国别结构有很大的关系，新兴市场国家价格波动要大于成熟工业国家的价格波动；同时就贸易权重变量看，IMF 采用各国工业制成品贸易作为权重，其波动要小于本书所采用的包括初级产品在内的所有贸易作为权重的波动，这是因为在国际市场上，由于初级产品供需价格弹性小，当初级产品价格发生波动，贸易额受价格变化的影响产生较大波动，而工业制成品由于供需价格弹性都相对较大，贸易数量能相对快速完全的吸收价格变化的影响，使得工业制成品的贸易额相对稳定。基于权重波动与价格指数波动两方面的原因，使得本书测算出一般实际有效汇率指数与一般名义有效汇率指数差异较大，也因此而导致一般实际有效汇率与 IMF 实际有效汇率指数形成较大差异。

4 人民币汇率的价格传导：
理论建模与估计检验

在研究汇率变化对贸易收支影响的汇率传导环节时需要回答两个问题：一是在我国对外贸易中汇率变化对贸易价格的传导（包括总传导和对不同行业或不同商品类别价格的个别传导）的具体事实如何；二是对各汇率传导事实特征应该如何解释。第一阶段将对各种汇率传导程度进行估算并通过动态建模方法分析汇率变化对各价格传导程度的变化特征，包括汇率对进口价格、出口价格的总传导程度；对分行业、分商品类章的进口价格、出口价格的传导程度等。第二阶段将采用第一阶段测算得出的各汇率传导弹性为因变量，引入各种可获得数据的宏观变量和微观变量或其代理变量对因变量的变化或差异进行因素分析。由于数据和方法掌握有限，本书实证部分将仅就第一阶段进行研究，第二阶段的研究留待以后作未来研究方向。

4.1 人民币汇率变化对我国进出口价格传导的文献回顾

自 2005 年人民币汇改以来，国内关于汇率传导问题的研究也逐渐增加。毕玉江、朱钟棣（2006）则运用协整与误差修正模型对 1995—2005 年的月度数据进行分析，认为我国人民币实际有效汇率对进口本币总价格的传导高达 1.9。陈六傅、刘厚俊（2007）用 VAR 模型分析了 1990—2005 年的月度数据，得出人民币名义有效汇率指数对进口价格指数的传导程度极低，仅为 0.008。许伟、傅雄广（2008）运用一阶差分单方程回归模型对 1995—2007 年的季度数据进行分析，认为人民币名义有效汇率变化对总进口本币价格指数的短期传导程度为 0.26，长期传导程度略高，约为 0.29。王晋斌和李南（2009）在研究人民币升值对中国物价水平的传导时着重研究了人民币名义有效汇率变化对中国进口本币价格的传导，通过一阶差分单方程回归模型对 2001—2008 年的月度数据进行分析，认为中国总进口价格指数的汇率传导程度较高，短期传导程度为 0.75，该研究还对分类商品进口价格的汇率传导进行了测算，得到汇率对基础产品与原材料价格的短期传导程度为 0.61，而对工业制成品价格的传导程度为 0.95，且长短期汇率传导程度差异较小，同时还通过分段回归得到汇改后（有管理的浮动汇率制度下）我国汇率对进口价格的传导程度有上升趋势的结论。从以上研究来看，人民币汇率变动对进口价格总水平的传导是不完全的，但关于具体传导程度的大小各研究的结论存在很大差异。导致较大差异的主要原因可能有：①变量指标的计算差异。在陈六傅、刘厚俊（2007）的研究中，其进口价格指数的计算是用我国主要贸易伙伴国出口价格指数的加权平均值来近似计算的，虽然是以我国从各国进口额占所选国家全部出口值的比重作权重，但就各国出口价格指数而言，其出口并不都是以对我国的出口为主体，因此各国出口价格指数并不能真实反映我国自各国进口的价格指数的大小，且该指数的计算并非以人民币价格为基础，从而导致该研究结论偏差较大。而毕玉江、朱钟棣（2006）的研究中虽使用了海关统计的进口商品量值数据计算了各类别商品的价格并依此而构建进口价格指数，但并未在文章中说明该价格指数是以人民币计价为基础的。由于海关统计月度库中的进口额是以美元计价，故若未换算为人民币价格，则也可能导致较大的结论偏差。②样本期间的差异。许伟、傅雄广（2008）与王晋斌和李南（2009）的研究中采用的计量方法与模型设定等都基本相同，但因为样本期间的差异形成了二者结论的较大差别，另外二者选取的数据频率（分别用季度数据和月度数据）也将对研究结论产生一定的影响。

国外相关研究中以汇率对进口价格传导研究为主，而汇率对出口价格传导的相关研究相对较少，这主要存在两个方面的原因：一是从汇率传导环节上来看，对进口价格的传导是汇率对各类价格传导的起点，这对加工贸易占比较大或进口在国内消费中占比较大的一国经济来说最为典型；二是从一国货币的国际化程度来看，发达国家货币的国际化程度高，以美国为例，其进出口基本上都以美元结算，加上一国的出口皆为其比较优势产品，故往往假定进出口价格皆遵循出口商定价原则，在一国出口的世界需求相对稳定情况下，美元汇率的变化对美国出口的美元利润影响微弱，而一国进口往往为其比较劣势产品，进口需求较小，若美元贬值，则需支付更多美元才能实现等量进口，美元的升贬值直接影响到美国的进口支付。

我国长期以来的开放经济发展导向使得国内研究者们都比较关注出口问题，因此在国内关于汇率变化对出口价格传导的研究也有不少。目前国内已有的相关研究大致可以分为三类：①细分商品类别（多行业）中汇率的出口人民币价格传导分析。该部分的研究以陈学彬等（2007）和毕玉江、朱钟棣（2007）为代表，二者皆得出不同商品类别的出口价格受人民币汇率变化的影响存在较大差异。②单一行业中汇率的出口价格传导分析。鞠荣华、李小云（2006），谷任、吴海斌（2006）和马宇（2007）分别就人民币汇率对我国农产品出口、纺织品出口和家电行业出口等人民币价格传导进行了实证分析，认为在人民币升值期间，我国农产品和纺织品的出口商吸收了大部分汇率变化的影响，这两个行业中人民币汇率对出口价格的传导程度较低，而我国家电行业的出口却刚好相反，人民币汇率对海外市场出口的价格传导程度高达90%。③双边市场上人民币汇率变化对出口外币价格（贸易伙伴国的进口本币价格）的传导分析。杜晓蓉（2006）和马红霞、张朋（2008）分别就中国对美国市场和欧洲市场的出口价格进行了汇率传导分析，并得出人民币升值对中美和中欧的贸易顺差的调节作用甚微的结论。

4.2 人民币汇率变化对我国进出口总价格与分类价格的传导

4.2.1 人民币汇率变化对我国进口总价格与分类价格的传导

4.2.1.1 人民币进口价格总指数和分商品类别进口价格指数的测算及其变化描述

本书在人民币进口价格总指数的编制过程中使用了由海关月度数据库提供的78类①进口商品量值自1995年1月到2008年8月的数据。先计算各类商品的单位美元价格，经汇率换算为人民币进口价格，并以2000年为100（2000

---

① 78类进口商品分别为：ABS树脂、成品油、初级形状的聚苯乙烯、初级形状的聚丙烯、初级形状的聚乙烯、初级形状的聚酯、初级形状的塑料、电动机及发电机、电视收音机及无线电讯设备的零附件、电线和电缆、对苯二甲酸、二醋酸纤维丝束、二极管及类似半导体器件、阀门、纺织纱线生产及预处理机器、纺织用合成纤维、肥料、废铜、钢材、钢坯及粗锻件、钢铁板材、钢铁棒材、钢铁管材及空心异形材、钢铁或铝制结构体及其部件、铬矿砂、航空器零件、合成纤维长丝机织物、合成纤维纱线、合成橡胶（包括胶乳）、合成有机染料、活塞式内燃机的零件、己内酰胺、角钢及型钢、金属加工机床、锯材、铝材、氯化钾、煤、锰矿砂、棉机织物、牛皮革及马皮革、牛皮纸、汽车和汽车底盘、人造纤维短纤、纱线织物等后整理机器、食糖、食用植物油（含棕榈油）、数字式中央处理部件、数字式自动数据处理设备、四轮驱动轻型越野车（包括整套散件）、饲料用鱼粉、塑料制品、钛白粉、天然橡胶（包括胶乳）、铁矿砂及其精矿、铜材、铜矿砂及其精矿、涂覆或浸渍料的织物、未锻造的铝（包括铝合金）、纸浆、制冷设备用压缩机、专用汽车、自动数据处理设备的零件、自动数据处理设备及其部件、钻石、未锻造的铜（包括铜合金）、小轿车（包括整套散件）、羊毛、氧化铝、液泵及液体提升机、医药品、乙二醇、印刷品、原木、原油、针织机及缝编机、纸及纸板（未切成形的）等。

年12个月进口价格的简单平均值）将各类商品进口价格指数化，最后使用各类商品进口额在所有78类商品进口额中所占的比例为权重对所有类别商品进口价格指数进行加权平均得到人民币进口价格总指数。

从本书编制的进口价格总指数来看，自1995年以来进口品物价指数的变化大致可以分为两个阶段，第一阶段为1995年到2003年，进口价格总指数基本稳定，在其期中略有降低，第二阶段为2004年到样本期末，进口价格总指数一直保持明显上升趋势，且上升速度较快、幅度较大，从2004年1月的111上升到2008年8月的204，累计升幅达到83.78%。其中，初级产品①进口价格指数的变化趋势与进口价格总指数的变化趋势基本相同，只是在第二阶段上升得更快、幅度更高，从2004年1月的87上升到2008年8月的217.4，累计上涨幅度高达150%。而工业制成品②进口价格指数在第二阶段的变化中，自2006年年底出现了下降的变化，一直到样本期末都维持在降低后的水平上。值得说明的是，在工业制成品中，不同的工业制成品商品类别其进口价格指数的变化趋势也存在很大差异（见图4-1、图4-2、图4-3）。本书在52类工业制成品中选取43类进口品（总进口额占到工业制成品进口额的85%以上），构建了五类制成品的进口价格指数，分别是电子类商品、机械运输类、钢材成品类、医药化工类和轻纺类进口商品③。其中，电子类和机械运输类进口价格

---

① 这里的初级产品采用联合国《国际贸易标准分类》第三次修订本［SITC(Rev.3)］的分类结构及编码排列0-4类（食品和食用活物、饮料及烟、非食用原料、矿物燃料和润滑油、动植物油脂）的商品，在本书前面选择的78类进口品中，有26类进口品属于初级产品。这26类产品主要有：ABS树脂、成品油、初级形状的聚苯乙烯、初级形状的聚丙烯、初级形状的聚乙烯、初级形状的聚酯、初级形状的塑料、肥料、钢材、铬矿砂、锯材、铝材、煤、锰矿砂、食糖、食用植物油（含棕榈油）、饲料用鱼粉、钛白粉、铁矿砂及其精矿、铜材、铜矿砂及其精矿、未锻造的铝（包括铝合金）、未锻造的铜（包括铜合金）、羊毛、原木、原油等。

② 工业制成品为STIC中5-9类［化学（成）品及相关产品、按原料分类的制成品（轻纺、橡胶、矿冶）、机械运输、杂项、未分类其他］的商品，在本书已选78类进口品中，除上述26种进口品为初级产品外，其他52种进口品皆为工业制成品。

③ 电子进口品有7类：电视收音机及无线电讯设备的零附件、电线和电缆、二极管及类似半导体器件、数字式中央处理部件、数字式自动数据处理设备、自动数据处理设备的零件、自动数据处理设备及其部件；
机械运输进口品有10类：电动机及发电机、航空器零件、活塞式内燃机的零件、金属加工机床、汽车和汽车底盘、四轮驱动轻型越野车（包括整套散件）、制冷设备用压缩机、专用汽车、小轿车（包括整套散件）、液泵及液体提升机；
钢材成品进口品有6类：钢坯及粗锻件、钢铁板材、钢铁棒材、钢铁管材及空心异形材、钢铁或铝制结构体及其部件、角钢及型钢；
医药化工进口品有10类：对苯二甲酸、二醋酸纤维丝束、合成橡胶（包括胶乳）、合成有机染料、己内酰胺、氯化钾、塑料制品、天然橡胶（包括胶乳）、医药品、乙二醇；
轻纺进口品有10类：纺织纱线生产及预处理机器、纺织用合成纤维、合成纤维长丝机织物、合成纤维纱线、棉机织物、牛皮革及马皮革、人造纤维短纤、纱线织物等后整理机器、涂覆或浸渍塑料的织物、针织机及缝编机。

指数的变化趋势较为接近，在 2006 年之前表现为上升趋势，而之后二者进口价格指数都呈现下行趋势，其中电子类进口价格指数的下降幅度更大。钢材成品和医药化工进口品的进口价格则都始终保持上升趋势，且与总价格指数类似，自 2004 年后进口价格上涨速度加快、幅度加大。轻纺类进口品的进口价格则表现为缓慢增长，波幅较小。

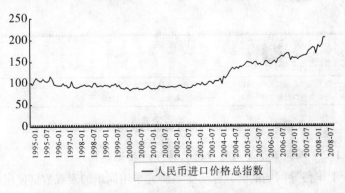

图 4-1　人民币进口价格总指数变动趋势

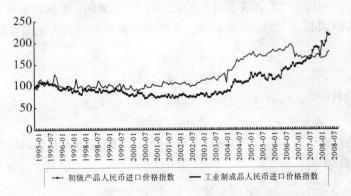

图 4-2　初级产品与工业制成品的人民币进口价格指数变动趋势

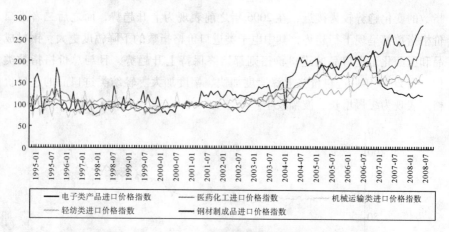

| 电子类产品进口价格指数 | 医药化工进口价格指数 | 机械运输类进口价格指数 |
| 轻纺类进口价格指数 | 钢材制成品进口价格指数 | |

图 4-3 制成品内部分类进口价格指数变动趋势

4.2.1.2 人民币汇率对进口价格传导的理论建模

关于汇率传导问题的研究除了少数研究采用简单的宏观数据使用非结构性模型进行分析以外，绝大多数都是从厂商利润最大化角度出发，考虑微观市场结构特征、一价定律是否成立和因市定价等因素的影响。根据坎帕和戈德伯格（Campa & Goldberg，2005）的研究，外国出口商的利润最大化基本模型形式如下：

$$\underset{q}{Max}\pi = p_x q - c\ (q) \tag{4-1}$$

实现利润最大化目标的一阶条件为：

$$p_x = mc_x \cdot mkup_x \tag{4-2}$$

以进口国作为本国，一国进口本币价格可以通过其贸易伙伴国的出口价格转换所得，则有：

$$p_m = e \cdot p_x = e \cdot mc_x \cdot mkup_x \tag{4-3}$$

式中，π 为出口商利润（以出口国货币表示），p_x 为以出口国货币表示的出口价格，q 为贸易量，$c\ (q)$ 为出口国货币表示的出口成本，p_m 为进口国货币表示的进口价格，e 为单位出口国货币的进口国货币价格（即以进口国为本国的间接标价法汇率），mc_x 为出口商品的边际成本（以出口国货币表示），$mkup_x$ 为出口成本的加成（以出口国货币表示）。其中本书假定出口商的边际成本随着出口国的劳动力成本和进口国收入的上升而上升，即有：

$$mc_x = y_m^{\ \beta_1} w_x^{\ \beta_2} \quad （其中 \beta_1 > 0, \beta_2 > 0） \tag{4-4}$$

另外，假定出口商的成本加成受国际市场竞争程度和宏观经济指标变化的影响，市场竞争程度可以用进口国国内替代品价格 $p_s^{\beta_3}$ 来反映，与汇率相关的

加成部分 e^{φ} 反映国际贸易市场上不同定价方式的影响，具体可表示为：

$$mkup_x = \varphi e^{\varphi} p_s^{\beta 3} \qquad (4-5)$$

式中 $\varphi > 1$，这表示出口产品由于多种因素（如产品差异、运输成本等）的影响与竞争产品之间存在不完全替代关系，其值越大，替代程度越低，成本加成越高，$\varphi = 0$ 则表示出口产品与竞争产品之间完全替代，此时出口市场上的成本加成为 0；$\beta_3 > 0$，表示进口国进口替代品的价格上升，则出口商的加成可以相应提高；$\varphi \in [-1, 0]$，若 $\varphi = 0$，则表示出口产品以生产地货币定价，出口商利润（成本加成）不受汇率变化的影响，汇率变化的影响完全由进口方承担，汇率对进口国货币价格实现完全传导，若 $\varphi = -1$，则表示出口产品以销售地货币定价，为维持出口目标市场价格的稳定，出口商方面将承担所有汇率变化的影响，汇率变化对进口本币价格的传导弹性为 0。进口国汇率升值时（e 下降），出口若按进口国货币定价，出口商通过提高加成吸收汇率变化的影响，反之，若进口国汇率贬值，出口商则通过降低成本加成来消化汇率变化的影响。φ 的大小决定了汇率变化对贸易价格的影响程度，$|\varphi|$ 越大，汇率传导越不完全。

另外，考虑到汇率波动（Exchange Rate Volatilily）的影响，根据国际贸易传统理论，汇率波动增加国际贸易活动中的风险，以利润最大化为目标的风险厌恶厂商将增加其成本加成（胡珀和科尔哈根，1978），因此，汇率波动的大小也将影响到出口商的成本加成的大小：

$$mkup_x = \varphi e^{\varphi} p_s^{\beta 3} v^{\beta 4} \qquad (4-6)$$

最终进口价格决定的理论模型可以表示为：

$$p_m = e \cdot mc_x \cdot mkup_x = \varphi \cdot y_m^{\beta 1} \cdot w_x^{\beta 2} \cdot p_s^{\beta 3} \cdot v^{\beta 4} \cdot e^{1+\varphi} \qquad (4-7)$$

等式两边取对数，则有：

$$\ln p_m = \ln \varphi + \beta_1 \ln y_m + \beta_2 \ln w_x + \beta_3 \ln p_s + \beta_4 \ln v + (1+\varphi) \ln e \qquad (4-8)$$

令 $\alpha = \ln \varphi$，$\beta_5 = 1 + \varphi$，β_5 表示进口价格对汇率变化的弹性，也即一国汇率变化对该国进口价格的传导程度。进口价格的决定最终可以表示为：

$$\ln p_m = \alpha + \beta_1 \ln y_m + \beta_2 \ln w_x + \beta_3 \ln p_s + \beta_4 \ln v + \beta_5 \ln e \qquad (4-9)$$

4.2.1.3 计量模型、变量选择及样本数据说明

4.2.1.3.1 计量模型的设定

根据上述的理论模型可知，影响一国进口价格的因素较多，根据变量指标和数据的可得性，一般采用不同程度的简化处理，纳特（Knetter，1993）、帕森斯和佐藤（Parssons & Sato，2005）等就只用汇率变化这一单一变量来解释

进口价格和 CPI 的波动,采用了高度简化的计量模型来研究汇率变化的价格传导程度。本书除了运用单一变量模型进行回归,还逐一对包含汇率变化的多变量的不同组合计量模型分别进行回归,通过不同模型结论的比较,有效识别汇率变化因素对进口价格的影响或传导程度。

另外,自 1995 年到 2008 年期间,由于我国对外贸易发展过程中存在两次大的制度变化,一是样本期内 2001 年 12 月中国加入 WTO,二是 2005 年 7 月人民币汇率制度改革,从盯住美元的固定汇率制度转向盯住一揽子主要国际货币的有管理的浮动汇率制度,人民币对美元名义汇率开始升值,本书在模型中加入了与之对应的两个虚拟变量 *dwto* 和 *der* 以考察两次制度变化的影响。

本书在对进口价格总指数的汇率传导进行分析的同时,还将对分类别进口商品价格指数的汇率传导进行实证分析,主要分析人民币汇率变化对我国初级产品进口价格与工业制成品进口价格的传导之间、人民币汇率变化对制成品内部五种进口商品类别的进口价格的传导之间进行比较分析,用以解释不同类别商品对汇率进口价格传导的影响差异。进行分商品类别分析时,模型因变量为各商品类别的进口价格指数,自变量中国内收入、汇率及汇率的波动、制度变量等宏观变量保持不变,而出口商生产成本变量和国内竞争品价格变量改为对应各类别商品的出口商生产成本和国内竞争价格。

4.2.1.3.2　变量选择及数据说明

被解释变量(进口人民币价格):进口价格变量用本书已测算的人民币进口价格总指数来表示,具体测算方法同前所述。在进行分商品类别分析时,被解释变量分别采用人民币初级产品进口价格指数、人民币工业制成品进口价格指数、五类制成品人民币进口价格指数等。

解释变量 1(汇率):该部分汇率变量采用第三章已测算的进口加权的实际有效汇率指数。原因有三:首先,考虑到本书是分析汇率变化对价格总指数的影响,而这个总指数的测算包含了与主要贸易伙伴国之间的贸易往来,因此,本书的汇率变量采用贸易加权后的有效汇率指数;其次,由于实际有效汇率指数是名义汇率变动引致国际贸易变动和国内价格指数变动后的综合结果,因此使用名义有效汇率变动作为分析起点;最后,因为只考虑对进口贸易价格的影响,而一国进口品与出口品之间由于其比较优势的差异而导致其价格有较大差异,为了更准确地反映汇率变化对进口价格的影响,故而进口加权的名义有效汇率指数更能反映这二者之间的关系。

解释变量 2(国内收入):我国 GDP 只有季度数据,而本书采用的数据频率为月度数据,为了满足这一要求,考虑到消费品零售总额与 GDP 之间存在显著的高度相关，本书采用社会消费品零售总额为国内收入的替代变量，并采用以 2000 为基期的定基消费者物价指数将消费品零售总额的名义值换算为实际值。数据来源为中国经济统计数据库。

解释变量 3（出口成本）：采用与进口有效汇率计算过程中所使用的十四个贸易伙伴国相同的进口贸易加权来计算世界出口到中国的生产成本指数，因数据所限，本书各国生产成本变量分别以出口单位值或生产者价格指数①替代。数据来源为 IMF 的 IFS 数据库和中经数据库，中国台湾地区的数据来源于中华经济研究院资料库。

解释变量 4（国内进口替代品价格）：该变量表示国内同类替代品的竞争价格，国外研究中一般用一国单位劳动价格或生产者价格指数来表示，由于我国这两个指标或是月度数据缺乏，或是只有上期同比指数无法取得月度定基指数数据，因此选择用与其相关度较高的可测算出的定基消费者价格指数（基期统一以 2000 年为 100）进行替代。

解释变量 5（汇率波动）：在实证研究中，测量汇率波动的方法很多，如用实际汇率年度变化（德格劳威和维尔费耶，1988）、12 个月实际汇率变化率的标准差（库马尔，1992）、实际汇率 ARIMA 过程的残差平方和（阿瑟雷和皮尔，1991）、移动样本标准差系数或变异系数（标准差/平均值）等来表示汇率波动。本书参照易行健（2007）测度汇率波动性的方法，即采用月度数据 12 期滞后的名义有效汇率的变异系数表示汇率波动性。

解释变量 6（加入 WTO 的虚拟变量）：反映中国加入 WTO 这一事件可能产生的结构性影响，对 2002 年 1 月和之后的样本有 $dwto = 1$，对之前的样本有 $dwto = 0$。

解释变量 7（2005 年 7 月汇率制度改革的虚拟变量）：反映人民币汇率改革这一事件可能产生的结构性影响，2005 年 7 月和之后的样本有 $der = 1$，对之前的样本则有 $der = 0$。

除了反映制度变化的虚拟变量外，进入模型的各其他指数变量皆为原始变量的对数。汇率波动变量由于本身就表示波动率，因此也直接进入模型而不做对数处理。所有序列数据皆经过季节调整。各变量的回归系数皆表示进口价格对各变量的变化弹性。

---

① 马来西亚、印度尼西亚、印度、俄罗斯的出口成本分别用生产者价格指数替代，中国台湾地区出口成本用消费者价格指数替代，其他各国出口成本用出口单位值表示。所有指数皆以 2000 年等于 100。

4.2.1.4　实证检验与统计推断

这一部分的实证检验包括三个方面：一是完整样本期内（1995 年 1 月 ~ 2008 年 8 月）对我国各类进口价格指数决定模型进行估计，以考察人民币汇率变化对进口价格的长期均衡影响；二是以加入 WTO 和 2005 年两个不同制度变化界点进行三次分段回归，考察不同经济特征阶段内人民币汇率变化对进口价格的影响差异；三是对各进口价格指数模型进行滚动回归，以考察人民币汇率变化对进口价格传导程度本身的变化趋势和波动情况。

4.2.1.4.1　在完整样本期内对我国各类进口价格指数的 OLS 估计

根据协整检验的步骤，首先对模型中各时间序列进行单位根检验，以判断各时间序列的平稳性。本书运用 Eviews 6.0 软件分别对所有方程中各变量的水平值与一阶差分值进行 ADF 单位根检验，其检验过程中根据 AIC 准则（AIC 值最小原则）来选择滞后项，关于所有进口价格指数模型中各实际变量序列平稳性的检验结果见表 4-1。

表 4-1　　各序列水平值与一阶差分值的 ADF 单位根检验结果

Vairable	5%临界值	水平值 t 统计量	一阶差分 t 统计量	Vairable	5%临界值	水平值 t 统计量	一阶差分 t 统计量
$Lnpm$	-2.879 3	1.404 8	-15.870 3	$Lnpm\,2$	-2.879 3	-0.550 6	-13.584 0
$Lnpm\,1$	-2.879 3	1.997 3	-17.243 8	$Lnpm\,21$	-2.879 3	-2.418 7	-13.608 6
$Lnneer(im)$	-2.879 3	-2.140 9	-10.876 7	$Lnpm\,22$	-2.879 3	1.086 6	-17.563 1
lny	-2.879 3	0.970 2	-3.203 2 *	$Lnpm\,23$	-2.879 3	-2.360 0	-11.867 1
$lnxc$	-2.879 3	2.483 3	-6.051 6	$Lnpm\,24$	-2.879 3	-0.455 6	-15.545 4
$lnps$	-2.879 3	-1.556 5	-6.540 2	$Lnpm\,25$	-2.879 3	0.866 0	-14.234 4
v	-2.879 3	-2.564 8	-11.874 2				

注：以上所有取对数变量数据皆经过季节调整，* 表示在 5% 水平下显著，其余未标注星号各系数皆为在 1% 水平下显著。

根据以上检验结果可以发现，包括汇率波动变量在内的所有变量其水平值序列都不能拒绝单位根假设，水平值皆为非平稳序列，而所有变量的一阶差分值都拒绝单位根假设，一阶差分皆为平稳序列，即各序列皆为 I（1），因此所有变量都满足构造协整检验的必要条件。根据多变量模型的分析要求，本书将采用恩格尔—格兰杰（Engle - Granger）两步法来检验进口名义有效汇率与各类进口价格指数之间的协整关系，考察二者之间的长期均衡影响。

本书首先采用逐步回归的方法对各类进口价格总指数的决定方程进行估计，共估计了 8 个进口价格指数方程，并检验每一变量的显著程度与各个方程的拟合优度，以选择最适合的解释变量。各进口价格指数的 OLS 回归结果见表 4 - 2。

表 4 - 2　各进口价格指数模型 OLS 回归的估计结果及各模型残差的单位根检验

	M_1	M_2	M_3	M_4	M_5	M_6	M_7	M_8
Dep. var.	Lnpm 0	Lnpm 1	Lnpm 2	Lnpm 21	Lnpm 22	Lnpm 23	Lnpm 24	Lnpm 25
$lneer$	$-0.361\,6$ (-2.656)	-1.22 (-11.89)	$-1.150\,4$ (-12.26)	$-0.624\,5$ (-2.929)	$-1.214\,8$ (-11.44)	$-0.756\,9$ (-5.326)	-0.552 (-5.202)	-0.396 (-2.253)
lny	$0.250\,9$ ($4.686\,8$)	$0.288\,0$ (8.222)	$0.621\,9$ (30.46)	$0.159\,5$ (2.205)	$0.568\,1$ (17.98)	$0.591\,6$ (22.76)	$0.193\,3$ (4.268)	$0.444\,5$ (10.956)
$lnxc$	$1.130\,6$ ($7.311\,6$)				$0.736\,6$ (7.042)		$0.252\,5$ (2.088)	$0.951\,2$ (4.650)
$lnps$	$0.455\,4$ ($2.359\,9$)	$2.497\,9$ (11.35)					$0.464\,5$ (3.109)	$1.079\,9$ (3.824)
v	$0.187\,2$ ($2.915\,6$)	$0.597\,1$ (7.846)			$0.284\,6$ (4.891)		$0.183\,7$ (3.527)	
$dwto$	$0.021\,1\ ^*$ ($2.138\,8$)			$0.315\,7$ (5.336)			$0.023\,4$ (2.790)	
der		$0.061\,2$ (4.501)					$0.037\,5$ (4.382)	$0.053\,8$ (3.539)
$\bar{R}^2$	$0.938\,2$	$0.895\,8$	$0.881\,7$	$0.538\,4$	$0.952\,9$	$0.768\,2$	$0.911\,5$	$0.937\,9$
$F - stat.$	413.490	281.283	406.019	64.362	824.86	271.236	240.93	493.09
$D - W$	$0.369\,5$	$0.400\,6$	$0.407\,5$	$0.462\,0$	$0.863\,7$	$1.350\,2$	$0.764\,2$	$0.231\,6$
Resid ADF test	$-0.185\,0$ (-4.052) [2.246]	$-0.164\ ^*$ (-3.345) [1.956]	$-0.147\ ^*$ (-3.022) [2.039]	$-0.228\,1$ (-4.490) [2.199]	$-0.441\,2$ (-0.677) [2.069]	$-0.520\,8$ (-5.891) [1.993]	$-0.299\,8$ (-4.356) [2.108]	$-0.115\,9$ (-3.147) [2.066]

注：圆括号内表示 t 统计量，方括号内表示模型残差单位根检验的 $D - W$ 值，其余为各变量参数系数值和相关统计量的值，$*$ 表示在 5% 水平下显著，其余未标注星号各系数皆为在 1% 水平下显著，表格空白栏表示 10% 水平下此变量在模型中仍不显著。8 个模型中，各模型因变量依次表示总进口指数（PM）、初级产品进口指数（$PM\,1$）、工业制成品进口指数（$PM\,2$）、电子类制成品进口指数（$PM\,21$）、医药化工制成品进口指数（$PM\,22$）、机械运输类制成品进口指数（$PM\,23$）、轻纺类制成品进口指数（$PM\,24$）、钢材制成品进口指数（$PM\,25$）等。此五类制成品进口额占工业制成品进口额的 80% 以上。

从回归结果表可以看出，各模型拟合较好，各变量系数符号与经济理论相符，但 $D-W$ 值低说明每个模型内部变量之间都存在不同程度共线性，基于模型中所有变量序列皆为一阶单整序列，故可采用 Engel - Grange 两步法对各模型进行 OLS 估计之后进一步对模型残差进行平稳性检验，各模型残差的 ADF 单位根检验表明，各模型残差序列的一阶滞后项系数皆显著不等于 0，因此各模型残差序列平稳，原各模型的设定为合理设定，各模型内部变量之间存在协整关系，模型中各变量系数皆表示长期均衡条件下的弹性系数。根据检验结果，本书可以得出如下基本结论：

（1）从汇率对价格的传导程度（弹性）结果来看，在所有模型中人民币名义有效汇率对我国各类进口价格指数都存在显著影响，其二者呈负相关关系，也就是说随着人民币汇率的上升，我国各类进口本币价格都将下降，这实际上反映了我国进口品市场上采用美元或其他外币定价的基本特征。从工业制成品进口价格的汇率总传导程度来看，与发达国家汇率传导水平相比，人民币汇率的进口传导程度相对偏高，这可能与我国尚处于发展中国家的经济发展阶段有关。[①] 同时，人民币汇率变化对我国初级产品进口价格与对工业制成品进口价格的传导程度二者较为相近，这与已有对发达工业国家的研究中认为汇率变化对工业制成品进口价格的传导要大于对初级产品进口价格的传导结论有较大差异。而在各进口商品类别之间，人民币汇率变化的传导程度存在较大差异，人民币汇率变化对医药化工制成品进口价格的传导程度最高，超过 1，其次是机械运输类、电子类和轻纺类进口价格，传导程度最低的是钢材类成品的进口价格，仅 0.39。就制成品内部的进口商品传导程度的排序与各类别加工程度和产品生产的复杂程度来看，其结论与已有文献的结论基本一致，加工程度高且生产过程复杂的产品其进口价格的汇率传导程度要更高一些。

（2）就进口价格的收入弹性而言，收入变化对所有类别的进口价格指数的影响皆显著为正，也即收入增加将提高各类进口的本币价格。在分类商品中，制成品的收入弹性要大于初级产品的收入弹性，这是因为初级产品所涉及的商品类别皆为社会生产和人民生活的必需品，其需求弹性小，即使收入发生变化，其价格也相对稳定。在制成品内部，其进口价格的收入弹性也各有不同，收入弹性最大的为机械类进口价格和医药化工类进口价格，二者收入弹性

---

① 文德伯格·耐特（1997）的实证分析得出汇率贬值对 OECD 国家工业制成品进口价格的传递系数约为 0.5。杰弗里·弗兰克尔、大卫·帕斯利、魏尚进（2005）在研究中指出，由于一国内部经济发展阶段、市场开放程度的差异，发展中国家的汇率传导程度往往要高于发达国家的汇率传导程度，其汇率传导速度也快于发达国家。

皆达到0.5以上，其次是钢材类进口价格，收入弹性最小的是轻纺类产品和电子类产品的进口价格，弹性水平不足0.2。收入弹性在制成品进口内部的这一排序同样反映了五类制成品在国民经济和人民生活中需求弹性的现实情况，同时，通过对比五类商品的生产过程中劳动密集程度和资本密集程度可以发现，劳动密集程度越高的行业，其进口品价格的收入弹性就越小，反之则越大。

（3）就汇率波动幅度对各类进口价格的影响来看，汇率波动对总进口价格、初级产品进口价格和制成品中医药化工类产品进口价格与轻纺类产品进口价格存在显著影响，且随着汇率波幅的上升，进口价格也上升。这说明，汇率波动幅度的增大将增加出口的汇率风险，出口厂商将要求更高的成本加成提高其价格以获得其风险溢价。汇率波动对进口价格的影响最大的是对初级产品进口价格的影响，影响系数达0.6，这是因为初级产品的进口需求相对稳定，出口厂商加价并不会影响其市场份额，所以汇率波动风险的大部分由初级产品的进口方承担。

（4）从各模型中的虚拟变量影响来看，工业制成品进口中有电子类进口和轻纺类进口两类价格显著受到我国加入WTO这一制度变化的影响，另外，初级产品进口和工业制成品中的轻纺类进口与钢材类进口三种进口价格皆显著受到2005年7月人民币汇率制度改革这一制度变化的影响。在所有虚拟变量影响显著的系数当中，绝大部分的变量系数皆非常小，也即制度变化对各进口价格的影响程度有限，仅加入WTO对我国电子产品进口价格的影响较大，加入WTO后，电子类商品的进口本币价格上升30%。这是因为，加入WTO之后，中国为了兑现世贸承诺，大幅调低了电子类产品的进口关税，在中国市场有增无减的需求态势下，外国出口商为提高其利润主动提价的行为相当普遍，造成了我国入世后进口的本币到岸价格上涨。这也说明国内电子行业在技术创新、品牌建设和核心竞争力方面与外国厂商仍存在很大的差距。

（5）基于我国轻纺行业在对外贸易历史中的重要地位和在促进国内就业方面所起到的重要作用，本书有必要对轻纺类产品进口价格模型进行进一步说明。从计量报告结果来看，在所有进口价格的决定模型中，仅轻纺类进口价格模型中所有变量的参数系数都显著。这说明我国轻纺类商品的进口价格受到包括宏观和微观、国际和国内、实际变量和制度变化等诸多方面因素的影响，进口价格的不确定性非常大。这不利于该行业的成本控制，对该行业的出口和综合发展也造成更多的不确定性。其根本原因与我国轻纺行业的国际竞争能力低下有关，因此，有必要从政府、企业和行业协会等多方面为该行业提供政策支持，增加研发投入和打造国际市场平台，为其创造良好的发展环境。

4.2.1.4.2 对各进口价格指数决定模型的分段回归

分段回归的目的是为了考察各制度变化的不同经济发展阶段内，汇率变化对各类进口价格传导程度的差异特征。由于以汇改为界点的分段回归汇率对各进口价格的影响大部分都不显著，故本书主要对以 WTO 为界点的分段回归结果进行报告，具体见表 4-3。

表 4-3　以加入 WTO 为界各进口价格指数模型分段回归的估计结果

1995 年 1 月~2001 年 12 月	M_1	M_2	M_3	M_4	M_5	M_6	M_7	M_8
Dep. var.	lnpm	Lnpm 1	Lnpm 2	Lnpm 21	Lnpm 22	Lnpm 23	Lnpm 24	Lnpm 25
lnneer	0.238 8 * (2.078 6)	0.372 0 (2.752)	0.332 1 (2.123 1)	0.810 5 (1.791 6)		1.460 6 (3.937 4)		0.965 8 (6.269 8)
lny	0.110 8 (2.743 5)	−0.486 9 (−10.24)	0.154 5 (2.810 7)	0.522 7 (3.194 4)	0.348 5 (5.957 3)	2.248 5 (3.030 8)	0.151 4 (3.211 6)	
lnxc	1.132 2 (5.459 3)	0.671 9 (2.752)	1.063 5 (3.765 4)	2.136 4 (2.554 6)	2.702 1 (12.310)		1.087 7 (6.149)	1.699 3 (5.129)
lnps					0.997 5 (4.203 6)		0.843 9 (4.413)	0.527 * (2.397)
v	0.230 8 (5.537 5)	0.150 7 (3.071)	0.284 8 (5.016 7)	0.874 8 (5.119 9)	0.305 6 (5.029 2)		0.310 2 (6.335)	
$\bar{R}^2$	0.599 4	0.865 5	0.391 6	0.312 9	0.780 6	0.161 7	0.602 7	0.331 5
F − stat.	32.052 0	134.607	14.354	10.454	74.839	9.006 3	32.477	14.721 5
D − W	0.942 5	1.125 1	1.505 3	1.181 1	1.816 3	2.047 1	0.847 7	0.711 0

2002 年 1 月~2008 年 8 月	M_1	M_2	M_3	M_4	M_5	M_6	M_7	M_8
Dep. var.	lnpm	Lnpm 1	Lnpm 2	Lnpm 21	Lnpm 22	Lnpm 23	Lnpm 24	Lnpm 25
lnneer	−0.917 7 (−6.419 8)	−0.633 6 (−3.784)	−2.387 9 (−12.575)	−4.058 3 (−10.79)	−1.340 8 (−10.167)	−2.650 4 (−11.62)	−0.573 0 (−4.337)	−2.391 7 (−9.330)
lny	0.548 8 (6.587 3)	0.472 3 (5.495 2)	0.560 7 (18.526)		0.334 7 (4.354)	0.473 8 (13.034)	0.542 9 (25.778)	1.371 8 (41.036)
lnxc	1.275 6 (6.856 2)				1.098 8 (6.401 4)			
lnps		3.039 9 (8.039)		−2.100 0 (−4.841 3)				
v								0.668 4 (4.452 6)
$\bar{R}^2$	0.973 8	0.865 5	0.889 1	0.614 4	0.961 9	0.831 3	0.906 8	0.963 3
F − stat.	939.873	134.607	317.848	42.964 4	666.68	195.607	385.316	692.467
D − W	0.564 8	1.125 1	1.505 3	0.624 3	1.139 1	1.443 8	1.145 7	0.741 1

注:对分段回归各模型的残差进行 ADF 单位根检验之后得出所有模型残差皆为稳定序列。

从分段回归结果可以看出,在加入 WTO 前后两个阶段内各类进口价格决定模型中汇率变化的影响与其他变量对进口价格的影响较全样本期内存在很大的差异,且两阶段之间的各变量影响也存在较大差异。其中得出了两个有趣的结论:一是汇率变化的影响。在加入 WTO 之前,人民币进口有效汇率与所有进口价格指数的变化方向相同,二者呈正相关关系(在 M_5 和 M_7 中不显著除外);而在加入 WTO 之后,二者的变化方向相反,呈负相关关系。二是汇率波动幅度的影响。在加入 WTO 之前,汇率波动对进口价格指数影响显著(仅 M_6 和 M_8 除外),而在加入 WTO 之后的阶段内汇率波动对进口价格指数的影响不显著(仅 M_8 除外)。

关于汇率变化及其波动对进口价格的阶段性影响,可以用汇率预期效应来解释。所谓汇率预期效应,就是指当期汇率的变化通过对汇率预期的影响进而影响进口价格。因此有必要首先对当期汇率变化与汇率预期之间的关系和汇率预期与进口价格之间的关系进行分析。

在样本区间内中国汇率制度采用的是盯住美元政策,当其他货币相对于美元贬值时,也即相对于人民币贬值,因此人民币有效汇率指数将随之上升,这将给人民币带来贬值压力,进而人民币的贬值压力将导致人民币的贬值预期,这正是我国加入 WTO 之前的情况,且此期间人民币预期贬值率呈现下降趋势(易行健,2006)。当存在人民币贬值预期时,外国出口商倾向于用其出口生产地货币定价或以国际硬通货定价,随着贬值预期的降低,出口商的定价将由完全的采用国际硬通货定价逐步转变为部分考虑人民币定价。同时,由于汇率波动幅度的变化也将导致其对进口价格影响的显著程度,在波幅较大且突破一定临界水平时,出口商在对其出口进行定价时会要求更高的成本加成以补偿其汇率风险,从而将促使进口价格上升,而汇率波幅保持在一定临界水平以下呈小幅波动时,出口商将不对原有价格进行调整。在 WTO 之前的样本区间,人民币进口加权有效汇率波幅较大,突破出口厂商成本加成的风险临界点,对外币价格进行加成定价,故在此阶段,汇率波动对进口人民币价格指数存在显著正影响,同时,因为国际金融市场对人民币贬值预期的降低,人民币汇率水平的变化对进口人民币价格指数的影响也为正。

根据 NDF(Non‐deliverable Forwards,非交割远期外汇交易)数据计算出的汇率预期升贬值率表明，[1] 在加入 WTO 之后，由于美元相对于其他货币贬值，人民币有效汇率指数随之下降，人民币升值压力加大，国际金融市场对人民币存在普遍的升值预期，且该预期升值率呈增长趋势。当存在人民币升值预期时，在采用产地货币定价原则下，出口商将主动提高其外币表示的出口价格，以规避其以出口地货币表示的利润可能遭受的汇率风险，这将导致当期人民币进口价格的相应上升。[2] 另外考虑到汇率升贬值变化对进口价格影响的不对称性，对以出口国货币定价的外国出口商而言，人民币升值将导致其利润下降，而人民币贬值将导致其利润上升，根据风险规避经济人假定，出口商对升值预期所作的价格调整应大于贬值预期下的价格调整，因此升值预期下进口的本币价格指数上升且上升幅度随预期升值率的提高而加大。在此阶段内，由于人民币进口有效汇率指数相对稳定，其波动幅度低于出口厂商调整定价的临界水平，故汇率波动对人民币进口有效汇率指数的影响并不显著。

4.2.2 人民币汇率变化对我国出口总价格和分类价格的传导

4.2.2.1 人民币出口价格总指数和分商品类别出口价格指数及其变化描述

本书在人民币出口价格总指数的编制过程中使用了由海关月度数据库提供的 134 类[3]出口商品量值在 1995 年 1 月到 2008 年 8 月的数据。先计算各类商品的单位美元价格，经汇率换算为人民币出口价格，之后采用 CPI 指数[4]（2000 年为基期）对原有人民币出口价格进行调整，以剔除通胀影响，再以2000 年为 100（2000 年 12 个月进口价格的简单平均值）将各类商品出口价格指数化，最后使用各类商品出口额在所有 134 类商品出口额中所占的比例为权重对所有类别商品出口价格指数进行加权平均得到人民币出口价格总指数。和进口价格指数类似，本书对出口价格指数就商品类别进行了细分，首先将其分

---

① $ev = (ndf_t - ner_t)/ner_t$，人民币汇率预期变化率（$ev$）等于非交割远期汇率与当期名义汇率的差比上当期名义汇率。汇率预期变化率为正时表示贬值预期，而变化率为负时表示存在升值预期。

② $p_t^d = e_t p_t^f$，$p_t^f = g(e_f)$，$p_t^d = e_{tg}(e_f)$ 如果远期汇率偏低（$e_f < e_t$，存在人民币升值预期），则出口商提高其当期出口价格，从而导致当期人民币进口价格上升，该上升幅度与预期升值率的大小成正比。而当 $e_f > e_t$，即存在人民币贬值预期时，以出口地货币定价的出口商是获益方，并不会因升值预期本身而对其外币价格作调整，此时的价格调整只与汇率波动有关。

③ 参看本书附录标注 [1]。

④ CPI 数据通过使用中国经济统计数据库中的宏观月度库 CPI 环比增长率数据和 IMF 网站中IFS 所提供的 CPI 同比增长率等原始数据计算整理所得。

为初级产品的出口（共44种商品）和工业制成品（共90种商品）的出口①计算各自的出口价格指数；其次进一步对工业制成品进行二级分类，将其分为电子类、机械运输类、轻纺类、基础材料类和杂项②共五类出口品并分别计算各类出口价格指数。各计算结果见图4-4、图4-5。

图4-4　人民币出口价格总指数变动趋势

图4-5　初级产品与工业制成品出口价格指数变动趋势

根据图4-4和图4-5，人民币出口价格总指数在样本期内表现为两个变化阶段，一是从样本期初到入世之前，在该段时期内人民币出口价格总指数缓慢下降且波幅相对较小，二是自入世后到样本期末呈现出上升趋势，且自2004年以来人民币出口价格指数的上升幅度加大，上升过程中的波动幅度也较大。结合初级产品出口价格指数与工业制成品出口价格指数对比图可以看出，出口价格总指数与工业制成品出口价格指数的变化趋势基本相同，这主要

①　参看本书附录标注［2］。
②　参看本书附录标注［3］。

是因为我国出口中工业制成品出口的占比较大（始终保持在70%以上，且该比例一直处于上升态势），初级产品出口价格对出口价格总指数的影响较小。

就初级产品出口价格指数本身的变化来看，2002年7月以前也呈现出缓慢下降特征，之后皆呈增长特征，且在增长阶段中出现了两次大幅攀升，一是2003年10月~2004年6月，二是2007年8月~2008年8月，根据对初级产品出口的进一步分类处理，本书发现，这两次价格指数的大幅攀升都是由焦炭、半焦炭出口价格的大幅攀升和其出口占比大幅提高所引起的。同时，初级产品出口中食品的出口占比逐年下降，而非食品类的初级产品出口占比则逐年上升，从1995年初的43%增加到2008年的65%。

就工业制成品的分类出口价格指数来看，变化最大的是机械运输类产品的出口价格，机械运输类出口价格指数在1999年以前呈现大幅度波动特征，最低价格指数为70，而最高价格指数高达540，而此后价格则表现为小幅波动并逐步走低。在机械运输类商品的出口中，船舶出口和集装箱出口占比较大，而机械运输类出口商品价格指数的此种变化主要是由于船舶出口价格所发生的变化引起，这与我国船舶出口企业改制、政府对船舶出口的政策变化和国际船舶市场的调整紧密相关。中国船舶工业集团公司（英文简称CSSC，简称中船集团公司）在1999年7月成立是我国船舶出口企业改制的标志性事件。此前，我国船舶出口价格基本采用政策价格或计划价格，价格波动异常。此后，船舶出口价格基本以市场价格为基础，但由于国家对船舶出口的政策支持，如出口退税政策的实施等使得我国船舶出口价格在基本稳定的同时长期低于其真实市场价格，[①] 另外，近年来国际船舶出口市场的激烈竞争也使得我国船舶出口价格逐年下降。但由于机械运输类出口在工业制成品出口中的占比较小（在工业制成品的五大分类中占比最小，样本期内最高占比仅16%，最低时为4%），故其价格指数的大幅变化对整个工业制成品价格指数的影响相对较小。出口占比较大的商品类别主要是电子类和轻纺类以及进入2004年以后出口的基础材料类等，从样本期内平均占比来看，电子类产品的出口占比最大，因此电子类产品的出口价格指数的变化对工业制成品出口价格指数的影响最大，进入2004年以后由于基础材料类出口占比的大幅提高，超过电子类产品的出口占比，因此此阶段基础材料出口价格指数的上升对工业制成品价格指数的上升起到了决定作用。具体见图4-6。

---

① 2000年欧盟船舶市场报告中指出，中国出口船舶的成交价低于按其成本模型计算的"正常价"8%至22.8%。

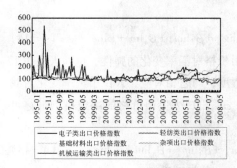 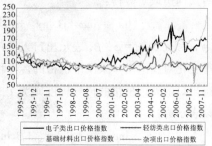

图4-6 工业制成品内部分类出口价格指数变动趋势

4.2.2.2 人民币汇率对出口价格传导的理论建模

与汇率对进口价格传导的分析一致，同样根据坎帕和戈德伯格（Campa & Goldberg, 2005）的研究，有国内出口商的利润最大化基本模型形式如下：

$$\underset{q}{Max}\pi = p_x q - c(q) \tag{4-10}$$

实现利润最大化目标的一阶条件为：$p_x = mc_x \cdot mkup_x$，其中所有变量皆以本币（人民币）表示。与汇率的进口价格传导的理论模型相一致，出口边际成本和成本加成模型分别可以表示为：

$$mc_x = y_w^{\beta 1} w_w^{\beta 2}（其中 \beta_1 > 0，\beta_2 > 0） \tag{4-11}$$

$$mkup_x = \varphi e^{\varphi} p_w^{\beta 3} v^{\beta 4} \tag{4-12}$$

式中 y_w 表示外国收入，w_w 为外国劳动力成本，p_w 为外国竞争品价格。与汇率的进口价格传导理论中的成本加成模型不相同的是，由于此处本国假设为出口国（上述进口价格传导部分的本国假设为进口国），本国汇率 e 的意义发生改变，故对出口商成本加成受本国汇率影响因子的解释应发生改变，$\varphi \in [0, 1]$，当 $\varphi = 0$ 时，表示以本币表示的出口成本加成乃至本币价格不受本国汇率变化的影响，无论汇率升贬值，出口收入中的本币加成都不发生变化，出口价格以生产地货币定价，汇率变化所带来的影响全部由进口方承担，也即汇率对出口外币价格完全传导；当 $\varphi = 1$ 时，表示在销售地货币定价原则下，出口国本币升值（e 下降）时，出口本币价格下降，以稳定国外销售市场上的出口外币价格，从而稳定国外销售市场，也即在售地货币定价条件下，出口国汇率变化的影响皆由出口国本身承担，汇率对出口外币价格的传导为0。φ 的大小决定了汇率对贸易价格的影响程度，其值越大，则汇率变化被国内出口商吸收越多，而对出口外币价格的传导越不完全。其他未作解释的变量和参数意义与进口价格传导模型中的解释相同。

$$p_x = mc_x \cdot mkup_x = \varphi \cdot y_m^{\beta 1} \cdot w_x^{\beta 2} \cdot p_s^{\beta 3} \cdot v^{\beta 4} \cdot e^{\varphi} \tag{4-13}$$

等式两边取对数得：

$$\ln p_x = \ln \varphi + \beta_1 \ln y_m + \beta_2 \ln w_x + \beta_3 \ln p_s + \beta_4 \ln v + \varphi \ln e \qquad (4-14)$$

令 $\alpha = \ln \varphi$，$\beta_5 = \varphi$，β_5 表示出口人民币价格对汇率变化的弹性，也即人民币汇率变化对我国出口人民币价格的传导程度，与之相对应，人民币汇率变化对我国出口的外币价格的传导程度则为 $1 - \varphi$。出口人民币价格的决定模型最终可以表示为：

$$\ln p_x = \alpha + \beta_1 \ln y_m + \beta_2 \ln w_x + \beta_3 \ln p_s + \beta_4 \ln v + \beta_5 \ln e \qquad (4-15)$$

4.2.2.3 计量模型、变量选择及样本数据说明

4.2.2.3.1 计量模型的设定

根据上述的理论模型可知，影响一国出口外币价格的因素较多，根据变量指标和数据的可得性，一般采用不同程度的简化处理。本书除了运用单一变量模型进行回归，还逐一对包含汇率变化的多变量的不同组合计量模型分别进行回归，通过不同模型结论的比较，有效识别汇率变化因素对出口外币价格的影响或传导程度。

与汇率对进口价格传导的模型一样，汇率对出口价格传导的计量模型中也考虑 2001 年底中国加入 WTO 和 2005 年 7 月人民币汇率制度改革两个虚拟变量 dwto 和 der 以考察两次制度变化的影响。

本书在对出口价格总指数的汇率传导进行分析的同时，还将对分类别出口商品价格指数的汇率传导进行实证分析，主要分析人民币汇率变化对我国初级产品出口价格与工业制成品出口价格的传导之间、人民币汇率变化对制成品内部五种出口商品类别的出口价格的传导之间进行比较分析，用以解释不同类别商品对汇率出口价格传导的影响差异。进行分商品类别分析时，模型因变量为各商品类别的出口（外币）价格指数，自变量中外国收入、汇率及汇率的波动、制度变量等宏观变量保持不变，而出口商生产成本变量和国际竞争品价格变量发生相应变化改为对应的各类别商品的出口商生产成本和国际竞争价格。

4.2.2.3.2 变量选择及数据说明

被解释变量（出口人民币价格）：出口人民币价格变量用本书已测算的人民币出口价格总指数来表示，具体测算方法同前所述。在进行分商品类别分析时，被解释变量分别采用人民币初级产品出口价格指数、人民币工业制成品出口价格指数、五类制成品人民币出口价格指数等。

解释变量 1（汇率）：该部分汇率变量采用第三章已测算的出口加权的名义有效汇率指数。原因有三：首先，考虑到本书是分析汇率变化对价格总指数的影响，而这个总指数的测算包含了与主要贸易伙伴国之间的贸易往来，因

此，本书的汇率变量采用贸易加权后的有效汇率指数；其次，由于实际有效汇率已是名义汇率变动引致国际贸易变化和国内经济变量变化后的综合结果，因此需要采用名义有效汇率作为分析起点；再次，因为只考虑对出口贸易价格的影响，而一国进口品与出口品之间由于其比较优势的差异而导致其价格有较大差异，为了更准确地反映汇率变化对出口价格的影响，故而出口加权的名义有效汇率指数更能反映这二者之间的关系。

解释变量 2（外国收入）：在本书的研究中，这里的外国收入实际上等同于除中国以外的世界需求水平，由于数据可得性，本书采用世界工业生产指数中的发达国家工业生产指数，数据来源为 IMF 的 IFS 数据库。

解释变量 3（国内出口成本）：奥利弗（Olivei，2002）、马拉齐（Marazzi，2005）以及国内陈学彬等（2007）和毕玉江、朱钟棣（2007）皆使用出口国的消费价格指数（CPI）和生产价格指数（PPI）作为国内出口成本的替代变量，本书也借鉴这一做法，根据数据的可得性，使用消费者价格指数 CPI 来替代国内出口成本变量。在分商品类别的模型中则采用相对应的分商品类别或分行业消费价格指数，数据来源于中经数据库和 IFS 数据库。

解释变量 4（世界竞争价格）：由于我国商品出口结构与亚洲其他国家的出口结构类似，可采用亚洲国家的出口价格指数作为世界市场竞争价格的替代变量，但由于该数据在 IFS 数据库中只提供到 2006 年年底，与本书所需样本存在差异，另考虑到世界出口价格指数与发展中亚洲的出口价格指数相关度很高（二者相关系数为 91.63%），故直接采用世界出口价格指数来替代我国出口所面临的世界竞争价格变量。数据来源为 IFS 数据库。

解释变量 5（汇率波动）：与汇率对进口价格传导的模型中一致，此处同样参照易行健（2007）测度汇率波动性的方法，即采用月度数据 12 期滞后的名义有效汇率的变异系数表示汇率波动性。

解释变量 6（加入 WTO 的虚拟变量）：反映中国加入 WTO 这一事件可能产生的结构性影响，对 2002 年 1 月和之后的样本有 $dwto = 1$，对之前的样本有 $dwto = 0$。

解释变量 7（2005 年 7 月汇率制度改革的虚拟变量）：反映人民币汇率改革这一事件可能产生的结构性影响，2005 年 7 月和之后的样本有 $der = 1$，对之前的样本则有 $der = 0$。

除了反映制度变化的虚拟变量外，进入模型的各其他指数变量皆为原始变量的对数。汇率波动变量由于本身就表示波动率，因此也直接进入模型不做对数处理。所有序列数据皆经过季节调整。各变量的回归系数皆表示出口人民币价格对各变量的变化弹性。

4.2.2.4 实证检验与统计推断

这一部分的实证检验同样也包括三个方面：一是完整样本期内 1995 年 1 月~2008 年 8 月对我国各类出口价格指数决定模型进行估计，以考察人民币汇率变化对出口价格的长期均衡影响；二是以加入 WTO 和 2005 年两个不同制度变化界点进行三次分段回归，考察不同经济特征阶段内人民币汇率变化对进口价格的影响差异；三是对各出口价格指数模型进行滚动回归，以考察人民币汇率变化对出口价格传导程度本身的变化趋势和波动情况。

4.2.2.4.1 在完整样本期内对我国各类出口价格指数的 OLS 估计

根据协整检验的步骤，首先对模型中各时间序列进行单位根检验，以判断各时间序列的平稳性。本书运用 Eviews 6.0 软件分别对所有方程中各变量的水平值与一阶差分值进行 ADF 单位根检验，其检验过程中根据 AIC 准则（AIC 值最小原则）来选择滞后项，关于所有出口价格指数模型中各实际变量序列平稳性的检验结果报告见表 4-4。

表 4-4　出口模型变量序列水平值与一阶差分值的 ADF 单位根检验结果

Vairable	5% 临界值	水平值 t 统计量	一阶差分 t 统计量	Vairable	5% 临界值	水平值 t 统计量	一阶差分 t 统计量
$Lnpx$	-2.879 3	-0.058 2	-19.510 6	$Lnpx$ 2	-2.879 3	-0.622 6	-14.137 3
$Lnpx$ 1	-2.879 2	-0.161 9	-12.568 2	$Lnpx$ 21	-2.879 2	-0.479 3	-17.933 8
$Lnneer(ex)$	-2.879 2	-1.898 2	-12.200 4	$Lnpx$ 22	-2.879 2	-4.462 0	
$lnwpx$	-2.879 4	1.863 3	-9.616 2	$Lnpx$ 23	-2.879 2	1.085 8	-12.997 8
$lnwip$	-2.879 5	-1.328 5	-5.643 3	$Lnpx$ 24	-2.879 4	-2.693 7 *	-16.627 1
$lnpxc$	-2.879 3	0.328 1	-5.819 9	$Lnpx$ 25	-3.438 3	-2.647 5 *	-11.666 7
v	-2.879 2	-2.769 2 *	-11.855 2				

注：以上所有取对数变量数据皆经过季节调整，＊表示在 10% 水平下显著，＊＊表示在 5% 水平下显著，其余未标注星号各系数皆表示在 1% 水平下显著。

根据以上检验结果可以发现，包括汇率波动变量在内的所有变量其水平值序列都不能拒绝单位根假设，水平值皆为非平稳序列，而所有变量的一阶差分值都拒绝单位根假设，一阶差分皆为平稳序列，即各序列皆为 I（1），因此所有变量都满足构造协整检验的必要条件。根据多变量模型的分析要求，本书将采用 Engle-Granger 两步法来检验出口名义有效汇率与各类进口价格指数之间的协整关系，考察二者之间的长期均衡影响。

本书首先采用逐步回归的方法对各类进口价格总指数的决定方程进行估计，共估计了8个出口价格指数方程，并检验每一变量的显著程度与各个方程的拟合优度，以选择最适合的解释变量。各进口价格指数的 OLS 回归结果见表4-5。

表4-5　各出口价格指数模型 OLS 回归的估计结果及各模型残差的单位根检验

	M_1	M_2	M_3	M_4	M_5	M_6	M_7	M_8
Dep. var.	$Lnpx$	$Lnpx1$	$Lnpx2$	$Lnpx21$	$Lnpx22$	$Lnpx23$	$Lnpx24$	$Lnpx25$
$lnneer$	-0.6677 (-6.193)	-1.225 (-3.884)	-0.6212 (-5.557)	-1.1983 (-8.872)	-0.3462 (-4.382)	-1.0679 (-5.534)	-1.2477 (-3.508)	-0.2751 * (-1.688)
$lnwpx$	0.5577 (9.717)	0.8680 (5.323)	0.4193 (7.046)			0.6235 (4.958)		0.5073 (4.713)
$lnwip$				0.5902 (3.841)	-0.4186 (-4.657)	0.6725 (5.0479)	-3.0029 (-9.552)	-0.932 (-7.103)
$lnpxc$		1.0690 (2.656)				1.0905 (3.9552)	0.927 ** (2.1546)	-0.916 (-3.826)
v	1.2023 (7.848)	1.8610 (6.002)	1.1022 (6.938)	1.4717 (6.569)	0.2974 ** (2.2691)	2.0596 (10.158)		
$dwto$	0.0580 (6.049)	0.0634 (3.798)	0.0548 (5.512)	0.2083 (11.743)	0.0249 ** (2.4019)	0.0459 (3.3029)		-0.079 (-5.821)
der	0.0879 (4.809)	0.0634 (3.798)	0.1098 (5.792)	0.1670 (8.546)	0.0428 (3.744)	0.0481 ** (2.108)		0.133 (6.157)
$\bar{R}^2$	0.8712	0.8244	0.8380	0.8798	0.3413	0.9280	0.4963	0.7726
$F-stat.$	221.43	154.09	169.67	239.57	17.90	305.48	54.53	93.28
$D-W$	0.9107	0.4547	1.1091	0.6626	0.6236	0.5977	1.8285	1.4151
Resid ADF test	-0.3562 (-4.712) $[2.043]$	-0.2246 (-4.419) $[1.890]$	-0.4394 (-5.278) $[2.048]$	-0.3320 (-5.652) $[2.198]$	-0.3122 (-5.461) $[2.232]$	-0.3091 (-5.497) $[1.908]$	-0.6790 (-5.484) $[2.016]$	-0.709 (-9.434) $[2.079]$

注：圆括号内表示 t 统计量，方括号内表示模型残差单位根检验的 $D-W$ 值，其余为各变量参数系数值和相关统计量的值，* 表示在10%水平下显著，** 表示在5%水平下显著，其余未标注星号各系数皆为在1%水平下显著，表格空白栏表示10%水平下此变量在模型中仍不显著。8个模型中，各模型因变量依次表示总出口价格指数（PX）、初级产品出口价格指数（$PX1$）、工业制成品出口价格指数（$PX2$）、电子类制成品出口价格指数（$PX21$）、轻纺类制成品出口价格指数（$PX22$）、基础材料类制成品出口价格指数（$PX23$）、机械运输类制成品出口价格指数（$PX24$）、杂项类出口价格指数（$PX25$）等。

从回归结果表可以看出，各模型拟合较好，各变量系数符号与经济理论基本相符，但 $D-W$ 值低说明每个模型内部变量之间都存在不同程度共线性，基于模型中所有变量序列皆为一阶单整序列，故可采用 Engel-Grange 两步法对各模型进行 OLS 估计之后进一步对模型残差进行平稳性检验，各模型残差的

ADF 单位根检验表明，各模型残差序列的一阶滞后项系数皆显著不等于 0，因此各模型残差序列平稳，原各模型的设定为合理设定，各模型内部变量之间存在协整关系，模型中各变量系数皆表示长期均衡条件下的弹性系数。根据检验结果，本书可以得出如下基本结论：

（1）在所有模型当中，出口加权的人民币名义有效汇率长期内对人民币出口价格指数都存在显著负影响，也即人民币升值将导致各类出口的人民币价格指数下降，这反映了我国出口皆以外币定价，为了保障海外市场份额，国内出口商在面临人民币汇率升值时采取因市定价，主动降低出口的人民币价格，自主吸收一部分因汇率上升带来的影响。根据计量模型所得出的系数来看，出口价格总指数模型中的对应系数为 -0.6676，表示当人民币升值 1 个百分点，则国内出口商需承担 0.6676 个百分点的损失，人民币汇率升值对出口外币价格的传导仅为 0.3324。初级产品和工业制成品的出口相比较，汇率对初级产品的出口本币价格影响更大，对初级产品出口国际市场的价格传导存在逆传导现象（其本币价格传导系数绝对值超过 1），这说明我国初级产品的出口竞争力很弱，升值会直接造成初级产品出口商的损失。在制成品内部，电子类、基础材料类和机械运输类出口也面临与初级产品出口类似的问题，电子和机械运输是近年来我国发展最快的出口行业，基础材料的出口与初级产品的出口紧密联系，因此就出口目标市场的成熟度和竞争力来看，都存在弱势，因此人民币升值将给这三个制成品部门造成较大的影响。只有轻纺类和杂项类出口，由于这两类制成品是我国传统的劳动密集型出口产品，而且加工贸易比重较大，出口市场成熟稳定，升值对这两个部门出口本币价格影响较小，大部分升值的影响都传导至目标市场的进口价格。

（2）世界竞争价格指数对我国各类出口本币价格指数存在正影响，除了对电子、轻纺和机械运输类的出口价格指数的影响不显著外，其他皆为显著。从计量结果可以看出，各系数皆小于 1，这说明我国出口价格上升的幅度要小于世界出口价格的上升幅度，这从一定程度上也说明了我国出口产品在世界市场上的垄断程度较低，竞争力尚有待进一步提高。

（3）世界收入对我国出口价格的影响在制成品分类商品的出口模型中影响显著。其中，世界收入对电子类和基础材料类出口价格存在显著正影响，随着世界收入的增长，这两类商品的出口需求不断增加，引致出口价格上升。而轻纺类、机械运输类和杂项类的出口价格却随世界收入的增长而降低，这可能存在两个方面的原因：一方面，从行业发展现状上来看，这说明我国轻纺类、机械运输类和杂项类出口产品在国际市场上的竞争力较差，世界收入增长越快，国际市场对我国出口的这些商品需求下降，从而导致出口价格下降，其中尤其以机械运输类出口产品最为突出，这可能需要从产品质量、营销手段、品牌创新等一系列方面来进行提升和调整；另一方面，从发展趋势来看，也可能是因为世界收入增长在需求扩张的情况下推动了产品的创新发展，间接导致了成本的节约，从而使得出口产品价格下降。具体哪方面的因素影响较大，还有待进一步研究。

（4）出口成本对我国出口价格指数中初级产品、基础材料类制成品和机械运输类制成品的出口价格指数的影响显著为正，而对其他各类出口价格指数的影响并不显著。这说明我国初级产品、基础材料类制成品和机械运输类制成品的出口价格中成本加成比例较低，而其他制成品行业的出口价格中成本加成比例相对较高，因此出口成本的变动只对前三者出口价格形成显著影响，而对其他出口价格的影响不明显。

（5）汇率波动对我国出口价格指数存在显著正影响。受影响程度最大的是基础材料制成品和初级产品的出口，价格弹性系数分别高达 2 和 1.8，受影响程度最小的是轻纺类制成品的出口，价格弹性系数不足 0.3，对其他出口价格指数的弹性皆为 1～1.5 之间。这再一次说明我国轻纺类出口作为传统出口产品在市场成熟度上的优势，出口价格受汇率波动影响非常小，而初级产品和基础材料类则刚好相反，由于市场成熟度和竞争力不足而使其价格受汇率波动影响很大。

（6）关于两次制度变化的影响，从计量结果可以看出，2001 年底加入WTO 和 2005 年汇改使我国几乎所有出口价格都有显著上升（除加入 WTO 后的杂项出口价格下降外），但上升幅度都很小，仅电子类产品的出口价格上升幅度相对较大。这说明加入 WTO 后，对我国各类产品的出口至少产生了两方面的影响：一是中国市场的进一步开放促使世界市场增加对中国产品的需求；二是开放的中国市场在国际竞争中逐步提高了自身产品的市场竞争能力，这两方面都将促使我国产品的出口价格有所提升。另外，2005 年汇改后出口商在升值预期下为减少本币利润的下降，也对出口商品价格进行普遍调整。

4.2.2.4.2　对各出口价格指数决定模型的分段回归

分段回归的目的是为了考察各制度变化的不同经济发展阶段内，汇率变化对各类出口价格传导程度的差异特征。具体见表 4-6、表 4-7。

表4-6 以加入 WTO 为界各出口价格指数模型分段回归的估计结果

1995 年 1 月~2001 年 12 月	M_1	M_2	M_3	M_4	M_5	M_6	M_7	M_8
Dep. var.	Lnpx	Lnpx 1	Lnpx 2	Lnpx 21	Lnpx 22	Lnpx 23	Lnpx 24	Lnpx 25
lnneer	-0.309 * -1.929 7	-0.701 5 -3.841 4		-1.351 9 -6.585 8		0.799 ** 2.453 7	1.870 ** 2.037 6	
lnwpx	0.704 3 6.688 7	0.895 2 7.457 9	0.749 3 10.977	-1.151 1 -4.890 0		1.154 6 6.343 8	3.488 6 5.867 5	0.879 9 6.261 4
lnwip				-0.888 1 -3.008 5	-0.569 3 -7.510 5			-0.632 2 -3.004 4
lnpxc						-0.769 ** -2.204 3		-0.868 2 -5.395 0
v	1.165 8 7.552 4	1.436 2 8.162 9	0.983 0 5.399 6	1.271 3 5.814 0	0.355 ** 2.627 1	0.667 ** 2.472 2		
$\bar{R}^2$	0.814 7	0.871 6	0.683	0.559 7	0.522 8	0.812 2	0.431 9	0.872 5
F - stat.	117.241	181.022	87.249	25.103 8	44.363 7	85.419 8	30.788 3	182.451
D - W	1.507 2	0.890 4	1.611 3	0.603 3	0.688 0	1.113 1	2.242 7	0.588 2

2002 年 1 月~2008 年 8 月	M_1	M_2	M_3	M_4	M_5	M_6	M_7	M_8
lnneer	-1.212 1 -6.474 4	-2.335 8 -5.976 1	-0.792 5 -3.220 4	-1.623 6 -4.700 4	-1.087 7 -6.951 9	-1.335 3 -6.812 6	-1.981 8 -5.035 7	
lnwpx	0.822 6 6.589 9		1.119 9 4.395 3	1.244 2 3.478 7		1.180 0 15.009 1		0.942 0 4.244 0
lnwip	-1.447 3 -2.666 7	-2.961 1 -3.432 8	-0.954 8 -1.799 6	-2.111 4 -2.835 1	-2.071 4 -4.861 3			
lnpxc		5.260 6 8.093 2	-1.423 0 -2.034 6	-1.670 4 * -1.701 4	0.494 2 ** 2.096 3		-2.047 2 -4.945 0	-2.665 9 -4.588 3
v	1.161 4 3.793 7		1.269 8 4.462 8	1.069 7 2.678 3		1.974 4 5.791 7	1.401 2 * 1.903 7	0.885 ** 2.571 7
der	0.139 6 4.893 0		0.157 2 6.144 2	0.236 6 6.582 6	0.121 0 5.853 4	0.070 8 2.841 0	0.125 ** 2.347 3	0.139 8 5.810 7
$\bar{R}^2$	0.848 9	0.769 0	0.859 2	0.781 3	0.448 4	0.924 5	0.419 2	0.486 1
F - stat.	83.118	82.448	74.245	43.463 4	15.241 4	222.634	13.532	17.736 5
D - W	0.928 8	0.472 2	1.194 2	1.107 9	1.217 3	0.530 3	1.851 8	2.054 0

注：以上所有模型残差皆通过 ADF 单位根检验，拒绝单位根假设，同时，对各模型中的所有变量序列成组后运用 Johansen 检验得出的参数系数与两步法结论较为一致，此处只报告两步法的计量参数结论。

表4-7 以2005年汇改为界各出口价格指数模型分段回归的估计结果

1995年1月~2005年6月	M_1	M_2	M_3	M_4	M_5	M_6	M_7	M_8
lnneer				−0.948 1 −4.066 4	0.537 3 3.760 3		1.357 3 * 1.732 6	
lnwpx	1.167 1 22.961 9	1.876 2 18.296 1	0.851 9 17.370 1	0.257 6 * 1.709 9	0.690 0 7.747 4	1.447 4 20.825	1.968 8 3.837 3	0.752 1 14.385 8
lnwip	0.521 1 6.827 4	0.943 8 6.129 0		0.827 0 5.664 9		1.070 9 8.360 5	−1.926 9 −3.965 1	−0.760 9 −7.896 9
lnpxc					−0.488 9 −3.962 9	0.557 3 3.046 8		−0.751 2 −5.459 7
v	1.112 0 7.958 9	1.401 8 4.973 0	0.849 0 5.975 9	1.304 8 6.365 0		1.815 6 10.859 8		0.310 ** 2.462 9
dwto			0.056 0 6.413 1	0.190 8 11.950 9		0.024 8 1.889 1	−0.101 1 ** −2.044 5	−0.092 2 −9.350 0
$\bar{R}^2$	0.829 2	0.743 3	0.767 6	0.833 4	0.502 9	0.872 2	0.481 7	0.902 5
$F-stat.$	203.351	121.703 7	138.603 4	126.084	43.152 3	171.651	30.039	232.482
$D-W$	1.214 1	0.478 9	1.506 8	0.714 2	1.015 2	0.742 1	2.272 8	0.669 1

2005年7月~2008年8月	M_1	M_2	M_3	M_4	M_5	M_6	M_7	M_8
lnneer	2.589 5 5.414 7	2.634 3 4.113 4	2.531 2 5.228 6		0.663 5 * 1.854 4	1.704 1 3.276 0	3.483 0 ** 2.674 7	1.838 5 * 1.972 0
lnwpx		0.718 0 2.903 0	0.705 1 * 1.771 2			1.444 8 3.457 3		1.462 1 * 1.952 2
lnwip		−1.501 3 * −1.976 2		−1.818 7 −3.322 4	−2.668 8 −8.029 1			
lnpxc	−0.781 0 −3.413 4		−2.540 2 −2.843 0			−1.925 2 ** −2.106 5	−4.566 7 −6.620 6	−4.702 5 −2.870 9
v	2.088 8 4.466 4	2.824 3 3.826 7	1.326 4 ** 2.431 9	2.442 0 2.910 6	−1.314 8 ** −2.446 9			
$\bar{R}^2$	0.748 4	0.908 7	0.681 6	0.356 5	0.662 4	0.832 3	0.638 8	0.259 1
$F-stat.$	37.690	93.086 5	20.804 2	11.249 6	25.195	62.192 1	33.717 3	5.313 7
$D-W$	1.594 3	1.075 8	1.786 3	1.145 6	1.265 5	0.473 4	1.113 5	2.498 8

注同上表。

4.2.3 人民币汇率变化对我国进口和出口价格传导的比较分析

在国际贸易活动中,各国出口产品在国际市场上竞争力的大小主要取决于国家间要素禀赋的相对水平、行业生产率的相对水平两个方面。因此,一般而言，一国出口其相对竞争力强的产品，而进口其相对竞争力弱的产品。换句话说，就是国家间各行业的相对比较优势与竞争优势（迈克尔·波特，2007）决定了一国出口的竞争力。根据比较优势理论，认为一国的竞争力取决于劳动力、自然资源、金融资本等物质禀赋的投入。但世界经济发展到今天，一国所提供的良好经营环境和合适的制度结合业界的专业化和集群化的影响也即所谓"竞争优势"给一国带来的财富已大大超过了比较优势带来的好处。对于我国外贸发展而言，在30多年的对外开放期间，伴随着国际国内外贸形势的变化和制度的变迁，进出口中的商品结构、贸易方式结构和进出口品的市场竞争能力都有了很大的变化。这可以通过人民币汇率变化对我国进口价格传导和出口价格传导的比较分析中得出的结论进行说明，详见表4-8。

表4-8　人民币汇率变化对我国进口与出口总价格的传导和分类价格传导的比较

汇率传导		总价格	初级产品	制成品	电子	轻纺	机械运输
1995年1月~ 2008年8月	进口	-0.361 6	-1.22	-1.150 4	-0.624	-0.552	-0.756 9
	出口	-0.667 7	-1.225	-0.621 2	-1.198 3	-0.346 2	-1.247 7
1995年1月~ 2001年12月	进口	0.238 8	0.372 0	0.332 1	0.810 5	-0.147 1	1.460 6
	出口	-0.309	-0.701 5	-0.134 9	-1.351 9	1.870	0.799
2002年1月~ 2008年8月	进口	-0.917 7	-0.633 6	-2.387 9	-4.058 3	-0.573 0	-2.650 4
	出口	-1.212 1	-2.335 8	-0.792 5	-1.623 6	-1.981 8	-1.335 3

注：表中分段是以2001年12月我国加入WTO为标准进行样本期的划分。由于以2005年7月我国汇率制度改革为分段标准的回归在进口模型中无显著结论，故不对其进行比较。

通过对完整样本期和分段样本期内汇率变化对我国进出口总价格、初级产品价格、制成品价格、制成品内部电子行业、轻纺行业和机械运输行业进出口价格的传导进行比较分析，至少可以得到以下结论：

（1）在以产地货币定价的前提下，人民币升值导致进口本币价格下降，出口外币价格上升，从以上汇率传导结果来看，我国进口本币价格仅下降了36%，对出口外币价格的传导也仅33%，汇率变化的进出口传导程度都低，这说明我国厂商在进口与出口市场上的议价能力都比较弱。汇率对出口本币价格的传导大于进口本币价格的传导，这说明人民币升值对我国出口商的影响更大，国内出口商被迫吸收大部分人民币升值的负面影响。

（2）加入WTO后，汇率变化对所有进出口价格的传导程度都大幅提高。这说明加入WTO后，若汇率变动，进出口厂商对进出口本币价格的调整幅度加大。就进口而言，自2001年911事件以来全球经济增长减缓，世界需求相对不足，而此期间中国作为发展速度最快的发展中国家其国内进口需求旺盛，因此中国进口商在进口市场上的议价能力相对提高，汇率变化对进口价格的传导也由加入WTO之前的正传导变化为负传导，且具有相当高的传导率。就出口而言，加入WTO后，我国大量降低关税，出口退税逐渐减少，加工贸易加速增长，国内出口商为抢占海外市场竞争激烈，这些都将导致人民币实际有效汇率升值对出口价格的传导程度提高。

4.3 人民币汇率变化对不同方式贸易进出口价格的传导估计

4.3.1 加工贸易问题的重要性和特殊性

加工贸易作为一种特殊的贸易方式，它有效地利用两个市场、两种资源，为一国国内就业和外贸发展起到了重要作用，为一国经济增长与社会稳定做出了不可忽视的贡献。长期以来，我国加工贸易在总贸易中的占比较大，且一直高于一般贸易，直到2007年4月这一特点才开始发生变化。① 由于加工贸易与一般贸易的决定机制存在差异，而传统国际收支理论的分析皆以一般贸易为前提，因此我国贸易收支中的加工贸易特色使得人民币汇率变化对贸易收支的影响与传统国际收支理论的结论也相去甚远。要分析人民币升值对贸易收支的真实影响，首先要弄清楚人民币升值对我国加工贸易进出口的影响，进而需要先一步弄清楚人民币升值对加工贸易进出口价格的传导程度如何。

任何形式的出口皆受世界需求的影响，但不同贸易方式下出口商品的价格决定却因成本来源的差异而有所不同，加工贸易由于其"两头在外"的特殊贸易方式，其出口价格中由于其成本不同程度地来自进口，因此其出口价格在受到汇率直接影响的同时还必定因进口部分价格受汇率影响而受到汇率的间接影响。另外，加工贸易进口的决定机制与一般贸易进口的决定机制有着明显的不同，一般贸易进口主要取决于国内需求的变化，而加工贸易进口却以加工贸

---

① 2007年4月，一般贸易的占比达到46%，首次超过加工贸易占比的43%水平，经过7个月的交替变化后，从2007年12月开始至今，一般贸易的占比始终高于加工贸易的占比，且二者占比差有扩大趋势，一般贸易占比从46%上升到2008年6月的49%，而与此同时加工贸易占比从43%下降到39%。注：数据来源于中国经济统计数据库。

易出口为基础，最终由世界需求决定。因此考察汇率变动对加工贸易进出口及其价格的影响对准确解释人民币汇率变动的贸易收支效应有着重要的意义。

国内外关于汇率变化对贸易收支影响的理论与实证文献非常多，但就汇率变化对加工贸易影响进行分析的文献却非常缺乏，汇率变化对加工贸易进出口价格传导的文献更是没有，迄今为止，国内相关文献中仅陈治中（2005）就汇率变化对加工贸易行业中的外资企业利润的影响进行了研究，国外文献中王和约翰·沃雷（Li Wang & John Whalley，2007）也曾在研究人民币升值对中国贸易的影响时在模型中引入加工贸易因素，但这些文章并没有直接针对汇率变动如何影响加工贸易进出口额问题和加工贸易汇率价格传导问题进行研究。

为了区分汇率变化对我国不同贸易方式的实际影响，本部分首先对我国加工贸易的变化趋势和相关特点作描述性分析，然后利用中国海关统计数据库中的分商品类别数据对加工贸易和一般贸易进行技术区分，估算我国加工贸易和一般贸易进出口价格指数，最后结合汇率指标和其他变量指标对加工贸易进出口价格指数的影响因素予以建模，以估计出我国汇率变化对加工贸易和一般贸易进出口价格的传导程度并进行比较，为之后不同贸易方式贸易收支分析提供分析基础。

4.3.2 我国加工贸易进出口及其差额的描述性分析

我国加工贸易的出口、进口及差额都始终保持着增长趋势，从增长的速度来看，可将其划分为两个阶段：第一阶段为1995年1月到2001年12月，该阶段的加工贸易无论是出口、进口还是顺差，其增长都较为平缓；第二阶段为2002年1月到2008年6月，此阶段内无论是加工贸易的出口、进口都呈现高速增长特征，且加工贸易的出口增速大于进口增速，导致加工贸易顺差急剧增加，同时此阶段的进出口和顺差的波动也更剧烈（见图4-7）。

由于加工贸易特殊的"两头在外"特征，加工贸易的这一特征决定了在正常情况下其出口始终大于进口，且进口量受出口量的直接影响，间接地由国际市场需求决定。加工贸易出口大于进口所形成的顺差来源于国内加工环节的价值增值（国内劳动力成本、来自国内部分的原材料成本、国内加工过程中的创新活动等）和出口品国际竞争力的相对提升所带来的附加值。另外，关于上述两阶段增长差异可以解释如下：早期我国劳动力比较优势明显，土地和能源等国内资源成本较低。同时，加工贸易准入门槛低，在全球产业转移过程中承接了处于全球价值链最低端的最终产品组装环节和低端零部件配套生产环节，劳动密集度高、技术含量低，在技术、管理、品牌等方面严重缺乏，导致加工贸易出口附加值较低，出口产品国际竞争力低，贸易顺差较小且增速缓

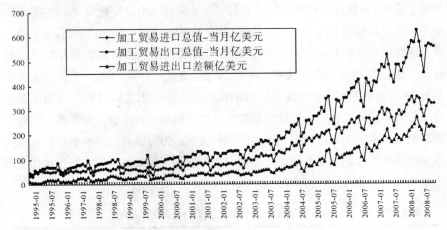

数据来源：中国经济统计数据库海关月度数据。

图4-7　我国加工贸易进出口及其差额变化趋势

慢。进入 21 世纪以来，我国国内劳动力、土地、能源等成本普遍上升。由于新的国际产业转移和国内产业结构调整，我国加工贸易内部的产业构成也发生了变化，技术与资本密集型加工贸易占比逐渐提高，机电类和高新技术类产品的出口占比逐年提高。以 2007 年为例，仅机电类产品出口就占到总出口的47%。另外加工贸易出口中民营企业出口占比也逐渐提高，加工贸易开始从以外商直接投资企业主导的单纯加工向更多民营企业参与的自主研发和品牌创新延伸，产业链高端发展趋势明显，出口产品的国际竞争力提高，附加值大幅攀升。但与此同时，贸易顺差的急速扩大和汇改后人民币升值都增加了对外贸易的不确定性，使得加工贸易进出口的波动加剧。

4.3.3　加工贸易与一般贸易进出口价格指数的测算与趋势分析

4.3.3.1　加工贸易商品类别的识别

要测算加工贸易的进出口价格指数首先必须有效识别加工贸易特征显著的行业或进出口商品类别，利用加工贸易"两头在外"的特点，本书借鉴了陈学彬等（2007）的识别方法，认为具有持续、稳定顺差的制成品商品类别皆为显著具有加工贸易特征的商品类别。我国进出口统计中使用并公布的商品分类共有两种，一种是《联合国国际贸易标准分类（SITC）》，共分 10 类，下分64 章，先按商品的不同加工程度、再按商品的不同用途分别归类；另一种是《商品名称和编码协调制度（HS）》，共分 22 类，下分 98 章，先按商品的不同基本原料、再按商品的不同加工程度分别归类。按照 SITC 统计，有利于经济分析，按照 HS 统计，则便于国际比较。[①] 考虑到本书研究的需要，主要是针对不同加工程度的商品进行区别并做相应的经济分析，同时也与前后文保持一致，因此使用中国海关统计数据库中 SITC 分类商品进出口额数据并对其进行整理，在总共 10 类商品分类中，0 类、2 类、3 类、5 类、6 类、7 类和 8 类中共有 18 章商品存在完全持续且稳定的顺差，由于本书主要目的是将加工贸易与一般贸易进行对比，为了排除初级产品中一般贸易占比较大的影响，因此只选取制成品中加工贸易与一般贸易的商品类章。为简单起见，本书将制成品类章中持续顺差和偶有逆差的商品类别归属为加工贸易商品，具体列表和相应图示见表 4-9、图 4-8 和图 4-9。

表 4-9　　　　　　　加工贸易和一般贸易的 SITC 商品类章归属

加工贸易与类加工贸易商品类章 （持续顺差商品类章）	一般贸易商品类章 （持续逆差商品类章）
52 章_无机化学品	51 章_有机化学品
54 章_医药品	53 章_染料、鞣料及着色料
62 章_橡胶制品	56 章_制成肥料
66 章_非金属矿物制品	57 章_初级形状的塑料
69 章_金属制品	58 章_非初级形状的塑料
75 章_办公用机械及自动数据处理设备	61 章_皮革、皮革制品及已鞣毛皮
81 章_活动房屋；卫生、水道、供热及照明装置	64 章_纸及纸板纸浆、纸及纸板制品
82 章_家具及其零件；褥垫及类似填充制品	68 章_有色金属
83 章_旅行用品、手提包及类似品	71 章_动力机械及设备
84 章_服装及衣着附件	
85 章_鞋靴	
89 章_杂项制品（章）	
55 章_精油、香料及盥洗、光洁制品	
63 章_软木及木制品（家具除外）	
65 章_纺纱、织物、制成品及有关产品	
76 章_电信及声音的录制及重放装置设备	
78 章_陆路车辆（包括气垫式）	

<hr>

① 摘录于中国经济统计数据库海关月度库的统计说明。

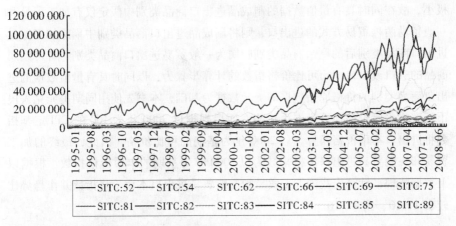

图中原始数据为美元标价，本书利用同期美元平均名义汇率，以 2000 年为 100 的 CPI 指数得到人民币不变价格进出口差额。

数据来源：中国经济统计数据库。

图 4 - 8　贸易余额始终表现为顺差的各类章贸易品贸易余额的变化趋势

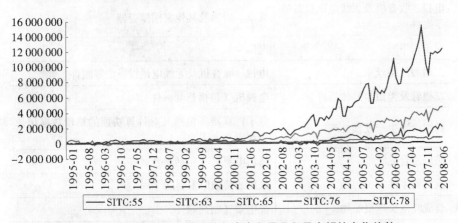

图 4 - 9　贸易余额偶有逆差的各类章贸易品贸易余额的变化趋势

4.3.3.2　加工贸易和一般贸易进出口价格指数的测算与数据处理

根据上述加工贸易特征显著的 17 种商品类章，由于无法直接取得对应商品类章的进出口量值数据，因此本书将海关数据库所提供的同时具有量值数据的进口和出口商品类别分别进行处理，对应 17 种商品类章进行明细归类（具体归类见表 4 - 10），先求出各可归属商品类别的进口或出口本币可比价格指数，而后根据其进口额或出口额在总的 23 种类章商品的总进口额或出口额中所占的比例为权重，计算出 17 类章商品进口价格指数和出口价格指数。为了简便起见，同时考虑到进出口总额中除加工贸易和一般贸易外的其他贸易占比极小，故在同时具有量值数据的制成品进出口商品类别中假定仅有加工贸易和一般贸易两种贸易方式的进出口，则将制成品进出口商品类别中剔除加工贸易进出口商品类别后的剩余商品类别归属为一般贸易进出口商品类别。各可归属商品的进口或出口本币可比价格指数的计算步骤为：以同时具有量值数据的进出口商品类别的价格原始数据即美元数据为基础，本书先使用同期美元兑人民币汇率将美元价格换算为本币价格，而后根据以 2000 年为 100 的 CPI 定基指数将进出口本币价格换算为以 2000 年为基期的可比价格。因此，最终的加工贸易和一般贸易进出口价格指数为以 2000 年为基期的本币价格指数。根据以上数据整理，计算出我国加工贸易和一般贸易进出口本币价格指数并作趋势比较表 4 - 10、图 4 - 10。

表 4 - 10   具有完整进出口量值数据商品类别的贸易方式归属

加工贸易进口商品类别（33 类）	加工贸易出口商品类别（32 类）
ABS 树脂	彩色电视机（包括整套散件）
电视、收音机及无线电讯设备的零附件	餐桌、厨房及其他家用搪瓷器
对苯二甲酸	电扇
二醋酸纤维丝束	电视、收音机及无线电讯设备的零附件
二极管及类似半导体器件	电视机（包括整套散件）
纺织纱线生产及预处理机器	电子计算器（包括具有计算功能的袖珍数据记录重现机）
纺织用合成纤维	黑白电视机（包括整套散件）
航空器零件	家用或装饰用木制品
合成纤维长丝机织物	抗生素（制剂除外）
合成纤维纱线	口腔及牙齿清洁剂
合成橡胶（包括胶乳）	录音机及收录（放）音组合机（包括整套散件）
合成有机染料	毛纺机织物
活塞式内燃机的零件	裘皮服装
己内酰胺	帽类
棉机织物	美容化妆品及护肤品
牛皮革及马皮革	棉机织物
汽车和汽车底盘	棉纱线

加工贸易进口商品类别（33 类）	加工贸易出口商品类别（32 类）
人造纤维短纤	皮革服装
纱线织物等后整理机器	皮革手套
数字式中央处理部件	皮面鞋
数字式自动数据处理设备	普通缝纫机
四轮驱动轻型越野车（包括整套散件）	丝织物
天然橡胶（包括胶乳）	外底及鞋面均以橡胶或塑料制的鞋
涂覆或浸渍塑料的织物	橡胶或塑料底纺织材料为面的鞋
制冷设备用压缩机	鞋
自动数据处理设备的零件	鞋靴零件；护腿及类似品
自动数据处理设备及其部件	亚麻及苎麻机织物
小轿车（包括整套散件）	扬声器
羊毛	医药品
医药品	照相机
乙二醇	织物制手套
原木	织物制袜子
针织机及缝编机	

注：在以上被归属为加工贸易方式的进出口商品类别中，加工贸易进口 33 种商品，其进口总额在制成品进口（52 项）总额中的平均占比达 65%，占所有具有量值数据的进口商品（78 项）总额的平均百分比约 32%。加工贸易出口 32 种商品，其出口总额在制成品出口（90 项）总额中的平均占比为 52%，占所有具有量值数据的出口商品（134 项）总额的平均百分比约为 42%。由于并不是所有进出口商品皆提供完整量值数据，因此该进口和出口占比与进出口总额中 43% 的加工贸易进口占比和 54% 的加工贸易出口占比存在一定的差异，但基本进口和出口之间占比的比较结论基本相同，也就是加工贸易在总出口中的占比要大于加工贸易进口在总进口中的占比。在制成品出口 90 项商品中剔除加工贸易出口后其余商品类别皆归属为一般贸易出口商品；在制成品进口 52 项商品中剔除加工贸易进口商品类别后其余商品类别皆归属为一般贸易进口商品。

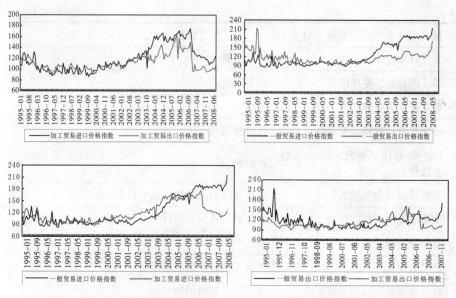

图 4-10　加工贸易和一般贸易进口和出口价格指数的变动趋势及其比较

从趋势图 4-10 来看，加工贸易进口价格指数与出口价格指数的变化趋势基本相同，从整个样本期来看，进出口价格指数的变化可以分为三个阶段。一阶段为样本期初到 2002 年 1 月，此阶段内加工贸易的进口价格指数和出口价格指数都相对稳定，从二者对比来看，进口价格的季节波动要大于出口价格的季节波动，出口价格的季节调整相对平滑。这说明我国在承接外来加工业务过程中，进料加工的进料价格受国际市场影响季节波动明显，同时由于在此阶段内我国国内成本（包括劳动力成本、租金和国内创新成本）变化较小，加工贸易因其"两头在外"特征其出口价格基本为预先设定，因此加工贸易出口价格要相对稳定。第二阶段为 2002 年 2 月～2007 年 1 月，加工贸易进出口价格指数皆呈上升趋势，且波幅大幅度提高。此阶段受到我国加入 WTO 的影响，中国经济开放程度进一步提高，同时国内生产成本明显上升，加工贸易重点区域如珠三角和长三角地区等地劳动力成本相继上升，加工贸易相对饱和，城镇租金上升，加上国内加工环节中创新活动的增加和国内进料成本及其比例的上升等都推动了出口价格的增长。从此阶段进口价格上升的原因来看，国际市场上整体价格水平上升是一个不可忽视的原因，在汇改前后，人们对人民币的升值预期也加剧了进口价格的提升和波幅的增大。第三阶段从 2007 年 2 月至样本期末，进出口价格皆在前期大幅跳水后趋向平稳，进口价格稳中趋降，出口价格稳中趋升，这是人民币升值对进出口价格传导的滞后表现，另外，进出口价格的同时大幅跳水实际上也预兆了之后的世界经济衰退，之后的低水平稳定价格也反映了美国金融危机之后世界经济衰退这一基本现实。

4.3.4 人民币汇率变化对分贸易方式进出口价格的传导估计比较

4.3.4.1 模型设定和变量选择

人民币汇率变化对加工贸易进出口价格的影响有其特殊的影响机制。就一般贸易而言，一国汇率变化，会同时对其进口和出口价格造成直接的即时影响，就长期而言，汇率变化通过对进口价格先行传导，当进口的是中间品或资本品时，而后通过影响国内生产成本而影响到国内出厂价格，进而间接影响到出口品的价格；若进口的是消费品，则继后影响国内竞争品的生产及其价格，进而长期内也间接影响到出口品的价格。但就加工贸易而言，其进口直接服务于出口，其进出口本身及其价格与国内竞争市场关系并不密切，进口由出口决定，也最终由国际市场需求决定，与国内需求基本无关，因此其进口价格主要由国际市场的供求决定，而出口由于其成本大部分来自进口，出口价格必定直接受进口价格的影响。同时，在国内加工环节中增值部分和加工企业利润部分的变化也会影响到出口价格，因此出口价格还将受到国内劳动力成本、租金成本、国内进料成本和国内加工环节中的创新成本和企业成本加成等因素的影响。当然，汇率作为国际宏观经济变量其变化和波动也同样毫无疑问的影响到加工贸易的进出口价格。具体模型如下：

$$jgpm = f(wpx, wip, e_{pm}, v_{epm}) \tag{4-16}$$

$$jgpx = f_1(wip, jgpm, pxc, e_{px}, v_{epx}) = f_2(wip, wpx, e_{pm}, v_{epm}, pxc, e_{px}, v_{epx}) \tag{4-17}$$

式中，$jgpm$ 和 $jgpx$ 分别为加工贸易进口价格和加工贸易出口价格；

wpx、wip 和 pxc 分别表示世界出口价格、世界工业产值和国内商品出口成本；

e_{pm} 和 e_{px} 分别表示以进口加权和出口加权的人民币名义有效汇率；

v_{epm} 和 v_{epx} 表示以进口加权和出口加权的人民币名义有效汇率的波动率。

上述模型表示加工贸易进口价格由微观的供给与需求和国际宏观变量三方面决定：其供给由 wpx 表示，其需求由 wip 表示，国际宏观变量由进口加权的汇率及汇率的波动来表示。加工贸易出口价格同样由供给、需求和宏观金融变量三方面决定，需求方面以 wip 表示，供给或成本方面分两个部分，即成本中来自进口的部分和来自国内的部分，分别由 $jgpm$ 和 pxc 表示，宏观金融变量即表示为以出口加权的汇率及其波动。

而一般贸易的价格决定虽然同样由进出口市场供需因素和国际宏观经济和金融因素决定，但其内在机制却有所差异。一般贸易进口价格的需求因素不再是国际需求而是国内需求，因此与国内收入有关，同时国内和国际市场同类竞争品的价格水平也会对进口价格产生一定的影响。其出口价格则受世界收入、国内生产成本、世界市场竞争价格等因素的影响。故其具体模型可以表示如下：

$$ybpm = f(y_d, pxc, wpx, e_{pm}, v_{epm}) \qquad (4-18)$$

$$ybpx = f(wip, pxc, wpx, e_{px}, v_{epx}) \qquad (4-19)$$

式中 $ybpm$ 和 $ybpx$ 分别表示一般贸易进口价格和一般贸易出口价格，y_d 表示国内收入，其他变量说明同加工贸易模型。

4.3.4.2 参数估计与模型检验

根据上述不同贸易方式下进出口价格决定理论，该部分对加工贸易进口价格、加工贸易出口价格、一般贸易进口价格和一般贸易出口价格的影响因素建模，对各参数系数进行估计并进行模型检验。与加工贸易和一般贸易进出口价格数据相一致，其他各变量的样本区间皆为 1995 年 1 月至 2008 年 8 月，代表两次制度变化的虚拟变量分别以 dwto 和 der 表示，其中 dwto 的数据序列中以 1995 年 1 月到 2001 年 12 月为 0，其余为 1，以辨别我国加入 WTO 对各贸易方式进出口价格的影响；der 的数据序列中以 1995 年 1 月到 2005 年 6 月为 0，其余为 1，以辨别我国汇率制度改革对各贸易方式进出口价格的影响。在各模型所有解释变量和被解释变量中，除了汇率波动变量直接使用波动率数据外，其他所有变量序列数据皆经过取对数处理，以考察各解释变量对被解释变量的影响弹性，同时考虑到使用的是月度数据，本书对所有变量序列都进行了季节调整以剔除季节因素对序列变化的影响。另外，模型中所有国内名义变量都使用以 2000 年为 100 的中国 CPI 定基指数对各名义变量进行了处理，将各名义变量转化为实际变量，以剔除通货膨胀对各变量的影响。在模型比较中，本书针对加工贸易出口价格决定理论模型的两种方式，在实证部分也对应地采用了两种计量模型，jgpx 1 模型中加工贸易进口价格作为解释变量直接进入模型，jgpx 2 中加工贸易进口价格因子并不直接进入模型，而是将加工贸易进口价格的决定因素（如 wpx、wip、e_{pm} 和 v_{epm} 等）直接作为出口价格模型的解释变量。同一被解释变量，两种不同的解释方法，可以更全面地了解加工贸易出口价格的决定机制。具体见表 4-11。

表 4-11 加工贸易与一般贸易进出口价格的汇率传导参数估计与模型检验结果

Dep. var	$jgpm$	$jgpx1$	$jgpx2$	$ybpm$	$ybpx$
e_{pm}	-0.828 (-6.242)			-0.082^* (-1.230)	
e_{px}			-0.801 (-6.44)		-0.149^* (-1.148)
wip	0.82 (3.469)	-0.431 (-4.539)			-0.2376 (-3.414)
y_d				0.3971 (15.534)	
$jgpm$		0.558 (16.01)			
pxc				-0.504 (-5.072)	-0.4379 (-3.643)
wpx				0.4813 (12.996)	0.4539 (10.253)
$dwto$	0.255 (10.4)	0.032^{**} (2.101)	0.15 (10.64)		
der	0.073^{**} (2.4)	0.026^* (1.788)	0.899 (5.225)	0.0339^{**} (2.554)	0.0315^{**} (2.2118)
v_{epx}		0.849 (3.876)		0.3883 (3.2665)	
$\bar{R}^2$	0.756	0.841	0.673	0.9106	0.6494
$F - stat.$	126.89	216.02	84.97	415.96	61.387
$D - W$	0.346	1.057	0.431	0.6889	1.3999
MRes. ADF test	-3.933 -2.879	-3.631 -2.879	-2.923^{**} -2.879	-3.1683 -2.8794	-7.0648 -2.8793

注：表中括号内表示 t 统计量的值。

根据以上估计和检验结果，对加工贸易和一般贸易进出口价格的决定机制进行分析基本可以得到以下几个方面的结论：

（1）人民币汇率变化对我国加工贸易进口价格和出口价格长期内都存在显著影响，且皆为显著负影响，即人民币升值将导致加工贸易的进口价格和出口价格都降低，人民币汇率对加工贸易进出口价格形成负传递，且对进口本币价格和出口本币价格的传导率基本接近，二者皆高达80%以上，也就是说，人民币每升值1%，则加工贸易的进口价格和出口价格都将下降0.8%。这说明，在我国加工贸易的进出口市场上基本上都以外币定价，在面临汇率变化（如人民币升值）时，以外币定价的进口其本币价格相应下降，进口厂商得到了人民币升值的大部分好处；而以外币定价的出口其本币价格也相应下降，出口方承担了人民币升值的大部分损失。假定进出口为同一厂商，则该厂商得到了80%的进口价格下降的好处，而产生了80%出口价格下降的损失，就同一厂商而言，由于出口价格必定高于进口价格，因此可以断定，在人民币升值过程中，该加工贸易厂商的人民币利润将遭受损失。就一般贸易而言，人民币汇率变化对其进口价格和出口价格长期内影响都非常小（对本币价格的传导率都低于15%）且不显著，这说明贸易方式对人民币汇率的价格传导有影响，但在不同的贸易方式下，汇率的价格传导机制发生变化，从而导致传导率和显著程度的差异。

值得进一步解释的是，导致不同贸易方式下汇率变化对出口价格传导程度不同的根本原因在于出口商生产成本中投入要素来源的差异。一般贸易出口商生产过程中的生产原料来自国内，汇率变化对其出口价格的传导只受海外市场需求的影响，原料来源因素对汇率的贸易效应影响呈中性，如果其他条件保持不变，人民币升值并不改变出口的人民币价格或是受其他因素影响对出口本币价格的降低非常少；但加工贸易出口商生产过程中的生产原料部分甚至全部来源于国外，由于汇率变化已经先行影响进口价格，人民币升值降低进口价格从而降低加工贸易出口商的生产成本，增加其利润空间，出口商为扩大其市场份额，往往对出口产品实施降价措施，故升值导致我国出口外币价格上升的效应因此而被削弱，人民币升值对加工贸易出口本币价格的传导加大，且加工贸易出口中进口成本比例越高，出口本币的汇率传导程度越高。

（2）对比加工贸易和一般贸易的进口价格模型，在一般贸易进口价格模型中，进口价格受到国内收入和国内与世界竞争价格的影响，而加工贸易进口价格中，这三个变量的影响都不显著，但它显著地受到世界收入的影响，且影响系数高达0.82。这进一步确证了本书理论模型设定的正确性，即加工贸易进口本身与国内市场并无直接关系，而是由国际市场的需求决定。就制度变化的影响而言，两次制度变化对加工贸易的进口价格皆产生显著正影响，且加入WTO的影响要大于汇率制度改革的影响，但对于一般贸易进口价格而言，仅汇率制度改革变量的影响显著，且影响系数甚小。

（3）对比加工贸易和一般贸易的出口价格模型，有三个变量的影响值得进行解释：一是wip，加工贸易出口价格和一般贸易出口价格都受到该变量的显著负影响，即世界收入的增加都导致我国任何一种贸易方式的出口价格降低，这与传统经济理论中收入的增加导致需求增加从而价格上涨的观点不符，这可能有几个方面的原因：一方面，这说明我国出口产品整体而言在国际市场上的竞争力较差，世界收入增长加快，国际市场对我国出口的这些商品需求下降，从而导致出口价格下降；另一方面，也可能是因为世界收入增长在需求扩张的情况下推动了产品的创新发展，间接导致了成本的节约，从而使得出口产品价格下降。另一需要解释的变量是制度变量 $dwto$，我国加入 WTO 这一制度变化对我国不同贸易方式下的出口价格影响不同，加入 WTO 对我国加工贸易出口的价格都有显著正影响，而对我国一般贸易出口价格的影响并不显著。这说明我国经济的进一步开放促进了我国加工贸易的发展，但对一般贸易的影响并不显著。最后，还有汇率波动率 v_{epx} 对不同贸易方式下的出口价格都有显著正影响，但对加工贸易出口价格的影响程度为 0.849，要远高于对一般贸易出口价格的影响程度 0.388。

4.4　影响人民币汇率传导的因素分析

根据国内外研究所得出的各种结论，影响汇率传导程度的因素基本可归纳为两种。一是宏观因素，主要有：经济规模、进口在国内（或国内行业）总消费中的占比、汇率制度安排、贸易保护和通胀水平等。二是微观因素，主要有：进出口商品结构和行业结构、产品差异程度或市场竞争程度、进入国内市场的外国厂商数量占比、进口品成本中沉淀成本的占比、跨国公司内部贸易、定价或结算货币的选择和各贸易商品的供需价格弹性等。因此可以将汇率传导因素分析的一般模型表示如下：

$$pt = f(y, od, s_{im}, \eta_{imd}, err, ntb, inf; soi, pdf, nof, sc, mnc, cc, \eta) \quad (4-20)$$

式中，pt 为汇率传导程度，作为模型的因变量，在不同研究中可以有不同的表示，具体可以表示为一国汇率对进口价格的总传导、一国汇率对出口价格的总传导；

y 为经济规模变量，用我国国民生产总值或国民收入指标表示；

od 为经济开放度，可以用外贸依存度来表示；

s_{im} 为进口品在国内（行业）消费中所占的比例；

η_{imd} 为进口品与国产品之间的替代弹性；

err 为汇率制度安排，在 2005 年 7 月之前为固定汇率制度，之后为浮动汇率制度；

ntb 非关税壁垒或数量限制，在我国对外开放过程中，出口导向经济的发展战略使我国采用了大量的出口退税和最惠国待遇政策，因此，关于贸易保护方面的指标，本书采用出口退税指标为代理变量；

inf 为我国国内通货膨胀水平，用消费者价格指数的变化率来表示；

soi 为进口或出口内部的行业结构指标，本书采用工业制成品及其重要构成行业〔如电子机械行业、纺织服装行业、原材料（以钢材行业为代表）、能源行业、食品行业等〕的进口或出口在总进口或总出口中的占比来表示；

pdf 为贸易产品差异程度或市场竞争程度变量，本书用产业内贸易指数 *iit*（Intraindustry Trade）作为代理变量；

nof 为进入国内市场的外国厂商在国内市场厂商总量的占比；

sc 为进口品成本中沉没成本的占比；

mnc 为跨国公司内部贸易对总贸易的占比，本书采用国内跨国公司总市价为替代变量；

cc 为定价货币选择的虚拟变量，有目的地货币定价 LCP 或生产地货币定价 PCP；

η 为进口或出口商品的需求弹性，考虑到我国进口的供给来自世界市场，供给弹性小，因此只考虑进口或出口商品的需求弹性变量。

就汇率变化的价格传导而言，我国人民币汇率变化的价格传导模式可能由于多方面的原因而与主流分析中汇率—价格传导模式存在差异，且总的汇率传导程度也将会与发达国家的传导程度有较大差别。主要原因有以下几个方面：①加工贸易占比较大。长期以来我国加工贸易占进出口总额之比一直大于一般贸易占进出口总额之比，直到 2008 年这一局面才得以调整，加工贸易占比首次低于一般贸易，但即使如此，截止到 2008 年 10 月，加工贸易在总贸易中的占比仍高达 47.5%。由于加工贸易"两头在外"的性质，出口产品成本中包含了大量的进口成分，出口价格受汇率变化的影响将因为进口已受汇率影响而被削弱，这与传统汇率—价格传导理论研究的一般贸易假设相违背，因此大规模的加工贸易势必降低人民币汇率变化对出口价格总水平的传导程度，人民币升值对出口价格的推高作用并不显著。②进口替代程度低。我国总进口中占比最大的是源自发达国家的机械及运输设备类产品的进口，国内同类竞争产品的竞争能力弱，加上我国国内投资需求旺盛，这导致我国进口需求弹性小，在国际市场上进口的议价能力弱，这使得人民币升值对进口价格的降低作用也受到局限。③在出口市场上，结算货币的选择和"因市定价"（Pricing to Market）使人民币汇率变化所导致的出口价格变化面临不确定性。人民币的非自由兑换性质使得结算货币大多采用美元和欧元等其他国际货币，同时，我国出口商品的国际竞争力不高，使得出口商为确保海外市场份额而在人民币升值时更多采用"因市定价"原则，降低出口产品的人民币价格以保持外币价格的稳定。这大大降低了人民币升值对出口外币价格的传导程度。基于以上原因，我国汇率传导的因素分析模型可修正为：

$$pt = f(y, od, s_{im}, \eta_{imd}, err, ntb, inf; soi, pdf, nof, sc, mnc, \eta; pct) \qquad (4-21)$$

式中 pct 为加工贸易占比（Processing Trade Proportion），其余各变量的经济解释同上。

由于汇率传导率的连续数据的缺乏和估计难度，本书暂时未能对汇率传导率序列进行估计，因此无法对上述汇率传导的影响因素理论进行实证检验，这部分研究有待在未来学习和进一步研究中掌握新的软件工具和计量方法，对我国汇率传递率的影响因素进行进一步的实证检验和经济解释。

4.5 本章结论及政策分析

汇率变化的价格传导作为汇率影响贸易收支的第一个因素，其对进口价格与出口价格传导率的估计和检验有其突出的重要性。本章通过对我国进口本币价格和出口本币价格的决定因素进行建模，对人民币汇率变化的进出口价格总传导率在完整样本期内进行了估计，同时还对进出口价格传导率在不同的制度变化前后进行了分段估计。考虑到行业差异可能对汇率的价格传导率产生影响，本章还对汇率传导率的估计进行了分行业处理，以分析不同行业类型对汇率传导率的影响差异。另外，考虑到我国对外贸易中加工贸易方式进出口的特殊性，本章还分贸易方式（主要是加工贸易方式和一般贸易方式）对人民币汇率的进出口价格传导率进行了估计和比较分析。本章结论基本如下：

（1）就汇率变化对进出口价格总指数的传导而言，在完整样本期内进口加权的人民币名义有效汇率对我国进口本币价格总指数存在显著影响，其二者呈负相关关系，也就是说随着人民币汇率的上升我国进口本币总价格将下降，这说明我国进口品市场上具有以美元或其他外币定价的基本特征。出口加权的人民币名义有效汇率长期内对人民币出口价格指数也存在显著负影响，人民币升值将导致出口的人民币价格总指数下降，这反映了我国出口皆以外币定价，为了保障海外市场份额，国内出口商在面临人民币汇率升值时采取因市定价，主动降低出口的人民币价格，自主吸收一部分因汇率上升带来的影响。就进口价格与出口价格受汇率传导程度的比较而言，汇率对进口价格的传导要大于对出口价格的传导，这也反映了汇率先影响进口而后影响出口的基本经济现实。

在分段样本期内，以加入 WTO 为界的分段回归差异显著，以汇改为界的分段回归差异不显著，加入 WTO 之前，人民币进口有效汇率与进口价格总指数呈显著正相关，而在加入 WTO 之后，二者呈显著负相关。这与不同样本期内不同的汇率预期和汇率波动程度有关，加入 WTO 之前，人民币进口有效汇率升值，导致国际金融市场对人民币存在贬值预期，同时此阶段人民币进口有效汇率的波动较大，基于这两重原因，出口厂商为减少人民币汇率调整带来的可能损失，从而提高出口价格导致我国进口本币价格上升，汇率与进口价格呈正相关；而在加入 WTO 之后，人民币进口有效汇率贬值，导致国际金融市场对人民币预期升值，出口商为保持市场份额，下调出口价格，从而导致人民币进口价格下降，汇率与进口价格之间呈负相关。

（2）就汇率变化对分行业进出口价格指数的传导而言，人民币汇率变化对我国初级产品进口价格与对工业制成品进口价格的传导程度二者较为相近。而在各制成品进口商品类别之间，人民币汇率变化的传导程度存在较大差异，人民币汇率变化对医药化工制成品进口价格的传导程度最高，超过 1，其次是机械运输类、电子类和轻纺类进口价格，传导程度最低的是钢材类成品的进口价格，仅 0.39，可以看出，加工程度高且生产过程复杂的产品其进口价格的汇率传导程度要更高一些。

就分行业的出口价格变化而言，汇率对初级产品的出口本币价格的传导要远大于对制成品出口本币价格的传导，升值会直接造成初级产品出口商的损失。在制成品内部，电子类、基础材料类和机械运输类出口本币价格受升值影响较大，这与这些行业出口目标市场的成熟度低和竞争力弱直接相关。而轻纺类和杂项类的出口，由于这两类制成品是我国传统的劳动密集型出口产品，而且加工贸易比重较大，出口市场成熟稳定，升值对这两个部门出口本币价格影响较小，大部分升值的影响都传导至目标市场的进口价格。

（3）就汇率变化对分贸易方式进出口价格的传导而言，人民币汇率变化对我国加工贸易进口价格和出口价格长期内都存在显著高度的负影响，而对一般贸易的进口价格和出口价格长期内影响都非常小（对本币价格的传导率都低于 15%）且不显著，这与加工贸易特有的"两头在外"的贸易方式有关。这说明人民币升值将主要对我国加工贸易的出口产生冲击，而对一般贸易的出口影响相对较小。

基于以上基本结论，本书提出以下几点政策建议：

（1）人民币的非自由兑换特征将制约我国进口和出口结算货币的选择，进出口结算货币的外币化使得我国以人民币表示的进口价格与出口价格的汇率传导程度将始终偏高，不稳定的汇率和汇率预期将增加人民币进出口价格的波动，这将进一步增加我国进出口厂商利润的不确定性。因此，与我国当前外贸规模及其增长和外经贸领域的快速发展相适应，人民币的国际化进程应当得到适当的推进。

（2）要维持一国进出口价格的相对稳定，其根本就是掌握定价的主动权。一国进口的货品往往是其比较劣势商品，其价格往往由出口商决定，但我国不管进口或出口，其定价权基本掌握在贸易伙伴对方手中，这说明虽然我国出口数量在不断增加，但出口产品的国际竞争力相当有限，出口价格都相对低廉，甚至我国出口价格与世界收入呈现负相关关系。这就要求我国出口企业在未来的出口竞争中，不是大打价格战，而是努力提高我国出口产品的竞争能力，在产品质量、营销推广、品牌创新等方面做出成绩，同时在企业内部要不断提升企业经营管理水平、实施有效的成本节约，在拥有真正高利润的基础上，掌握定价的主动权，即使非本币结算，也可以降低汇率传导程度，减少汇率风险。

（3）基于人民币升值对我国加工贸易进出口价格的影响要大于对我国一般贸易进出口价格的影响，人民币升值将降低我国加工贸易的进口价格和出口价格，致使加工贸易企业人民币利润减少，加上我国近年来国内成本的不断上升，加工贸易企业的生存与发展面临着前所未有的困难。考虑到我国加工贸易大部分集中于传统劳动密集型行业，对我国就业和社会稳定仍将起到积极的作用，因此未来应该稳定人民币预期，减缓人民币升值的步伐，给加工贸易的转型和进一步发展提供汇率支持，而不是压力。

5 我国进出口价格弹性的
估计与检验

在研究汇率对贸易收支的影响研究中，汇率变化对贸易价格的传导是第一个环节，本书第四章集中完成了对我国人民币汇率变化的各类贸易价格传导的估计和分析，在本书第五章则需要对汇率的贸易收支效应的第二个影响因素进行完整阐述，主要是估计各类贸易价格变化对相应贸易数量的影响弹性及各弹性的动态特征，也即对我国各种不同分类进出口商品的 ML 条件进行估计和经济分析。

5.1 国内 ML 条件和进出口价格弹性估计的文献回顾

国内关于我国贸易弹性的研究非常多，有总量弹性分析，也有双边弹性分析，还有少量分行业价格弹性的分析。在关于 ML 条件在我国是否成立的各个研究中，由于在样本选取、模型设定、数据处理和计量方法的选择甚至是对 ML 条件的具体定义方面都存在较大差异，得到的结论也因此而大相径庭。国内对各类进出口需求价格弹性进行估计的研究，根据其模型设定、估计方法的使用等基本可以分为两个阶段。

在上世纪 90 年代，基本都是采用单方程进行回归，并大多采用 OLS 估计方法，对当期弹性值进行估计。最具代表性的对总量弹性进行分析的结论大致可以分为三种：一是我国进出口需求的价格弹性严重不足，ML 条件在中国不成立。厉以宁（1991）运用 1970—1983 年的数据进行总量弹性分析，发现进出口需求的价格弹性分别为 -0.6871 和 -0.0506，二者之和的绝对值小于 1，不能满足 ML 条件，人民币贬值不但不能改善我国贸易收支，反而减少顺差或增加逆差。持类似观点的还有张明（2001）等。二是 ML 条件基本成立，人民币汇率变化对我国贸易收支的影响较小。陈彪如（1992）运用 1980—1989 年的数据对我国进出口价格指数和贸易量进行回归，发现我国进出口的价格弹性分别为 -0.3007 和 -0.7241，二者之和正处于 ML 条件的临界值，汇率变化对贸易收支的影响中性，经济的总体增长才能改善贸易收支。三是 ML 条件完全成立，人民币贬值将大幅增加我国贸易顺差。戴祖祥（1997）运用我国 1981—1995 年的数据对我国出口需求的价格弹性进行了估计，发现仅出口需求的价格弹性就显著大于 1，认为人民币贬值有利于改善我国的贸易收支。

在最近十年的研究中，单方程的 OLS 回归虽然仍有使用，但更多的出现了使用多项式分布滞后模型（ARDL）、向量自回归模型（VAR）、协整（Cointegration）和误差修正（VECM）模型等新的模型设定来对进出口需求价格弹性的长期均衡和短期动态变化特征等进行研究。在估计方法上也有了新的发展，已有文献中已开始出现使用最大似然估计和非线性参数估计等方法。各研究的基本结论也渐趋一致，基本上都认为 ML 条件在不同时期内不同程度上成立，人民币汇率调整对我国贸易收支能起到一定的改善作用。卢向前、戴国强（2005）运用协整向量自回归模型对 1994—2003 年人民币实际有效汇率与我国进出口之间的长期关系进行检验，得出人民币实际汇率对我国进出口存在显著影响，ML 条件成立，但存在 J 曲线效应。董继华（2008）根据不完全替代理论建立进出口需求模型，使用非参估计方法对 1990 年 1 季度到 2006 年 2 季度的相关数据进行估算，在计算 ML 条件的同时还进一步结合我国实际计算了毕克迪克－罗宾逊－梅茨勒条件在中国是否成立，结果表明，我国的 ML 条件在当期值小于 1，而滞后 1－4 期的长期值大于 1，之后汇率的影响消逝，这与修正后的 BRM 条件的结论一致。说明我国汇率调整不利于当期的贸易收支改善，但在长期内改善贸易收支的作用显著。但此阶段仍有个别研究得出完全不同的结论，曹永福（2005）运用中国的季度一般均衡模型估计出我国出口的价格弹性很低，不同时期的估计值在 -0.27 到 -0.56 之间，而进口的价格弹性则非常地接近于 0，人民币升值不能有效降低我国的巨额贸易顺差。

国内还有一部分文献对我国进出口的双边价格弹性进行了研究，如辜岚（2006）沿用博伊德（Boyd，2001）的框架使用结构协整向量回归分布滞后模型（VARDL）对 1997 年 1 月~2004 年 12 月的中国与美国、加拿大、韩国、欧元区国家和马来西亚五个经济体的贸易收支和汇率之间的关系进行回归，结果表明，ML 条件仅在中美和中欧之间成立，但由于美欧是我国最大的贸易伙伴，因此足以说明人民币汇率变化可以改善我国贸易收支。朱真丽、宁妮

（2002）运用 1981—2000 年的数据对中国与美国、日本和中国香港三个经济体的双边进出口价格弹性进行估计，得出与三个贸易伙伴的进出口价格弹性的绝对值之和都大于 1，ML 条件成立，人民币贬值能够改善中国与各国的贸易收支。但由于对不同贸易伙伴而言进出口结构存在差异，故进出口价格弹性的大小也有所不同。

到目前为止，仅有极少的文献（范金等，2004）对不同行业的进出口需求弹性及 ML 条件进行具体讨论，范金等（2004）认为，在中国大部分行业的出口价格弹性小于 1，而进口价格弹性小于或接近于 1，适当提高出口价格有利于增加出口部门的收入。如果只考虑汇率对贸易收支总额或总差额的影响，行业研究是不必要的，但要分析汇率对不同行业贸易收支差额的影响尤其是对不同行业出口的影响，就必须要对进出口需求弹性进行分行业研究，以进一步了解汇率变化带来的行业影响差异，为各行业在应对汇率调整时提供一定的理论参考。

本书接下来在对我国进口和出口需求的总价格弹性进行估计的基础上，对应汇率传导研究部分的分行业标准，对各不同行业的进出口需求价格弹性进行估计，另外也继续分贸易方式考察不同贸易方式的进出口需求弹性的大小并进行比较分析，以进一步明确我国 ML 条件在总贸易、分行业贸易和分方式贸易中是否成立，为第六章汇率变化的贸易收支总效应提供有关贸易弹性的理论和数据支持。考虑到全书的系统性要求，本书将不进行双边贸易中价格弹性的估计，并将此留待以后作进一步研究。

5.2 关于我国进出口数量与价格的基本描述

本书在我国进出口数量指数的编制过程中所使用的基础数据与进出口价格指数的编制基础数据完全一致，都是使用了由海关月度数据库提供的 78 类进口商品和 134 类出口商品进出口量值在 1995 年 1 月到 2008 年 8 月的数据。以进口数量指数为例，先根据已经获得的同具量值数据的进口商品类别的进口量原始数据，将其以 2000 年的平均进口量为 100 进行指数变换，得出分商品类别的进口数量指数，而后以对应商品类别的进口额在 78 类商品进口总额中的占比为权重，对分类商品类别的进口数量指数进行加权加总，得到我国进口数量总指数。为了考察不同类别商品的价格数量关系，本书还对进口数量指数进行了分商品大类的计算，具体有三个层次的分类：第一层分类为初级产品和制成品的分类；第二层分类为制成品内部进一步划分为电子、轻纺、机械运输、基础材料和医药化工等五类；第三层分类为分贸易方式计算进口数量指数，具体为加工贸易进口数量指数和一般贸易进口数量指数。关于出口数量指数的编制与进口数量指数的编制方法一致。

从本书编制的进出口数量总指数和分类指数来看，自1995年以来进口品物价指数的变化大致可以分为两个阶段，第一阶段为1995年到2001年底，也就是我国加入WTO之前，进出口数量指数基本稳定，进出口的增长极其缓慢，且波动非常小。进口数量与出口数量之间基本保持平衡。第二阶段为2002年初到样本期末，即加入WTO之后，进出口数量的增长速度大幅度提高，在快速增长过程中波幅也显著增大。进口数量与出口数量的对比在此阶段内经历了一次调整，2004年7月前，进口数量大于出口数量，之后则出口数量赶超进口数量并大幅攀升。在整个阶段内，进口数量的上涨幅度为200%，而出口数量的上涨幅度高达600%以上。从初级产品和制成品进出口数量的变化的比较可以看出，出口数量总指数的大幅攀升是因制成品出口数量的猛增形成的。而制成品出口数量的猛增又主要来自于机械运输类出口数量的猛增，当然电子产品出口量的较快增长也起到了一定的帮衬作用。具体见图5-1、图5-2。

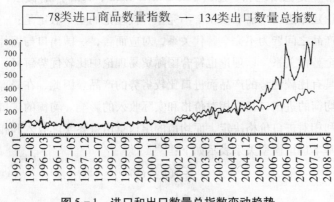

图5-1　进口和出口数量总指数变动趋势

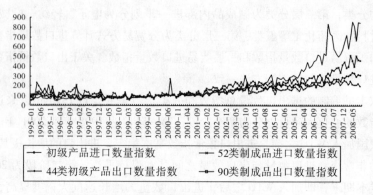

图 5-2　初级产品和工业制成品进口与出口数量指数变动趋势

5.3　中国进出口需求的价格弹性估计与检验

5.3.1　模型设定、变量选择与数据处理

本书借鉴戈德斯坦和卡恩（Goldstein & Kahn，1985）的做法，根据不完全替代理论建立进出口需求模型。不完全替代理论的基本假定是：一国的进口品与国内产品之间皆为不完全替代关系，对应而言，一国出口与国外产品之间也为不完全替代关系。该理论也符合国际贸易理论中比较优势解释，认为贸易国家出口具有比较优势的产品而进口比较劣势的产品。因此，在局部均衡框架下，一国均衡的进出口只受相对价格和实际收入的影响。均衡的进口量由国内实际收入和相对进口价格决定，而均衡的出口量由世界实际收入和相对出口价格决定。基本理论模型关系表示如下：

$$q_m = f(p_m, y_d) \tag{5-1}$$

$$q_x = f(p_x, y_w) \tag{5-2}$$

式中 q_m 和 q_x 分别表示出口数量和进口数量；p_m 和 p_x 分别表示进口和出口的相对价格；y_d 和 y_w 分别表示国内实际收入和世界实际收入。关于进出口需求函数的具体形式，大部分的国内外研究（厉以宁，1991；陈彪如，1992；戴祖祥，1997；朱真丽、宁妮，2002；董继华，2008 等）基本上都采用柯布—道格拉斯（C-D）函数形式，而且在以上各个实证研究结果也都表明此种函数形式是符合经济现实的。本书也将采用此种函数表达式，具体表示如下：

$$q_m = c_m p_m^{\alpha_m} y_d^{\beta_m} \tag{5-3}$$

$$q_x = c_x p_x^{\alpha_x} y_w^{\beta_x} \qquad\qquad (5-4)$$

式中 c_m 和 c_x 皆为大于0的常数，分别表示除了收入和价格以外影响进出口数量的其他因素，如消费者偏好等；α_m 和 α_x 分别表示进口需求的价格弹性和出口需求的价格弹性；β_m 和 β_x 则分别表示进口需求的收入弹性和出口需求的收入弹性。就微观经济理论中的均衡数量、价格与收入之间的关系来看，本书预计进出口需求的价格弹性系数为负，而收入弹性系数为正。

根据以上理论模型，将模型中具有时序特征的各变量数据进行季节调整，以去除季节因素的影响，并对进出口需求等式两边都取对数，计量模型形式表示如下：

$$\ln q_m = \ln c_m + \alpha_m \ln p_m + \beta_m \ln y_d \qquad (5-5)$$

$$\ln q_x = \ln c_x + \alpha_x \ln p_x + \beta_x \ln y_w \qquad (5-6)$$

5.3.2 我国进出口需求的总价格弹性和分类价格弹性估计

在诸多研究贸易弹性的文献中，由于未能直接取得进出口价格和进出口数量的数据而将对应变量采用各种不同变量数据来替代，难免会因为变量选择和数据处理导致结论的差异性。比如董继华（2008）在数据处理时将进出口额指数化后来替代进出口需求量，这使得根据模型计算出的价格弹性的实质意义不再是价格与数量之间的弹性意义。朱真丽、宁妮（2002）使用了进出口数量数据，但其用商品产地的批发物价指数乘以汇率等于进（出）口价格指数的做法值得商榷，有关数据处理的说明也不甚清晰。戴祖祥（1997）在出口需求模型中对外国收入和外国价格的处理过于简单，仅用了美国和日本两个国家的相关数据简单平均，虽在当时的研究中具有一定的合理性，但就目前我国对外贸易的现实来看，已不能简单沿用此种做法。卢向前、戴国强（2005）在其研究中直接使用了汇率对进出口额的影响，其估计结果实际上是贸易余额的汇率弹性，而非价格弹性，显然，根据 ML 条件的准确定义，即使汇率贬值能改善贸易收支，这一结果并不必然是 ML 条件成立的直接结果，应该还包含了汇率传导和汇率对收入等其他方面宏观影响的结果。曹永福（2005）也曾就贸易弹性中的汇率弹性与价格弹性进行过区分，因此本书认为，卢向前与戴国强（2005）对 ML 条件的判断可作更进一步的考虑。

本书贸易价格弹性的估计模型中直接使用海关月度库提供的进出口数量（原始）和根据进出口分类商品量值数据得到的进出口价格数据，因此，模型中使用的关于价格和数量的数据实际上是均衡的进出口量和均衡的进出口价格。以出口量和出口价格为例，此处的出口量既是国内出口供给量也是外国对中国出口的需求量，同样地，出口价格既是本国的供给价格，又是以人民币表示的外国需求价格。在进行进出口总数量与总价格的计算时，由于数量与价格的不可比性，因此将各商品类别的进出口量与进出口价格都以2000年的月平均数据为基数进行了指数化处理，求得进出口数量和价格的总指数与分类指数。由于海关提供的进出口额原始数据皆为美元数据，因此运用同期人民币对美元的月度平均汇率数据将美元名义价格转化为人民币名义价格。之后将各类人民币名义价格指数皆运用同期月度中国CPI指数对其进行了从名义价格指数到实际价格指数的转化。国内实际收入变量采用中经数据库所提供的消费品零售总额替代，并使用以2000年为基期的CPI将其从名义值转化为实际值。外国实际收入变量数据来自IMF的IFS数据库，因为本书研究的是多边贸易出口的需求，因此以世界工业生产指数中发达国家工业生产指数替代。基于样本期内两次制度变化可能对进出口数量的变化造成影响，因此在模型中引入了中国加入WTO和2005年汇率制度改革两个制度变量，分别用虚拟变量 $dwto$ 和 der 来表示。

在方法上，传统的贸易弹性研究大多是基于时间序列的单方程OLS估计和多变量的协整分析，考虑到细分商品类别数据中包含有指标、行业和时间的三维信息，且在自变量和因变量中同时存在对应行业数据，因此面板（Panel Data）或综列（Pool Data）数据更能反映截面和时序的双重特征，有利于对行业差异和结构变化同时进行分析，基于此本书采用标准的面板数据分析方法。因此面板数据对均衡的进口量和出口量的基本模型可以进一步表示如下：

$$\ln q_{m_{it}} = \lambda_{m_{it}} + \alpha_{m_{it}} \ln p_{m_{it}} + \beta_{m_{it}} \ln y_{d_t} + \mu_{m_{it}} \qquad (5-7)$$

$$\ln q_{x_{it}} = \lambda_{x_{it}} + \alpha_{x_{it}} \ln p_{x_{it}} + \beta_{x_{it}} \ln y_{w_t} + \mu_{x_{it}} \qquad (5-8)$$

就整个进出口数量模型和数据运用来看，进出口数量模型中都包含8（N）个商品类别、每一序列都涵盖1995年1月到2008年8月共164（T）个观测值，进出口数量模型中都有5（$k+1$）个经济变量，1个被解释变量和4个解释变量，解释变量中2个为实际变量，2个是关于制度变化的虚拟变量，虚拟变量在两模型中都相同，但实际变量存在差异：进口数量模型中的3个实际变量分别为进口数量、进口价格和国内收入；出口数量模型中的3个实际变量分别为出口数量、出口价格和世界收入。其中 i 为8个进出口商品的基本分类，0代表总指数，1代表初级产品指数，2代表制成品指数，另5个分类皆为制成品内部的分类，在进口模型中，21～25分别表示电子、医药、机械、轻纺和钢材成品类指数，在出口模型中，21～25分别表示电子、轻纺、基础材料、机械运输和杂项类指数。λ 表示截距项，μ 表示误差项。以 m 为下缀的为进口数量模型，以 x 为下缀的表示出口数量模型。

根据截距项向量 λ 和系数向量 α、β 和 γ 中各分量的不同限制要求，上述综列数据模型又可以划分为三种类型：①无分类影响的不变系数模型，表示所有分类皆无分类影响也不存在结构变化，不同分类模型中的截距项和系数皆相同。②变截距模型，表示存在分类影响但不存在结构变化，不同分类模型中存在不同的截距项，但系数都相同。③变系数模型，表示既存在分类影响也同时存在结构变化，不同分类模型中同时存在不同的截距项和不同的系数项。估计参数 λ、α、β 和 γ 到底采用何种形式，为了避免模型设定误差，改进参数估计的有效性，需要对以上三种模型进行模型形式的设定检验。通常采用协方差分析检验对以下两个假设进行检验（其中 η 为元素 α、β 和 γ 的系数向量）：

$$H_1:\ \eta_1 = \eta_2 = \cdots = \eta_N$$

$$\eta_1 = \eta_2 = \cdots = \eta_N$$

$$H_2:\ \lambda_1 = \lambda_2 = \cdots = \lambda_N$$

如果接受 H_2，则认为样本数据符合模型（1），无需进一步检验。如果拒绝 H_2，则需要进一步检验 H_1。如果接受 H_1，则认为样本数据符合模型（2），如果拒绝 H_1，则认为样本数据符合模型（3）。是接受还是拒绝 H_2 或 H_1，可以根据模型所得到的统计量 F_2 和 F_1 的值是小于还是大于给定置信度（一般为95%）和相应自由度下的对应临界值。

$$F_2 = \frac{(S_1 - S_3)\ /\ [\ (N-1)\ (k+1)]}{S_3 /\ [NT - N\ (k+1)]} \sim F\ [\ (N-1)\ (k+1),\ N\ (T-k-1)]$$
$$\tag{5-9}$$

$$F_1 = \frac{(S_2 - S_3)\ /\ [\ (N-1)\ k]}{S_3 /\ [NT - N\ (k+1)]} \sim F\ [\ (N-1)\ k,\ N\ (T-k-1)]$$

$$\tag{5-10}$$

式中，S_1、S_2 和 S_3 分别为三种模型对应估计的残差平方和，N、T 和 k 分别表示个体数（进出口模型中个体数或分类数都为8）、时期截面个数（164 个时间观测点）和经济指标中的解释变量个数（4 个解释变量）。具体见表 5-1、表 5-2。

表 5 - 1　　　　　　　　　　进口数量模型形式的设定检验

$S_1 = 40.973\ 9$	$F_2 = 89.765\ 7$	$F(0.95,35,1\ 272) = 1.432\ 3$	拒绝 H_2	选用变系数形式,即模型(3)
$S_2 = 29.031\ 0$				
$S_3 = 11.808\ 2$	$F_1 = 66.260\ 1$	$F(0.95,28,1\ 272) = 1.485\ 2$	拒绝 H_1	

表 5 - 2　　　　　　　　　　出口数量模型形式的设定检验

$S_1 = 36.979\ 1$	$F_2 = 50.982\ 2$	$F(0.95,35,1\ 272) = 1.432\ 3$	拒绝 H_2	选用变系数形式,即模型(3)
$S_2 = 33.365\ 2$				
$S_3 = 15.389\ 9$	$F_1 = 53.060\ 1$	$F(0.95,28,1\ 272) = 1.485\ 2$	拒绝 H_1	

　　由于研究中仅集中于 8 个分类的进出口数量,因此变系数模型中本书对固定个体影响和随机个体影响设定进行选择时选择固定个体影响,即设定固定影响的变系数模型来进行进出口数量的分析。由于数据中的 8 个分类中有 1 个为总进出口,2 个为初级产品和制成品的进出口,5 个为制成品内部的分类进出口,影响其这些分类经济特征的微观和宏观因素同时也对全部类别都产生影响,因此允许模型中存在横截面异方差和同期相关,用相应的 OLS 方法对模型进行估计。估计结果见表 5 - 3。

表 5 - 3　　　　　　　　　进口数量模型的估计和检验结果

	总进口	初级产品	制成品	电子	医药	机械	轻纺	钢材
	lnqm 0	lnqm 1	lnqm 2	lnqm 21	lnqm 22	lnqm 23	lnqm 24	lnqm 25
c	-0.433	-1.095	0.032	-3.204	-1.699	0.823	1.393	4.183
$lnpm$	0.137	0.178	0.009	-0.226	-0.010	-0.288	-0.390	-0.363
	3.047	3.825	0.138	-4.373	-0.164	-2.667	-3.019	-3.712
lny	0.321	0.486	0.265	1.311	0.762	0.231	0.093	-0.714
	4.545	7.137	2.821	16.163	11.227	1.332	1.211	-6.104
$dwto$	0.194	0.148	0.230	0.165	0.131	0.376	0.057	0.318
	9.525	7.479	8.399	6.724	6.334	7.612	2.425	9.992
der	0.085	0.041 *	0.145	-0.009	0.005	0.299	-0.006	0.060
	3.893	1.848	5.193	-0.397	0.214	5.785	-0.229	1.633
Unweighted stat.	$R^2 = 0.846\ 7$　　$SSR = 12.205\ 6$　　$D-W = 1.044$							
Weighted stat.	$R^2 = 0.842\ 1$　　$SSR = 1\ 113.739$　　$D-W = 1.112$							
Group unit root test (individual unit root)	Im,Pesaran and Shin W - stat = -8.195 2(0.000 0)　ADF - Fisher Chi - square stat. = 119.755(0.000 0)　PP - Fisher Chi - square stat. = 349.337(0.000 0)							

从模型检验结果可知，相对于加权的广义最小二乘估计方法，非加权的 OLS 估计方法下的检验指标中具有更高的 R^2、更小的残差平方和，$D-W$ 值略低于加权方法下的 $D-W$ 值，但只要能通过残差的单位根假设，偏低的 $D-W$ 值也是可接受的，因此可以得出：选择 OLS 估计方法能使模型的估计更有效。通过对 Pool Data 的组单位根检验，相同根假设下的单位根检验结果为不能拒绝单位根，但不同根情形下的单位根检验，IPS，ADF - Fisher 和 PP - Fisher 三种检验统计量的值都表明拒绝单位根假设，因此可说明该模型设定为有效设定。根据模型估计结果，关于进口数量与各解释变量之间的关系可以得出如下结论：

（1）从进口数量模型的参数估计结果可以看出，进口总价格的变化对我国进口数量的影响为正，即价格上涨将导致进口量的增加，初级产品的进口价格与数量关系也同样如此，而制成品总进口量与价格的关系不显著。也就是说，进口总价格与进口总数量的弹性系数的大小和显著程度主要由初级产品的进口价格与数量之间的弹性关系来解释。我国初级产品进口量与价格之间的正弹性关系表明，随着初级产品价格的上升，国内对初级产品的进口量将增加，这似乎与传统需求理论相违背，但模型中的弹性系数反映的是同期相关关系，如果考虑对价格的预期，针对初级产品在生产过程中的"初级阶段"特征，在该市场上的"买涨卖跌"的情况则相当普遍，因此初级产品的需求更多的是与价格预期相关，从而导致其需求量与当期价格呈正相关关系。

就制成品内部的分类弹性而言，我国各类制成品进口需求的价格弹性都小于 0，结合汇率对进口价格的传导，可以说明在人民币升值过程中，我国进口价格的下降将导致各类制成品进口需求的增加。但各类制成品的价格弹性绝对值都偏小，普遍小于 0.4，说明即使汇率对价格的传导完全，我国进口受价格的影响也有限，这说明我国进口的大部分产品在国内受替代品的竞争非常有限，或者进口中大部分皆为需求稳定的初级产品或加工程度低的半成品。在分类制成品中价格弹性最大的是轻纺类进口，为 0.39，价格弹性最小的是医药化工类进口，仅为 0.01，且该价格对其数量的影响并不显著。这说明相比而言，国内替代品竞争能力较强的行业为轻纺行业，而医药化工行业的国内替代品的竞争力则特别低。

（2）就进口需求的国内收入弹性来看，总进口收入弹性为 0.3，表明国内收入每增加 1%，则进口量增加 0.3%。初级产品和制成品相比较，初级产品进口需求的收入弹性（0.49）要大于制成品进口需求的收入弹性（0.27），说明国内收入的增长对初级产品进口的影响更大。在制成品的分类中，除了钢材类成品进口的收入弹性为负以外，其他各类别商品的进口收入弹性皆为正，电子类进口的收入弹性最高，达到 1.3 以上，轻纺类进口的收入弹性最低，不到0.1，且不显著。这也反映了电子产品与轻纺品在人民生活中的不同需求状况，轻纺类产成品属于基本生活资料或必需品的范畴，而电子类产成品则属于提升生活质量的非必需品范畴。钢材类进口的负收入弹性表明，国内经济低迷时钢材进口增加，国内经济高涨时钢材进口相应减少，这与钢材作为基础建设材料和支柱行业产品的作用和地位有关。经济低迷时，我国政府将大幅度增加基础建设投资，加大对支柱行业的支持力度；反之，经济高涨时，政府将减少财政投资，收缩对基础产业的支持，因此财政投资的变化在钢铁业的发展中起到重大的作用。自 2008 年以来我国钢材进口的大量囤积现象实际上就是受 4 万亿经济政策拉动的结果。

（3）就制度变化的影响而言，中国加入 WTO 无一例外的显著导致所有商品类别进口量的增加，对总进口的影响弹性为 0.19，对制成品的影响大于对初级产品的影响，在制成品各分类中，对机械运输类进口和钢材类进口的影响系数较大，达 0.3 以上，对轻纺类进口影响最小，仅为 0.06。而 2005 年的汇率制度改革对我国进口的影响较小，且该制度变化对大多数进口的影响并不显著。值得一提的是，制成品分类中仅机械运输类进口显著受到汇率制度改革的影响，且影响系数较大，约为 0.29。具体见表 5－4。

表 5－4　　　　　　　　　出口数量模型的估计和检验

	总出口	初级产品	制成品	电子	轻纺	基材	机械	杂项
	$lnqx$ 0	$lnqx$ 1	$lnqx$ 2	$lnqx$ 21	$lnqx$ 22	$lnqx$ 23	$lnqx$ 24	$lnqx$ 25
c	-0.542	4.403	-1.725	-1.804	0.812	-1.758	-1.287	1.901
$lnpx$	0.470 4.972	0.080 1.169	0.441 5.099	0.485 4.552	0.251 3.389	0.950 7.940	-0.485 -5.425	-0.356 -6.865
$lnwip$	2.159 7.359	0.085 0.270	2.774 8.977	2.754 9.976	1.683 8.180	2.272 6.139	3.496 5.166	1.750 8.026
$dwto$	0.190 9.740	0.099 4.718	0.225 10.988	0.231 10.596	0.184 13.689	0.297 11.719	0.219 5.107	0.211 15.009
der	0.314 13.069	0.133 5.228	0.321 12.950	0.159 6.997	0.105 6.710	0.295 8.987	0.514 10.360	0.142 8.552
Unweighted stat.	$R^2 = 0.8756$　　$SSR = 16.277$　　$D-W = 0.886$							
Weighted stat.	$R^2 = 0.7945$　　$SSR = 1\,152.832$　　$D-W = 1.088$							
Group unit root test （individual unit root）	Im, Pesaran and Shin W－stat = -6.6473（0.0000） ADF－Fisher Chi－square stat. = 105.520（0.0000） PP－Fisher Chi－square stat. = 428.394（0.0000）							

与进口数量模型中相类似，在出口数量模型中，相对于加权的 GLS 估计方法，非加权的 OLS 估计方法下的检验指标中具有更高的 R^2、更小的残差平方和，$D-W$ 值略低于加权方法下的 $D-W$ 值，但只要能通过残差的单位根假设，偏低的 $D-W$ 值也是可接受的，因此可以得出：选择 OLS 估计方法能使模型的估计更有效。通过对 Pool Data 的组单位根检验，相同根假设下的单位根检验结果为不能拒绝单位根，但不同根情形下的单位根检验，IPS，ADF-Fisher 和 PP-Fisher 三种检验统计量的值都表明拒绝单位根假设，因此可说明该模型设定为有效设定。根据模型估计结果，关于出口数量与各解释变量之间的关系可以得出如下结论：

（1）从出口模型的参数估计结果可以看出，出口总需求的价格弹性为 0.47。其中，初级产品的出口需求价格弹性非常低（仅 0.08）且不显著，制成品出口需求的价格弹性相对较高（0.44）。因此关于出口总需求的价格弹性可以用制成品的出口需求弹性来解释。制成品内部仅机械运输类和杂项类的出口价格弹性为负，表现正常。其他如电子、轻纺和基础材料成品类出口需求的价格弹性都为正，与传统的微观经济理论有所相悖。这可能存在以下几个方面的原因：第一，长期以来，我国出口商品大多为劳动密集型产品，附加值低，导致出口产品中吉芬商品特征明显。但随着世界贸易组织（WTO）的加入，我国新兴电子行业和传统轻纺行业以及基础材料成品行业的竞争力都有所增加，随着产品附加值的上升，产品价格虽有上升，但出口需求量却仍增加，这说明我国出口价格的变化同时也反映了产品附加值的变化。第二，我国加工贸易出口在总出口中占比高，出口价格高导致外国需求多的根本原因或不在价格因素，而在国内加工环节中的成本因素。中国加工成本在国际市场上相对低廉，故加工贸易的增加会导致出口量的增加，而出口价格的上升存在加工贸易升级过程中进口价格上升方面的原因。因此在国内政府鼓励、企业主导和社会竞争等方面想办法努力提高我国出口产品的品质，同时进一步升级我国的加工贸易，在增加产品附加值的前提下提高出口价格，不但不会丢失市场份额，反而会促进出口数量的增长，增加我国出口企业的出口收入和利润。

（2）就出口需求的世界收入弹性来看，总出口收入弹性为 2.15。对初级产品和制成品进行比较，与进口需求的国内收入弹性表现相反，初级产品出口需求的世界收入弹性（0.09）要远小于制成品出口需求的世界收入弹性（2.77），说明世界收入的变化对我国制成品的出口量影响更大，而对我国初级产品的出口量影响非常小。就制成品内部的分类来看，世界收入的变化对各分类的影响弹性自大到小排序为：机械运输类、电子、基础材料成品、杂项和轻纺产品。从这一结果可以简单推断，行业内部的资本密集程度越高和生产程序越复杂，其出口需求的世界收入弹性越大；相反地，生活必需品如轻纺杂项等其出口需求的收入弹性较小。但总的来看，所有制成品出口需求的时间收入弹性都非常高。最高的机械运输类收入弹性为3.50，最低的轻纺类收入弹性也有1.68，这说明我国出口产品在国际市场上的竞争力的确有限，很容易遭受世界经济变化的冲击。尤其是加上我国进口需求弹性小，而国际市场对我国出口的需求弹性又如此大，这使得我国国内进口受制于人，对外出口又面临高风险。两重压力进一步说明，在世界经济增长的不确定性越来越大的今天，长期以来通过政府补贴（出口退税）来让出口企业在国际市场上低价竞争的单一外向型发展战略在当前形势下需要进行重大调整。促进进口发展，加强国内出口品在国际市场上的综合竞争力是我国对外经济发展的重中之重。

（3）就制度变化的影响而言，与对进口量的影响只有加入 WTO 有显著影响不同，中国加入 WTO 和 2005 年汇率制度改革两次制度变化都无一例外地显著增加了所有商品类别的出口量。汇改的制度变化对出口量的影响显著且影响系数较大，对总出口量的影响达 0.31；而加入 WTO 对总出口量的影响系数为0.19。两次制度变化对制成品的影响都要大于对初级产品的影响。在制成品内部，各行业出口受加入 WTO 的影响都较为一致，系数差异较小。而各行业出口受汇改制度变化的影响差异却较大，其中机械运输类出口量受汇改制度变化的影响最大，系数高达 0.51，而影响最小的为轻纺类出口，影响系数仅 0.1。

总结两次制度变化在进口数量模型和出口数量模型中的不同表现，可以发现，在所有分类中，机械运输类不管是进口还是出口都显著地受到加入 WTO和汇改两次制度变化的影响，且影响较大。而具有成熟国际市场的传统出口产品轻纺类的进口和出口受两次制度变化的影响都最小，且其进口量受汇改的影响还不显著。再次印证了我国机械运输类出口竞争力低下，容易受到制度变化和实体经济变化的冲击，而轻纺类的出口竞争力相对较强，受制度变化和实际经济变量变化的冲击较小。

5.3.3　关于 ML 条件和汇率变化的贸易余额效应的初步讨论

根据 ML 条件的基本理论和上述估计结果，可以运用各类进口需求和出口需求的价格弹性计算出 ML 条件在各分类项下是否成立，具体见表 5 - 5。

表 5-5　　　　　各分类贸易的 ML 条件和贸易余额变化方向

价格弹性	总量	初级产品	制成品	电子类	轻纺类	机械运输类	基础材料类	杂项医药类
进口需求 ε_m	0.137	0.178	0.009	-0.226	-0.390	-0.288	-0.363	-0.010
出口需求 ε_x	0.470	0.080	0.441	0.485	0.251	-0.485	0.950	-0.356
$\lvert\varepsilon_m\rvert+\lvert\varepsilon_x\rvert$	0.607	0.258	0.450	0.711	0.641	0.773	1.323	0.366
	<1	<1	<1	<1	<1	<1	>1	<1
ML 条件	否	否	否	否	否	否	是	否
余额（升值）	↑	↑	↑	↑	↑	↓	↑	↓

从表 5-5 可以看出，除了基础材料类的进出口需求价格弹性满足 ML 条件，其他各分类的进出口需求弹性皆不满足。进出口总量的弹性和也小于 1，初级产品进出口需求的价格弹性和更小，仅 0.258，制成品进出口需求的价格弹性和也不到 0.5。这表明，假设其他条件（如各贸易收支初始状态余额为 0，供给弹性无穷大等）皆满足，如果人民币升值（假定贸易品产地定价，汇率完全传导）导致进口本币价格下降、出口本币价格上升，进口价格下降引起国内进口数量下降，而出口价格上升引起出口数量增加，同一汇率变化完全传导后引起幅度相同、方向相反的价格变化，则同幅价格变化导致的进出口数量变化与弹性大小相关。对总量、初级产品和制成品而言，所有进口价格弹性皆小于出口价格弹性，因此进口额的增加要大于出口额的减少，贸易余额增加，故而人民币升值导致贸易余额增加。这一结论对于总进出口余额、初级产品贸易余额和制成品贸易余额都成立。

就分类制成品而言，情况有所不同，这是因为除了机械运输类和杂项（医药）类的进出口需求的价格弹性符号相同以外，其余的电子、轻纺和基础材料类的进出口需求的价格弹性皆具有不同的符号，且其中轻纺类一项的进口需求价格弹性绝对值要大于其出口需求的价格弹性绝对值。这使得对问题的分析变得相对复杂。①首先考察机械运输类和杂项（医药）类。假定其他条件满足，人民币升值导致进口价格下降，出口价格上升。进口价格下降导致该两类进口需求上升，而出口价格上升导致该两类出口需求下降。由于进出口需求都缺乏弹性，因此进口价格下降导致的进口额下降超过需求增加导致的进口额的增加，最终导致进口额下降。弹性越小进口额下降越多。对应地，出口价格上升导致的出口额上升要超过出口需求下降导致的出口额下降，最终导致出口额上升。弹性越大出口额上升越少。综合进口额与出口额的变化，由于该两项进口弹性皆小于出口弹性，因此出口额上升少而进口额下降多，贸易余额减少。②其次考察电子、轻纺和基础材料类。假定其他条件满足，人民币升值导致进口价格下降，出口价格上升。根据弹性符号可知，进口价格下降导致该两类进口需求上升，而出口价格上升也导致该两类出口需求上升。根据弹性绝对值，进出口都缺乏弹性。因此进口价格下降导致的进口额的减少要大于进口量上升导致的进口额的增加，最终导致进口额减少。而出口价格上升和出口量的上升都增加出口额，因此进口和出口两方面都对该三类贸易余额有改善作用。

从以上结论可以看出，各类进口与出口的需求价格弹性和都小于 1（仅基础材料类除外），ML 条件都不成立。在其他条件皆满足的情况下，人民币升值不但不能导致贸易余额的减少，反而导致贸易余额进一步增加。但也有例外，如机械运输类，当进出口需求弹性皆为负时，人民币升值将可能导致贸易余额的减少。

5.4　中国不同贸易方式下进出口需求的价格弹性估计与检验

5.4.1　加工贸易与一般贸易进出口数量变化的描述性分析

为了具体考察不同贸易方式下进出口数量与进出口价格之间的弹性关系，本书在进出口数量指数的编制中进一步以贸易方式作为划分标准对加工贸易进出口数量指数和一般贸易进出口数量指数进行了编制。其商品类别的贸易方式归属与分贸易方式的进出口价格指数的编制一致。同样是以 52 项制成品进口商品和 90 项制成品出口商品为基础，制成品进口中有 33 类归属于加工贸易进口，制成品出口中有 32 类归属于加工贸易出口。制成品进出口中对应的其他类别都分别归属于一般贸易进口和一般贸易出口。① 需要说明的是，将初级产品的进出口排除在外，是因为初级产品的出口中基本上不包含可被归属于加工贸易出口的商品类别，而进口中可归属于加工贸易进口的比重却偏高，如此归属后可能导致分贸易方式的进出口数量与价格之间的弹性关系因为商品的不同加工程度而失真，使估计结果得不到合理的解释。具体见图 5 - 3。

---

① 具体商品类别的贸易方式归属见分贸易方式进出口价格指数的编制。

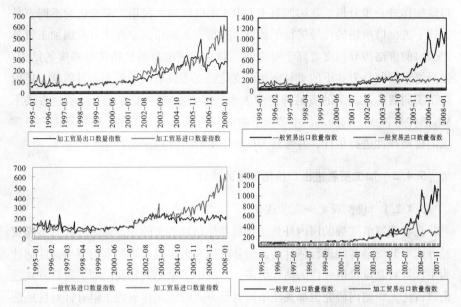

图5-3 加工贸易与一般贸易进口和出口数量指数变动趋势及其比较

就不同贸易方式下或不同类别商品的进口或出口数量（指数）的比较意义并不是很明确，因为不同商品类别的数量单位是有差异的，不具可比性。即使是同一种贸易方式，其进口与出口商品也会因为加工程度不同而不具可比性。因此对进出口数量（指数）的比较，主要是比较其基本变化趋势，而不是数量（指数）水平值的高低。就加工贸易而言，进出口数量都保持持续增长。受加入WTO的影响，进入2002年后增长速度都加快，但进口量的增长快。尤其是2005年汇改后，受人民币升值的影响，进口量在半年后开始出现增速提高的拐点。而出口量在滞后1年多后在2006年12月开始出现下降，且升值对加工贸易出口量的影响一致延续至今。就一般贸易而言，其进出口数量的增长趋势分化明显，在整个样本期内进口量变化都很小，增长不明显。但在我国加入WTO后一般贸易出口量的增长速度加快。虽在汇改两年后也开始因人民币升值而导致出口量大幅下降，但经过短暂调整后又恢复了其原有增长趋势。这说明自描述性统计所反映的事实来看，人民币升值对我国一般贸易出口量的影响只是短期的，不改变其长期趋势。值得注意的是，从进口量上来看，即使是加入WTO之后，我国一般贸易的进口量的增长也极其缓慢，且该贸易方式下的进口对人民币升值也不敏感。

从图5-3中可以看出，通过汇率调整手段来实现对贸易余额的调节必定存在不同贸易方式下所受影响不同的现象，因此需要对不同贸易方式下的进出口现实作进一步分析。在第四章4.2中本书已经对人民币汇率变化对不同贸易方式下进出口价格的传导进行了估计，并得到人民币汇率变化对我国加工贸易进出口的价格传导程度要高于对我国一般贸易进出口的价格传导程度的结论。但最终不同贸易方式下的贸易余额的变化情况不仅取决于汇率传导程度，还取决于不同贸易方式下的贸易弹性的大小，即需要进一步讨论不同贸易方式下ML条件是否成立的问题。本节以下的部分将对加工贸易和一般贸易进出口需求的价格弹性进行估计，并考察ML条件在不同贸易方式下的成立情况。

5.4.2 加工贸易进出口价格弹性的估计

5.4.2.1 模型设定和变量选择

在本书目前掌握的国内外关于贸易弹性估计的文献中，尚未有针对不同贸易方式下的贸易弹性进行估计的。国外的研究大多以发达国家的贸易弹性估计为主，且对总量价格弹性的估计居多。发展中国家尤其是我国加工贸易方式进出口占比大，国内研究也都关注不同贸易方式的进出口表现，但有针对性地估计其价格弹性，探讨ML条件在两种贸易方式下的成立情况，却暂未涉及。因此，就模型设定而言无前例可参考，只能根据进出口数量与价格之间关系的相关理论和分贸易方式进出口的具体现实进行建模。

根据微观需求决定理论，商品需求是价格和收入的函数。就正常商品而言，假定其他条件不变，需求量与价格负相关，而与收入正相关。一般情况下一国的进口需求和外国对本国的出口需求也应遵循此理。但根据5.3中得到的结论，进口和出口总价格、初级产品价格和制成品总价格的变化对我国进口数量的影响弹性都为正，即使在制成品内部分类中，其进出口弹性符号也各有不同。虽进口弹性符号皆为负，但出口弹性却在不同分类中反映为不同的符号。这说明我国对外贸易的现实与传统理论存在较大差异，这也为进一步设定分贸易方式的进出口需求函数带来了难度。考虑到不同贸易方式下进出口数量的现实决定机制的差异，就加工贸易而言，因其进口直接构成出口成本、进口以出口为导向与国内收入无直接关联的特点，其进口量与进口价格、出口价格、出口量以及世界收入之间关系复杂，所有变量的当期值和滞后可能都相互影响。而加工贸易的出口量也与出口价格、进口价格、进口量和世界收入之间存在类似复杂的相互影响。基于此，本书将使用无需区分内生与外生变量的非结构化的向量自回归（VAR）计量方法，估计加工贸易的进口需求和出口需求模型，以得出加工贸易进出口价格弹性。为了方便比较，本书对一般贸易进出口需求函数的估计也采用相同的方法。加工贸易进出口需求量与价格和收入之间的

VAR 模型的表示如下：

$$\begin{bmatrix} jgqm_t \\ jgqx_t \\ jgpm_t \\ jgpx_t \\ wip_t \end{bmatrix} = A_1 \begin{bmatrix} jgqm_{t-1} \\ jgqx_{t-1} \\ jgpm_{t-1} \\ jgpx_{t-1} \\ wip_{t-1} \end{bmatrix} + \cdots + A_p \begin{bmatrix} jgqm_{t-p} \\ jgqx_{t-p} \\ jgpm_{t-p} \\ jgpx_{t-p} \\ wip_{t-p} \end{bmatrix} + B \begin{bmatrix} dwto_t \\ der_t \end{bmatrix} + \begin{bmatrix} \varepsilon_{jgqm,t} \\ \varepsilon_{jgqx,t} \\ \varepsilon_{jgpm,t} \\ \varepsilon_{jgpx,t} \\ \varepsilon_{wip,t} \end{bmatrix} \quad (5-11)$$

其中等式左边表示模型中所有内生变量组成的向量，向量元素分别表示为加工贸易进口量 $jgqm$、加工贸易出口量 $jgqx$、加工贸易进口价格 $jgpm$、加工贸易出口价格 $jgpx$、世界收入 wip，等式右边第一列到第 p 列分别表示对应内生变量从 1 到 p 期的滞后向量，$dwto$ 和 der 仍然表示代表加入 WTO 和 2005 年汇改两次制度变化的虚拟变量，最后一列表示对应于各内生变量的随机扰动向量。A 和 B 分别表示要被估计的系数矩阵。

由于只有内生变量的滞后值和外生变量出现在等式右边，所以不存在同期相关的问题，用 OLS 方法能得到 VAR 模型的一致且有效的估计量，即使扰动向量存在同期相关，由于所有方程都有同样的回归元，故 OLS 与 GLS 等价，此处 OLS 方法仍然能获得有效估计量，所以本部分将采用 OLS 方法进行估计。

5.4.2.2　参数估计与模型检验

5.4.2.2.1　对各内生变量时间序列进行单位根检验

在经济变量中有一些变量显著相关，但它们可能并无实际经济意义，从而可能导致伪回归的问题。另外，基于向量误差修正模型的估计和 Johansen 协整检验以及格兰杰因果检验也都要求系统中的各变量同时满足 I（1）过程，因此需要对各变量序列进行平稳性检验。平稳性检验采用 ADF 单位根检验方法，单位根检验最佳滞后阶数按照 AIC（Akaike Information Criterion）准则确定，以 AIC 值最小为原则。ADF 单位根检验结果见表 5 - 6。

表 5 - 6　　加工贸易价格数量模型变量序列的单位根检验结果

	水平值检验结果			一阶差分检验结果		
	检验形式（C，T，K）	5% 临界值	ADF t - stat.	检验形式（C，T，K）	5% 临界值	ADF t - stat.
$jgqm$	（C，T，12）	- 3.439 8	- 2.102 2	（C，T，11）	- 3.439 8	- 4.634 3
$jgqx$	（C，T，13）	- 3.440 1	- 2.046 0	（0，0，12）	- 1.943 0	- 2.247 1
$jgpm$	（C，0，14）	- 2.879 4	- 1.375 0	（0，0，1）	- 1.942 8	- 12.706

表 5 - 6(续)

	水平值检验结果			一阶差分检验结果		
	检验形式 (C,T,K)	5% 临界值	ADF t-stat.	检验形式 (C,T,K)	5% 临界值	ADF t-stat.
jgpx	(C,0,13)	-2.880 7	-2.641 5	(0,0,12)	-1.943 0	-2.346 7
wip	(C,T,15)	-3.440 5	-2.765 8	(C,0,14)	-2.881 0	-3.250 2

注：检验形式中的 C, T 和 K 分别表示截距项、时间趋势和最佳滞后阶数。

根据单位根检验结果，所有变量的水平值序列都为非平稳序列，而所有变量的一阶差分序列皆为平稳序列，故各序列满足一阶单整过程 I（1）特征。

5.4.2.2.2 Granger 因果关系检验

Granger 因果关系检验是检验一个变量的滞后是否对其他变量造成影响。如果加入变量 y_1 的滞后项能够提高对变量 y_2 的解释程度，且二者的相关系数在统计上显著时，就可以称"y_1 是 y_2 的 Granger 原因"或"y_2 是由 y_1 Granger 引起的"。要考察进入 VAR 模型的所有变量之间的两两因果关系，就可以使用由格兰杰（Granger, 1969）提出、西姆斯（Sims, 1972）推广的 Granger 因果检验。但 Granger 因果检验的任何一种检验结果都与滞后长度 p 的选择有关，本书将采用 LR（Likelihood Ratio）、FPE（Final Prediction Error）、AIC 信息准则（Akaike Information Criterion）、SC 信息准则（Schwarz Information Criterion）和 HQ（Hannan - Quinn Information Criterion）等方法进行最佳滞后阶数的确定和检验。根据检验结果显示，12 阶滞后为最佳滞后阶数。具体见表 5 - 7。

表 5 - 7　　　　　　　　　最佳滞后阶数检验结果

Lag	LR	FPE	AIC	SC	HQ
12	92. 260 08 *	3. 20e - 14 *	- 17. 147 85 *	- 10. 881 26 *	- 14. 602 14 *

* 表示根据各准则选择的滞后阶数。

因为格兰杰因果检验要求被检验变量序列为平稳序列，根据之前各变量序列的单位根检验结果，各变量序列水平值皆为非平稳序列，而所有变量的一阶差分为平稳序列，故本书将对各变量一阶差分序列进行格兰杰因果关系检验，其检验结果见表 5 - 8。

表 5 - 8　　　　　基于 VAR 模型的 Granger 因果关系检验结果

	零假设	χ^2 统计量	自由度	P 值
jgqm 方程	jgpm 不能 Granger 引起 jgqm	30.004 46	12	0.002 8
	wip 不能 Granger 引起 jgqm	37.061 38	12	0.000 2
	jgqx 不能 Granger 引起 jgqm	14.678 11	12	0.259 5
	jgpx 不能 Granger 引起 jgqm	16.643 84	12	0.163 5
	jgpm、wip、jgqx 和 jgpx 不能同时 Granger 引起 jgqm	175.600 7	48	0.000 0
jgqx 方程	jgpx 不能 Granger 引起 jgqx	34.370 24	12	0.000 6
	wip 不能 Granger 引起 jgqx	46.830 41	12	0.000 0
	jgqm 不能 Granger 引起 jgqx	19.378 18	12	0.079 8
	jgpm 不能 Granger 引起 jgqx	8.379 161	12	0.754 8
	jgpx、wip、jgqm 和 jgpm 不能同时 Granger 引起 jgqx	221.042 2	48	0.000 0

注：以上表中所有序列皆为一阶差分后的平稳序列。

从表中可以看出，在加工贸易进口模型中，加工贸易进口价格和世界收入是进口数量的 Granger 原因，而加工贸易出口数量和出口价格都不是其进口数量的 Granger 原因，但加工贸易进口价格、世界收入、加工贸易出口量和其出口价格却能同时 Granger 引起加工贸易进口量。这说明我国加工贸易进口量与出口量之间并无直接关联，这与加工贸易进出口商品的加工程度和数量单位有关，加工贸易进口的往往是原材料、半成品（如零部件），而出口的则往往是半成品和产成品（如整件）。加工贸易出口价格也会因为进出口商品的加工程度差异而导致该价格与进口数量无直接关联。因此，加工贸易出口量和出口价格可以作为加工贸易进口量模型中的外生变量。以上四个变量能同时 Granger 引起加工贸易进口量，说明可以将这五个变量构成 VAR 系统进一步进行 VECM 的估计。

加工贸易出口在出口模型中，加工贸易出口价格和世界收入是加工贸易出口数量的 Granger 原因，而加工贸易进口量和进口价格都不能 Granger 引起其出口量，但加工贸易出口价格、世界收入、加工贸易进口量和其进口价格却能同时 Granger 引起出口量。与加工贸易进口的 VAR 系统同理，加工贸易出口也可以根据共同 Granger 因果检验结果将系统进行进一步 VECM 的估计，只不过其中的外生变量改变为加工贸易进口量和其进口价格。

5.4.2.2.3 Johansen 协整检验及 VECM 模型的估计

Johansen 协整检验是 1988 年约翰森（Johansen）和 1990 年尤塞柳斯一起提出的一种以 VAR 模型为基础的检验回归系数的方法，是一种进行多变量协整检验较好的方法。这种方法的好处就是无需设计具体的结构线性模型进行OLS 估计，在需求函数中价格与数量的相互影响关系使得我们很难对因变量与自变量进行区分。因此，构造 VAR 系统并进行 Johansen 协整检验对回归系数进行检验是一种合适的方法。

在进口 VAR 模型的协整检验中，外生变量为 $Jgqx$、$jgpx$、$dwto$ 和 der；在出口 VAR 模型的协整检验中，外生变量为 $Jgqm$、$jgpm$、$dwto$ 和 der。虽然 Johansen 协整检验结果对确定性变量的引入非常敏感，但考虑到加入 WTO 和 2005 年汇改对我国进出口尤其是对我国加工贸易进出口的重大影响，本书还是将反映这两次制度变化的虚拟变量作为外生变量引入模型。具体见表 5-9、表 5-10。

表 5-9　　基于加工贸易进口 VAR 模型的 Johansen 协整检验结果

原假设	迹检验值	5%临界值	最大特征根值	5%临界值
None *	87.163 73 *	29.797 07	60.738 08 *	21.131 62
At most 1 *	26.425 65 *	15.494 71	18.391 63 *	14.264 60
At most 2 *	8.034 016 *	3.841 466	8.034 016 *	3.841 466

表 5-10　　基于加工贸易出口 VAR 模型的 Johansen 协整检验结果

原假设	迹检验值	5%临界值	最大特征根值	5%临界值
None *	52.676 16 *	29.797 07	46.366 96 *	21.131 62
At most 1	6.309 207	15.494 71	5.662 818	14.264 60
At most 2	0.646 389	3.841 466	0.646 389	3.841 466

注：加"*"表示5%显著性水平下拒绝原假设。

根据以上协整检验结果可以看出，迹检验和最大特征根检验所得结果皆表明，在给定外生变量 $jgqx$、$jgpx$、$dwto$ 和 der 情况下，$jgqm$ 与 $jgpm$ 和 wip 之间存在 3 个协整关系，而在给定外生变量 $jgqm$、$jgpm$、$dwto$ 和 der 情况下，$jgqx$ 与 $jgpx$ 和 wip 之间存在 1 个协整关系。满足进行 VECM 模型估计的前提条件。具体协整方程表示如下：

$$\ln jgqm = 8.397\,0 - 0.779\,0\ln jgpm - 2.183\,0\ln wip \qquad (5-12)$$
$$(-4.439\,9) \qquad (-2.355\,0^{**})$$

$$\ln jgqx = -10.976\ 4 + 0.299\ 5\ln jgpx + 4.533\ 8\ln wip \qquad (5-13)$$
$$(2.292\ 5^{**}) \qquad (11.259\ 8)$$

如以上协整方程的结论所示，加工贸易进口量与进口价格呈反比，而加工贸易出口量与出口价格呈正比，这是因为在加工贸易进口中，存在世界市场与国内市场的竞争与替代，且从长期来看，我国加工贸易进口替代能力逐渐增强。同时加工贸易出口产品附加值低导致出口产品存在一定的"类吉芬商品"特征，即价格下降时，需求减少，而因产品质量等因素导致附加值增加导致价格上升时，需求却增加。这是因为长期以来我国加工贸易一直停留在委托代工（Original Equipment Manufacturing，OEM）的加工贸易初级发展模式（裴长洪，2008），国内加工企业几乎未涉及设计、物流方面，甚至一些高端生产环节也因技术和管理不配套而无法参与，这使得我国加工贸易出口的附加值偏低。

就加工贸易进出口弹性的绝对值来看，出口弹性要小于进口弹性，我国出口产品价格弹性偏低与我国出口的商品类别和出口市场的规模有关。在加工贸易出口中，纺织和消费类电子产品占了绝大多数，属于生活必需品范畴，因此出口弹性相对较小。同时，就出口市场规模来看，我国出口位列世界第二。2007 年我国出口占世界出口额的 8.8%，其中纺织品出口在 2006 年就已占到世界纺织品出口的 1/4，该行业的产业规模和出口量稳居世界第一。我国机电产品出口也在 2007 年年初超过德国，跃居世界第一。我国加工贸易出口的市场规模大，占比高，使得世界市场对其依赖程度较高，故出口需求的价格弹性较小。

但世界收入对加工贸易进口量的影响并不十分显著，且系数符号与经济现实并不十分吻合。这有可能是因为伴随着世界经济的增长，我国国内加工贸易行业也相应进行结构调整，加工贸易的升级使得加工贸易进口数量下降。也有可能是因为加工贸易进口商品类别的差异和数量单位的变化导致统计上并无具体意义。具体何种原因还有待进一步考证。

在加工贸易方式下，进出口需求的价格弹性绝对值的和大于 1，ML 条件成立。这说明假定其他条件满足（假定汇率完全传导，商品以产地定价），人民币升值将降低加工贸易进口价格，提高出口价格。因进出口皆富有弹性，因此进口价格下降导致进口数量增加，但由于弹性值小于 1，故最终将导致进口额下降。出口价格上升会导致出口量增加而最终导致出口额上升。进口额下降和出口额上升两方面都将增加加工贸易余额。即不考虑汇率传导时，人民币升值将增加加工贸易顺差。

5.4.2.2.4 脉冲反应函数和方差分解分析

在根据 VECM 得出脉冲反应函数和方差分解结果之前，需要对模型进行必要的诊断检验。主要是针对模型残差进行平稳性检验，根据报告结果，本模型存在两个根落在单位圆上（VECM 的模型设定本身含有 2 个单位根），其他均在单位圆内，因此 VECM 模型的稳定性条件得以满足。

脉冲反应函数反映的是在 VECM 扰动项上加上一个正的单位标准差大小的新息（Inovation）冲击后对内生变量的当前值和未来值的影响。图 5－4 是基于加工贸易进口的 VECM 和加工贸易出口的 VECM 和蒙特卡罗模拟的脉冲反应函数曲线，横轴代表滞后阶数，由于本书采用的是月度数据，因此列示 36 个月的滞后情况，左右各图的纵轴分别代表加工贸易进口量对进口价格新息冲击的响应程度和加工贸易出口量对出口价格新息冲击的响应程度。具体见图 5－4。

加工贸易进口量对进口价格新息冲击的响应

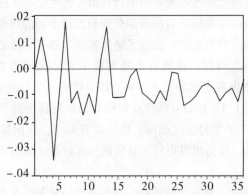

加工贸易出口量对出口价格新息冲击的响应

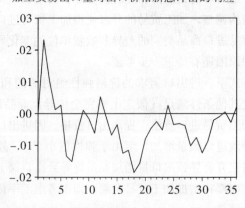

图 5－4　加工贸易进口和加工贸易出口 VECM 的脉冲响应函数曲线

从图5-4中可以看出，虽然一个正的进出口价格标准差的新息冲击对进口量和出口量的长期影响皆为负，但短期内价格对进出口需求量的影响并不稳定。就进口而言，加工贸易进口价格的上升在前3个月内将增加加工贸易进口量，而接下来3个月却减少加工贸易进口量，之后的影响发生了如前的交替，但周期变长，最后趋于相对稳定。就加工贸易出口而言，出口价格的上升在前5个月也增加加工贸易的出口量，但之后4个月内却减少加工贸易出口量，之后经过小幅交替后趋于相对稳定。这说明，由于合同期限和进出口需求方的观望心理（价格预期）导致加工贸易进出口量对价格的反应存在滞后。

脉冲反应函数描述的是VAR模型中的一个内生变量的冲击给其他内生变量所带来的影响，而方差分解是通过分析不同结构冲击对内生变量变化的贡献度，进一步评价不同结构冲击的重要性。在加工贸易进口的VECM模型中，加工贸易进口量的波动由其自身解释部分占了绝大多数（到滞后第36期止方差贡献度仍有78.3%），且随着时间的推移，自身解释部分不断减少。加工贸易进口价格冲击的影响在滞后1期对进口量的波动基本无贡献，滞后2、3期的贡献也极小，仅0.89%，从第4期滞后开始，贡献度上升到8%以上，到滞后第11期达到最大贡献度10.2%，之后趋于平稳，平均贡献度在8%左右。而世界收入冲击对加工贸易进口量波动的贡献度基本上保持递增势态。与加工贸易进口量的方差分解结果类似，加工贸易出口量的波动绝大部分皆由其自身变化来解释，出口价格波动和世界收入变化对出口量的影响自第2期开始就变得明显，但价格冲击的贡献率较为稳定，而世界收入冲击的贡献率呈上升趋势。以上结果表明，加工贸易进出口量的变化最主要取决于加工贸易进出口量各自身的往期变化，这是因为加工贸易进口的目的是为了出口，往期的进出口量的变化体现了加工贸易厂商在以往各期之后面临的出口需求的变化和自身出口生产能力的调整，而进出口价格和世界收入的变化仅为加工贸易厂商进行进出口量决策时提供参考作用。值得注意的是，进口价格的贡献度在第4期开始有实质性提高，而到第11期达到最大，说明我国加工贸易厂商在面临进口价格变化时对数量的调整存在至少3个月的滞后，且到第11期时对进口量的调整相对达到最大，这是因为我国加工贸易行业中大部分的进口周期（合同期）大约为3个月以上，最长周期约11个月。这与2003年年底开始执行的《加工贸易业务批准证》上规定的出口制成品返销期限原则上按企业出口合同有效期审批，期限由原规定的不超过6个月延至一般不超过12个月的情况基本吻合。

5.4.3 一般贸易进出口价格弹性的估计

5.4.3.1 模型设定和变量选择

在对加工贸易进出口进行分析的同时，为了使一般贸易进出口分析的计量结果与加工贸易进出口分析的计量结果更具可比性，同时考虑到同样是分析价格与数量之间的交互关系，因此本书也采用了同样的 VAR 计量方法对一般贸易进出口的协整关系进行检验和估计。与加工贸易不同的是，一般贸易的进口量与国内收入和进口价格有关，由于假定世界出口供给无穷大，故以国内收入和进口价格决定的一般贸易进口需求为均衡进口量。而出口量与世界收入和出口价格相关，因一般贸易的进口和出口并无直接关联，故无需考虑进口和出口间的相互影响，同时假定世界需求无穷大，由世界收入和出口价格决定的出口需求并不一定得到满足反映为均衡出口量，还需要考虑国内的出口供给能力，因此本书将使用国内收入 y 来作为国内出口供给能力的替代变量，将该变量一并纳入一般贸易的出口需求模型中。同样地，在进行 VECM 检验时本书同时引入了反映加入 WTO 和 2005 年汇改两次制度变化的虚拟变量 $dwto$ 和 der 作为外生变量。一般贸易进口和一般贸易出口的 VAR 具体模型形式表示如下：

$$
\begin{bmatrix} ybqm_t \\ ybpm_t \\ y_t \end{bmatrix} = A_1 \begin{bmatrix} ybqm_{t-1} \\ ybpm_{t-1} \\ y_{t-1} \end{bmatrix} + \cdots + A_p \begin{bmatrix} ybqm_{t-p} \\ ybpm_{t-p} \\ y_{t-p} \end{bmatrix} + B \begin{bmatrix} dwto_t \\ der_t \end{bmatrix} + \begin{bmatrix} \varepsilon_{ybqm,t} \\ \varepsilon_{ybpm,t} \\ \varepsilon_{y,t} \end{bmatrix} \quad (5-14)
$$

$$
\begin{bmatrix} ybqx_t \\ ybpx_t \\ wip_t \\ y_t \end{bmatrix} = A_1 \begin{bmatrix} ybqx_{t-1} \\ ybpx_{t-1} \\ wip_{t-1} \\ y_{t-1} \end{bmatrix} + \cdots + A_p \begin{bmatrix} ybqx_{t-p} \\ ybpx_{t-p} \\ wip_{t-p} \\ y_{t-p} \end{bmatrix} + B \begin{bmatrix} dwto_t \\ der_t \end{bmatrix} + \begin{bmatrix} \varepsilon_{ybqx,t} \\ \varepsilon_{ybpx,t} \\ \varepsilon_{wip,t} \\ \varepsilon_{y,t} \end{bmatrix} \quad (5-15)
$$

式中各等式左边表示模型中所有内生变量组成的向量，一般贸易进口 VAR 模型中向量元素分别表示为一般贸易进口量 $ybqm$、一般贸易进口价格 $ybpm$、国内收入 y；一般贸易出口 VAR 模型中向量元素分别表示为一般贸易出口量 $ybqx$、一般贸易出口价格 $ybpx$、世界收入 wip 和以国内收入替代的国内供给能力变量 y。等式右边第一列到第 p 列分别表示对应内生变量从 1 到 p 期的滞后向量，$dwto$ 和 der 仍然表示代表加入 WTO 和 2005 年汇改两次制度变化的虚拟变量，最后一列表示对应于各内生变量的随机扰动向量。A 和 B 分别表示要被估计的系数矩阵。

由于只有内生变量的滞后值和外生变量出现在等式右边，所以不存在同期相关的问题，用 OLS 方法能得到 VAR 模型的一致且有效的估计量，即使扰动向量存在同期相关，由于所有方程都有同样的回归元，故 OLS 与 GLS 等价，此处 OLS 方法仍然能获得有效估计量，所以本部分将采用 OLS 方法进行估计。

5.4.3.2　参数估计与模型检验

5.4.3.2.1　对各内生变量时间序列进行单位根检验

ADF 单位根检验的最佳滞后阶数的选择是根据 AIC 和 SC 准则，即 AIC 和 SC 统计量最小原则进行的。从报告结果看，一般贸易进出口价格和进出口数量以及国内收入与世界收入等变量其水平序列皆存在单位根，而各变量的一阶差分序列则拒绝单位根，因此各序列为 I（1）序列，满足进行 Granger 因果检验、Johansen 协整检验以及构造 VECM 的前提条件。具体见表 5 – 11。

表 5 – 11　一般贸易进口量与出口量模型变量序列的单位根检验结果

	水平值检验结果			一阶差分检验结果		
	检验形式 （C,T,K）	5% 临界值	ADF t – stat.	检验形式 （C,T,K）	5% 临界值	ADF t – stat.
ybqm	（C,0,13）	– 2. 880 7	– 1. 032 1	（0,0,12）	– 1. 943 0	– 3. 052 8
ybqx	（C,T,12）	– 3. 439 9	– 1. 004 2	（0,0,1）	– 1. 942 8	– 13. 839 4
ybpm	（C,T,13）	– 3. 440 1	– 2. 140 1	（0,0,14）	– 1. 943 0	– 2. 851 4
ybpx	（C,0,15）	– 2. 880 9	– 0. 562 2	（0,0,14）	– 1. 943 0	– 3. 223 5
y	（C,T,14）	– 3. 440 3	– 0. 792 9	（C,T,12）	– 3. 440 1	– 3. 527 7
wip	（C,T,15）	– 3. 440 5	– 2. 765 8	（C,0,14）	– 2. 881 0	– 3. 250 2

5.4.3.2.2　Granger 因果关系检验

根据 LR、FPE、AIC 信息准则、SC 信息准则和 HQ 等方法进行最佳滞后阶数的确定和检验。根据检验结果显示，12 阶滞后为一般贸易进口 VAR 模型的最佳滞后阶数，而 11 阶滞后为一般贸易出口 VAR 模型的最佳滞后阶数。根据设定的滞后阶数，在两模型均引入 *dwto* 和 *der* 两个制度变量的情况下，得到如下 Granger 因果检验结论：一般贸易进口 VAR 系统中，一般贸易进口价格和国内收入都是一般贸易进口量的 Granger 原因，且二者能同时 Granger 引起一般贸易出口量；在一般贸易出口 VAR 系统中，出口价格和国内生产能力却不是出口量的 Granger 原因，而只有世界收入是一般贸易出口量的 Granger 原因，但三个变量可以共同 Granger 引起一般贸易出口量。以上结果说明，用所设定变量来进行基于 VAR 的协整检验是有效的。具体见表 5 – 12。

表 5 - 12 基于 VAR 模型的一般贸易进出口 Granger 因果关系检验结果

	零假设	χ^2 统计量	自由度	P 值
ybqm 方程	*ybpm* 不能 Granger 引起 *ybqm*	21. 515 33	12	0. 043 3
	y 不能 Granger 引起 *ybqm*	34. 646 45	12	0. 000 5
	ybpm、*y* 不能同时 Granger 引起 *ybqm*	75. 015 36	24	0. 000 0
ybqx 方程	*ybpx* 不能 Granger 引起 *ybqx*	4. 149 598	11	0. 965 3
	wip 不能 Granger 引起 *ybqx*	48. 098 65	11	0. 000 0
	y 不能 Granger 引起 *ybqx*	18. 263 07	11	0. 075 7
	ybpx、*wip*、*y* 不能同时 Granger 引起 *ybqx*	118. 626 7	33	0. 000 0

5. 4. 3. 2. 3 Johansen 协整检验及 VECM 模型的估计

与所有模型的设定相同，本书在一般贸易进出口 VAR 系统中都分别引入了制度变量 *dwto* 和 *der*，并在此基础上进行 Johansen 协整检验。检验结果见表5 - 13、表 5 - 14。

表 5 - 13 基于一般贸易进口 VAR 模型的 Johansen 协整检验

原假设	迹检验值	5% 临界值	最大特征根值	5% 临界值
None*	58. 827 23	29. 797 07	39. 573 61	21. 131 62
At most 1*	19. 253 62	15. 494 71	19. 112 32	14. 264 60
At most 2	0. 141 299	3. 841 466	0. 141 299	3. 841 466

表 5 - 14 基于一般贸易出口 VAR 模型的 Johansen 协整检验

原假设	迹检验值	5% 临界值	最大特征根值	5% 临界值
None*	51. 767 99	47. 856 13	30. 699 09	27. 584 34
At most 1	21. 068 90	29. 797 07	14. 373 51	21. 131 62
At most 2	6. 695 398	15. 494 71	6. 379 781	14. 264 60
At most 3	0. 315 616	3. 841 466	0. 315 616	3. 841 466

注：加 " * " 表示 5% 显著性水平下拒绝原假设。

根据 Johansen 协整检验结果可知，在给定外生变量 *dwto* 和 *der* 的情况下，一般贸易进口量与一般贸易进口价格和国内收入之间存在 2 个协整关系，三变量长期内存在均衡关系。而一般贸易出口量与一般贸易出口价格、世界收入和国内收入之间也存在 1 个协整关系，四变量长期内存在均衡关系。一般贸易进口和出口模型都满足构造 VECM 模型进行检验和估计的前提条件，具体协整方程表示如下：

$$\ln ybqm = 5.010\ 7 + 0.361\ 9\ln ybpm - 0.581\ 0\ln y \qquad (5-16)$$
$$(3.602\ 5) \qquad (-3.105\ 1)$$

$$\ln ybqx = -15.371\ 6 + 0.927\ 0\ln ybpx + 2.648\ 8\ln y + 3.298\ 6\ln wip \qquad (5-17)$$
$$(6.278\ 0) \qquad (8.430\ 2) \qquad (3.153\ 9)$$

根据协整方程提供的结果，一般贸易进出口需求的决定与加工贸易进出口有着截然的不同，加工贸易进口价格弹性为负，出口需求的价格弹性为正，但一般贸易进口需求和出口需求的价格弹性皆为正，另外国内收入对一般贸易进口的影响显著为负。一般贸易进口价格弹性为正表明在我国一般贸易方式下的进口市场上存在典型的"买涨卖跌"现象，这与我国一般贸易进口的商品结构和人们对价格的预期有关，我国一般贸易进口主要集中在以钢铁等基础产业原料成品和资本品的进口，这些产品价格的上涨和下跌都可能导致厂商在进口过程中追涨压跌。而进口量的国内收入弹性为负表明国内经济景气时，国内投资增加，供给充裕，自国外的进口下降；反之经济低迷时，在宏观调控过程中，政府投资主导和政府政策引导都将导致对资本品和基础材料等进口的增加。

在一般贸易出口模型中，出口价格弹性也为正，这同样说明了价格预期的作用，但就中国的出口而言，该弹性为正还存在另一个原因，那就是我国出口产品的附加值低，呈现吉芬商品特征。该弹性绝对值大于进口弹性，原因在于一般贸易出口商品类别主要集中于机电产品的出口。我国机电产品附加值低、大多以低成本低利润形式实现粗放型出口增长，快速扩张的市场因产品本身的国际竞争能力较弱而不稳定，出口需求弹性较大。

国内供给弹性为正反映了我国国内投资旺盛，收入增加时出口量也将相应增加。总的来说，当考虑汇率变化对一般贸易的影响时，根据上述估计结果，如若人民币升值，在其他条件皆满足的情况下，进口价格下降，一般贸易的进口量会因此而下降，价格与数量两方面都导致进口额减少；同时，出口价格上升，一般贸易的出口量会因此而上升，导致出口额的增加，进出口两方面皆增加贸易余额，从而导致人民币升值将增加一般贸易余额这一结果。

5.4.3.2.4　脉冲反应函数和方差分解分析

在根据 VECM 得出脉冲反应函数和方差分解结果之前，需要对模型进行必要的诊断检验。主要是针对模型残差进行平稳性检验，根据报告结果，一般贸易进口 VECM 存在两个根落在单位圆上（进口 VECM 的模型设定本身含有 2

个单位根），一般贸易出口 VECM 存在 3 个根落在单位圆上（出口 VECM 的模型设定本身含 3 个单位根），其他均在单位圆内，因此一般贸易进口和出口的 VECM 模型稳定性条件都得到满足。

本书主要考察价格新息对进出口数量的影响。图 5-5 是基于一般贸易进口的 VECM 和一般贸易出口的 VECM 和蒙特卡罗模拟的脉冲反应函数曲线，横轴代表滞后阶数，由于本书采用的是月度数据，因此列示 36 个月的滞后情况，左右各图的纵轴分别代表一般贸易进口量对进口价格新息冲击的响应程度和一般贸易出口量对出口价格新息冲击的响应程度。具体见图 5-5。

一般贸易进口量对进口价格新息冲击的响应

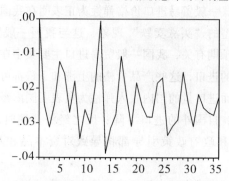

一般贸易出口量对出口价格新息冲击的响应

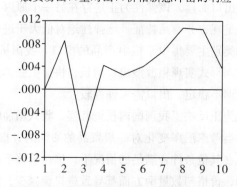

图 5-5　一般贸易进口和一般贸易出口 VECM 的脉冲响应函数曲线

对一般贸易进口和出口 VECM 模型进行方差分解后发现，不考虑一般贸易进口量自身的影响，一般贸易进口量的波动主要由进口价格的波动来解释，国内收入变化的贡献率极低，所有滞后期间中最高贡献率也不过 0.8%，因此进口价格的变化更能影响一般贸易的进口量。而出口却有所不同，对一般贸易出口量波动的贡献率从大到小的冲击排序为：世界收入、一般贸易出口价格和代表国内供给能力的国内收入。其中国内收入的贡献率极低，最高时也才有0.9%，世界收入的波动对我国一般贸易出口量的影响最大，而且随着时间的推移，该贡献率呈增大趋势，出口价格变化的贡献率趋势也同样如此，但出口价格对出口量的影响存在滞后，直到滞后8期才突破1%。

5.4.4 分贸易方式进出口价格弹性的比较与 ML 条件成立与否的讨论

通过构建 VAR 系统并采用协整检验方法对加工贸易和一般贸易进出口需求弹性进行估计，本书进一步对加工贸易和一般贸易方式下的价格弹性进行比较，见表 5 - 15。

表 5 - 15　加工贸易和一般贸易进出口需求价格弹性及 ML 条件

价格弹性	ε_m	ε_x	$\lvert \varepsilon_m \rvert + \lvert \varepsilon_x \rvert$	ML 条件	贸易余额（升值且不考虑汇率传导时）
加工贸易	− 0.779 0	0.299 5	1.078 5	>1	成立	↑
一般贸易	0.361 9	0.927 0	1.288 9	>1	成立	↑

根据以上表格所示的结果，本书得出以下几点结论：

（1）加工贸易进口价格弹性显著为负，而出口价格弹性显著为正，加工贸易进口价格的上升或是下降将导致加工贸易进口量的减少或是增加，而加工贸易出口价格的上升或是下降将导致出口量发生相同方向的变化。同时，由于合同期限的影响，加工贸易进出口量对进出口价格的反应都存在一定的滞后，进口量对进口价格的影响滞后约 3 个月，而出口量对出口价格的影响滞后约 5 个月。

（2）一般贸易进出口价格弹性皆显著为正，一般贸易进出口价格的上升或下降将导致一般贸易进口量和出口量发生相同方向的变化。这种逆传统理论的经济现象实际上反映了进出口需求方对价格的预期所产生的作用。在我国的一般贸易市场，决定其进出口需求的不是当期价格，而是预期价格水平。而出口弹性值明显高于进口弹性值反映了就一般贸易而言我国进口对国际市场的依赖程度要高于国际市场对我国出口的依赖程度。

（3）根据 ML 条件的基本定义，本书所得出的关于不同贸易方式下的 ML 条件是否成立问题的结果为：在加工贸易方式下和在一般贸易方式下的 ML 条件都分别成立。假定其他条件都满足，根据各贸易方式下进出口需求的价格弹性，人民币升值将增加加工贸易余额，也增加一般贸易余额。但汇率变化对贸易收支的最终影响却并不必定遵循上述分析结果，还需要结合汇率对价格的传导、贸易收支的初始状态等。

不管是我国总进出口、分商品类别进出口，还是分贸易方式进出口的需求价格弹性的估计结果都表明，如果不考虑其他因素的影响，单以 ML 条件是否成立作为判断汇率对贸易余额是否有改善作用的标准可能会造成分析结果上的混乱。即使是关于 ML 条件的原始假设如初始贸易平衡、汇率对价格完全传导、供给弹性无穷大等假设都成立，也可能因为用来判断 ML 条件是否成立的进出口需求弹性的符号和弹性绝对值的大小发生改变而改变根据原有 ML 条件推导出的贸易收支结果。换句话说，在原有 ML 条件判断过程中，所使用的贸易价格弹性都被假定为负，即遵循需求由价格决定且与价格负相关的理论，但在诸多经济现实中，这一理论也许并不成立。因此，准确地讲，使用"ML 条件成立"来判断汇率变化对贸易收支的调节作用，只有在关于 ML 条件的所有原始假设都成立，且进出口需求价格弹性都为负时，这一判定标准才是有效的。

6 人民币汇率变化的贸易收支效应及原因分析

根据第四章人民币汇率变化对进出口的价格传导程度估计结果，无论进口本币价格还是出口的本币价格，从总价格指数对人民币汇率变动的反应弹性来看，皆呈现出对人民币汇率变化的不完全传导特征。同时，从第五章进出口需求对进出口价格的弹性估计结果来看，二者之和并不满足传统定义下的 ML 条件，且进出口需求价格弹性的符号也与传统需求理论不符。由此看来，人民币汇率变化对我国贸易收支余额的影响从任一影响环节上来看都不满足传统国际经济理论中汇率对贸易收支影响分析的前提条件。人民币汇率变化到底如何影响我国贸易收支余额？其影响机制与传统分析有何不同？造成这种不同影响的根本原因何在？对我国未来对外贸易的发展和人民币汇率制度的改革和汇率调整具有何种意义？以上这些问题都有必要进行深入的思考。本章将先对我国贸易余额的汇率弹性进行估计，而后在此基础上结合前两章的汇率传导、进出口需求价格弹性等估计结果对人民币汇率如何影响我国贸易收支问题进行相对完整的分析讨论，并试图结合我国当前经济现实对以上提到的各个问题进行回答。

6.1 人民币汇率变化的贸易收支效应：文献回顾

国内关于人民币汇率变化对我国贸易收支影响的研究已经相当之多，自上个世纪 90 年代以来国内研究者们就开始源源不断地对此问题进行规范的学术探讨。从分析的角度来区分，所有关于该问题的研究基本可以分为三类：①单从 ML 条件出发，估计和检验 ML 条件在我国是否成立。因受到早期国际经济研究中弹性分析方法普遍运用的影响，此类分析从理论模型基础到实证分析方法都相对成熟，早期国内绝大多数对该问题的研究也都采用弹性分析方法。此类研究的代表文献有厉以宁（1991）、陈彪如（1996）、戴祖祥（1997）等，在第五章中已有详细综述，此处不再赘述。②单从汇率传导（传递）环节出发，估计我国人民币汇率对贸易价格的传导程度。国内最早关于汇率传导的研究出现在东南亚金融危机之后，倪克勤（1999）、王铮等（1999）在东南亚国家货币持续贬值的背景下，使用汇率传递理论分析了人民币是否应该贬值的问题，以及人民币汇率变动对出口价格的传递程度，并得出人民币贬值将导致我国出口产品的国外价格一致下跌的结论。但汇率传导在国内的大规模研究是从2005年人民币汇率制度改革后开始的，大多仅限于估计汇率变化对进口价格或对出口价格的传导程度，并未以此为基础对汇率的贸易收支效应进行充分的讨论。此类研究的代表文献有陈学彬（2007）、毕玉江和朱钟棣（2006）、陈六傅和刘厚俊（2007）、许伟和傅雄广（2008）、王晋斌和李南（2009）等。具体可参见第四章中的相关综述。③直接对人民币汇率与贸易余额或进出口额之间的关系进行建模，估计我国贸易余额或进出口额的汇率弹性。在诸多讨论汇率的贸易收支问题的研究中，此类研究应属最直接但理论解释相对较弱的研究，因此就计量方法的使用上大多采取非结构化的 VAR 模型进行协整向量自回归分析。具有代表性的研究主要有谢建国和陈漓高（2002）、卢向前和戴国强（2005）、辜岚（2006）、钟剑和孟浩（2008）等。

6.2　汇率影响贸易余额的汇率传导与贸易弹性理论框架

本书在第四章进行了人民币汇率传导分析，第五章进行了进出口需求价格弹性的估计，本章将在对我国贸易收支的汇率弹性进行估计的基础上，结合前两章的估计结果和分析结论进一步解析我国人民币汇率变化对贸易余额的影响。实际上是对汇率影响贸易收支的全部环节进行系统的分析并在统一框架下进行解释。其基本理论框架可简单表示如下：

$$B = x - m \tag{6-1}$$

$$x = e p_x^f q_x \tag{6-2}$$

$$m = p_m q_m \tag{6-3}$$

$$q_x = q_x(p_x^f, \bar{y}_f) \tag{6-4}$$

$$q_m = q_m(p_m, \bar{y}_d) \tag{6-5}$$

$$p_x^f = p_x^f(e, \bar{z}_x) \tag{6-6}$$

$$p_m = p_m(e, \bar{z}_m) \tag{6-7}$$

$$B = e p_x^f(e, \bar{z}_x) q_x[p_x^f(e), \bar{y}_f] - p_m(e, \bar{z}_m) q_m[p_m(e), \bar{y}_d] \tag{6-8}$$

式中 B 表示以人民币为货币单位的贸易顺差（或贸易收支余额），m 和 x 分别表示以人民币为货币单位的进口额和出口额，p_m 和 p_x^f 分别表示进口人民币价格和表示的出口外币价格，q_m 和 q_x 分别表示进口量和出口量，$\bar{y}_d$ 和 $\bar{y}_f$ 分别表示外生给定的国内实际收入和外国实际收入（在总出口模型中表示剩余世界实际收入），$\bar{z}_m$ 和 $\bar{z}_x$ 分别表示外生给定的影响进口本币价格的其他因素和影响出口外币价格的其他因素，e 为以直接标价法表示的汇率变量。前三个等式为定义恒等式，贸易余额是指出口贸易额和进口贸易额之差，进出口额分别等于进出口量与进出口价格的乘积，其中以本币表示的出口额等于直接标价法汇率值、出口外币价格和出口量三者的乘积。之后各等式为结构模型，均衡出口量由出口外币价格和外国实际收入决定（隐含国内出口供给弹性无穷大的假定），均衡进口量由进口本币价格和国内实际收入决定（隐含世界出口供给弹性无穷大的假定），而均衡的进口本币价格和出口外币价格都受到汇率变量和其他变量的影响，由于本书主要分析汇率变化对贸易价格的影响，故假定其他影响进出口价格的各变量皆保持不变或外生给定。最后一个方程式为综合模型，表示贸易余额的影响因素和影响机制。在本书对贸易余额对汇率求一阶导时，原模型设定中的各外生变量将被消除。具体推导过程如下：

$$\frac{\partial B}{\partial e} = \left[q_x\left(p_x^f + e\frac{\partial p_x^f}{\partial e}\right) + e \cdot p_x^f \frac{\partial q_x}{\partial p_x^f}\frac{\partial p_x^f}{\partial e}\right] - \left(\frac{\partial p_m}{\partial e} q_m + p_m \frac{\partial q_m}{\partial p_m}\frac{\partial p_m}{\partial e}\right)$$

$$= \left(q_x p_x^f + q_x p_x^f \frac{\partial p_x^f}{\partial e}\frac{e}{p_x^f} + \frac{\partial q_x}{\partial p_x^f}\frac{p_x^f}{q_x} \cdot \frac{\partial p_x^f}{\partial e}\frac{e}{p_x^f} \cdot \frac{q_x}{e} \cdot e \cdot p_x^f\right) - \frac{\partial p_m}{\partial e}\left(q_m + p_m \frac{\partial q_m}{\partial p_m}\right)$$

$$= p_x^f q_x(1 + pt_x^f - pt_x^f \varepsilon_x^f) - \frac{\partial p_m}{\partial e}\frac{e}{p_m}\left(\frac{p_m q_m}{e} + \frac{p_m q_m p_m}{e}\frac{\partial q_m}{q_m \partial p_m}\right)$$

$$= \frac{x}{e}(1 + pt_x^f - pt_x^f \varepsilon_x^f) - \frac{m}{e} pt_m(1 - \varepsilon_m) \tag{6-9}$$

式中 $pt_x^f = \frac{\partial p_x^f}{\partial e}\frac{e}{p_x^f}$，$pt_m = \frac{\partial p_m}{\partial e}\frac{e}{p_m}$，分别表示汇率对出口外币价格的传导和汇率对进口本币价格的传导，$\varepsilon_x^f = -\frac{p_x^f}{q_x}\frac{\partial q_x}{\partial p_x^f}$ 和 $\varepsilon_m = -\frac{p_m}{q_m}\frac{\partial q_m}{\partial p_m}$ 分别表示我国出口需求的价格弹性和进口需求的价格弹性。若只需判断汇率变化本身对贸易收支余额的影响方向和大小，则只需根据 $\frac{\partial B}{\partial e}$ 的符号来直接进行判断。若 $\frac{\partial B}{\partial e} > 0$，则表示人

民币贬值（e 上升）导致贸易余额增加，反之 $\dfrac{\partial B}{\partial e}<0$ 时，则表示贬值导致贸易余额减少。由于推导过程中的汇率采用直接标价法表示，因此在进行实际分析时，汇率上升或下降的具体升贬值意义还取决于计量分析过程中所使用汇率变量的具体标价方式和经济意义，从而可能导致不同汇率标价法的运用需要使用不同的符号判别标准。

根据以上推导，可得出模型的一些基本结论：

（1）汇率变化贸易收支效应的影响因素。根据上述推导结果可知，汇率变化对贸易收支的影响方向和大小取决于汇率对出口外币价格的传导、汇率对进口本币价格的传导和进出口需求的价格弹性的符号和大小以及进出口额、汇率初始值的大小等指标的综合比较。由于无论汇率指标采用何种标价方式，其汇率值始终都大于 0，故升值减少贸易余额或贬值增加贸易余额的必要条件可以重新进行如下表示：

$$(1 + pt_x^f - pt_x^f \varepsilon_x^f)x > pt_m(1 - \varepsilon_m)m \qquad (6-10)$$

（2）汇率变化的贸易收支效应大小与汇率（直接标价法）初始值呈负相关。由于汇率指标无论其标价方式如何都始终大于 0，故汇率初始水平的大小对 $\dfrac{\partial B}{\partial e}$ 的符号没有影响，仅对其绝对值大小有影响，也就是说，汇率初始水平值不影响汇率变化对贸易余额影响的方向，而只影响汇率变化的贸易效应的大小，且贸易余额的变化量与汇率值呈反比。比如，若考虑人民币名义汇率升值对我国贸易余额的影响，名义升值（汇率值下降）起点的汇率水平值越低，贸易余额的变化量就越大，也就是说，随着人民币的持续升值，相同汇率变化将导致更大的贸易收支调整。

（3）当初始贸易收支平衡时，汇率变化的贸易收支效应只与汇率传导和进出口需求价格弹性相关。在此前提下，升值减少贸易余额或贬值增加贸易余额的原必要条件可重新写为：

$$1 + pt_x^f - pt_x^f \varepsilon_x^f > pt_m(1 - \varepsilon_m) \qquad (6-11)$$

进一步给定分析假设，若假定汇率变化对进口本币价格和出口外币价格完全传导，即在产地货币定价（PCP）条件下 $pt_x^f = -1$ 和 $pt_m = 1$[①]，此时上述初始贸易平衡假定下升值减少贸易余额或贬值增加贸易余额的必要条件可再次重

---

① 注：e 上升（人民币贬值）1%，由于贸易品以产地货币定价，出口本币价格不变，出口外币价格则相应下降 1%，人民币汇率变化对出口外币价格完全传导。对应地，进口商品的外币价格不变，进口的人民币价格相应上升 1%，人民币汇率变化对进口本币价格完全传导。

新写为：$\varepsilon_x^f + \varepsilon_m > 1$，即在以上假定成立的前提下若能同时满足 ML 条件，则一国通过汇率变化能实现对其贸易余额的有效调整。

为了方便对一国外贸进出口、汇率、收入等相关变量进行建模和计量处理，国内外大多数文献直接使用了贸易余额的汇率弹性这一概念来讨论汇率波动 1 个百分点会引起多大比率的贸易余额的波动，并从该弹性的符号上来推断汇率变化对贸易余额的影响方向，甚至是直接以汇率弹性的正负来直接判断一国对外贸易中 ML 条件是否成立。根据前面关于 $\dfrac{\partial B}{\partial e} = \dfrac{x}{e}(1 + pt_x^f - pt_x^f \varepsilon_x^f) - \dfrac{m}{e}$ $pt_m(1 - \varepsilon_m)$ 的结论，进一步对贸易余额的汇率弹性 η 进行推导可得：

$$\eta = \frac{\partial B/B}{\partial e/e} = \frac{e}{B}\frac{x}{e}(1 + pt_x^f - pt_x^f \varepsilon_x^f) - \frac{e}{B}\frac{m}{e}pt_m(1 - \varepsilon_m)$$

$$= \frac{x}{x-m}(1 + pt_x^f - pt_x^f \varepsilon_x^f) - \frac{m}{x-m}pt_m(1 - \varepsilon_m) \qquad (6-12)$$

由于此处讨论的是汇率波动率对贸易余额影响的大小，故与之前的结论不同的是，汇率初始值的大小不会对贸易余额的汇率弹性产生影响，但初始贸易余额及进出口额却仍影响到该汇率弹性的符号和绝对值。由于贸易余额有可能大于 0、小于 0 或是等于 0，具体条件需分情况讨论。若 $\eta > 0$，则表示汇率上升导致贸易余额增加，反之 $\eta < 0$ 时，表示汇率下降导致贸易余额减少。至于汇率上升或下降的具体升贬值意义取决于计量分析过程中所使用汇率变量的具体标价方式和经济意义。如若汇率变量采用直接标价法的汇率指标值，则有贬值（e 上升）增加贸易余额或升值（e 下降）减少贸易余额的必要条件是：$\eta > 0$。也即：$\dfrac{x}{x-m}(1 + pt_x^f - pt_x^f \varepsilon_x^f) > \dfrac{m}{x-m}pt_m(1 - \varepsilon_m)$，分不同的贸易收支初始条件，此必要条件可进一步表示为：

$$x - m > 0 \text{ 时，即为}(1 + pt_x^f - pt_x^f \varepsilon_x^f)x > pt_m(1 - \varepsilon_m)m \qquad (6-13)$$

$$x - m < 0 \text{ 时，即为}(1 + pt_x^f - pt_x^f \varepsilon_x^f)x < pt_m(1 - \varepsilon_m)m \qquad (6-14)$$

根据以上模型推导可以得出，当假定其他条件不变时，1 个百分比的汇率变化导致多少百分比的贸易收支余额变化以及对变化方向的推断取决于汇率变化对进口本币价格和对出口外币价格的传导程度、进出口需求的价格弹性和进出口额初始值（初始进出口额的对比）的大小等因素的综合比较。当初始贸易余额表现为顺差时，$\eta = \dfrac{\partial B/B}{\partial e/e} > 0$ 和 $\dfrac{\partial B}{\partial e} > 0$ 的判别条件完全一致，但当初始贸易余额表现为逆差时，汇率贬值改善贸易余额和汇率升值恶化贸易余额的必要条件却与原有判别条件刚好相反。因此，在计量模型中使用贸易收支的汇率

弹性 η 来替代 $\dfrac{\partial B}{\partial e}$ 进行符号判断时，必须考虑贸易收支的初始状态。另外，汇率变化的贸易收支弹性指标不能运用于初始贸易收支平衡时汇率的贸易收支效应方向的判断，因为当贸易余额 $B \rightarrow 0$ 时，$\eta \rightarrow \infty$。在初始贸易收支平衡时，只能使用 $\dfrac{\partial B}{\partial e}$ 来判别汇率对贸易余额的影响方向。

6.3 人民币汇率变化对贸易总余额和分类贸易余额的影响

6.3.1 我国对外贸易进出口结构与变化趋势的描述性分析

改革开放 30 年，我国对外贸易的发展经历了三个发展阶段，从 1978—1993 年属于外贸增长环境变化和竞争优势形成阶段，1994—2004 年属于市场化改革和竞争优势增强阶段，2005 年至今属于对外贸易高速增长和外汇储备大幅增加阶段（江小娟，2008）。本书选取的样本区间从 1995 年 1 月到 2008 年 8 月，涵盖了整个中国开放经济历史的第二和第三阶段，因此在样本期内我国外贸进出口及其差额的变化也相应呈现出明显的两阶段特征。自 1995 年到 2007 年，我国年进出口总额从 2 808 亿美元增长到 2.173 8 万亿美元，增长了近 10 倍，年贸易差额从 166 亿美元增长到 2 622 亿美元，增长近 16 倍，出口增长速度快于进口增长速度。从进出口及其差额的增长速度和增幅来进行划分，2005 年之前，虽然得益于 1994 年外汇管理体制改革、人民币一次性贬值 33%、按国际惯例实行出口退税制度等市场化改革措施，进出口额的增长趋势趋稳，但由于国内产业竞争力仍属于形成和成长当中，进出口增长速度较缓。而且在我国加入 WTO 之后，随着进口关税的逐步降低，以及分批次的取消非关税措施，在贸易差额方面还于 2004 年初一度产生连续 4 个月贸易逆差。此期间内，我国贸易顺差始终保持在 440 亿美元以内的水平。进入 2005 年后，我国进出口总额快速增长，以每年 3 000 亿美元的速度增加，贸易顺差也急剧扩大，直接跃升 1 000 亿美元大关，并仅用两年多的时间实现翻番。即使在此期间内为了调节过高的贸易顺差，我国于 2005 年 7 月开始实施对人民币的持续升值，同时还分批下调或取消了多种贸易商品的出口退税，但接下来两年的出口增长仍然迅猛。这说明自改革开放以来我国产业竞争力得到了有力的提高，对外贸易主体的经济活力增强在此阶段得到了集中体现，同时对外贸易环境的改善，世界经济在此阶段内的复苏都起到了重要的作用。

就我国对外贸易结构来看，一直以来，我国进口和出口都皆以制成品的进口和出口为主，而以初级产品的进口和出口为辅。但初级产品和制成品各进出口占比却发生了一定的变化。初级产品的进口占比逐渐增加，从1995年的18%增加到2007年的25%以上，而出口占比却从14%下降到了5%。工业制成品进出口占比的变化与初级产品进出口占比互为消长，制成品进口占比从82%降到75%，而出口占比从86%增加到95%。初级产品和制成品进出口总额在进出口总额中的占比变化都较小，前者在15%左右，后者为85%左右。

就初级产品（SITC0－4类）而言，其进口在样本期内呈增长趋势，而出口变化较小，并始终表现为贸易逆差，且逆差大幅增加，从样本期初的年逆差29亿美元扩大到2007年的1 814亿美元，逆差不断扩大的趋势在我国加入WTO之后开始变得明显，人民币持续升值之后初级产品进口的增速更是有显著提高。根据第五章对初级产品数量指数的测算可知，我国初级产品进口数量的增长相对平缓，而进口额却快速增加，这主要是由于初级产品价格的上升引起，这与本书第四章对初级产品价格指数的测算结果相符。由于近20年来我国经济总量的快速增长，国内资源类产品供给趋紧，增加重要资源类产品的进口是保持国民经济稳定增长所必需，因此国内对初级产品进口数量的稳步增加，但国际市场初级产品价格的大幅上升使得我国初级产品进口额急速攀升，对国内生产价格带来一定的影响。

就工业制成品（SITC5－9类）而言，其进口和出口增长趋势都非常明显，出口增长速度快于进口增长速度，在样本期内始终保持贸易顺差，2004年下半年以前顺差相对稳定，之后呈现快速增长趋势，波动幅度也随之加大。在进口商品分类中，我国机械与运输类商品的进口和出口占比在各类商品中始终是最高的，但变化趋势却相反，此类商品进口占比逐年上升，从1995年1月的21%增加到2008年8月的44.8%，而出口占比却略有下降，从39.3%下降到38.2%。除了机械及运输设备类，我国纺织类产品的进出口也产生了大量顺差。其中，纺织品出口始终大于进口，呈现出明显的加工贸易特征。在SITC国际标准分类当中，由于电子类产品归属于第7类（机械及运输设备类）当中的75、76和77三章中，基于电子类产品在进出口中的占比越来越高，近年来其进出口占比皆超过机械运输与设备类的70%以上，本书将该三章电子类产品汇总并单列出来进行表示，发现自2004年以来，我国电子行业的加工贸易特征明显，加工贸易比重大大提高，贸易顺差大幅上升。具体见图6－1。

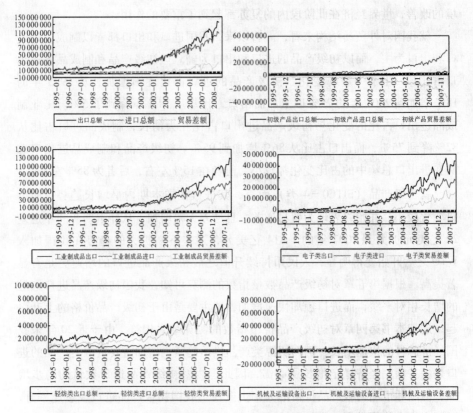

图6-1 各类贸易进口、出口与贸易差额的变化趋势

6.3.2 我国贸易余额的汇率弹性估计与模型检验

6.3.2.1 理论分析框架

在一般均衡框架下，考虑一个标准国际收支决定的两国模型，假定各国进口品与国内产品为不完全替代。则进口品的需求取决于国内实际收入和进口品的本币价格，本国进口品的供给取决于外国出口厂商所面临的出口外币价格。本国出口品的需求取决于外国实际收入和外国进口该产品的进口外币价格，本国出口品的供给取决于本国出口厂商面临的出口本币价格，具体表示如下：

$$D_m = f(y_d, p_m^d) \tag{6-15}$$

$$S_m = f(p_m^f) \tag{6-16}$$

$$D_x = f(y_f, p_x^f) \tag{6-17}$$

$$S_x = f(p_x^d) \tag{6-18}$$

式中 D_m、S_m、D_x、S_x 分别表示本国的进口需求、进口供给、出口需求和出口供给；y_d 和 y_f 表示本国和外国的实际收入；p_m^d 和 p_m^f 表示本国进口品的本币价格和外币价格；p_x^d 和 p_x^f 表示本国出口品的本币价格和外币价格。当 $D_m = S_m$、$D_x = S_x$ 时，进口和出口分别达到均衡，则均衡时的本国进出口量可分别表示为：

$$q_m = f(y_d, p_m^d, p_m^f) \qquad (6-19)$$

$$q_x = f(y_f, p_x^f, p_x^d) \qquad (6-20)$$

则均衡时的进出口额可表示为：

$$m = p_m^d f(y_d, p_m^d, p_m^f) = g(y_d, p_m^d, p_m^f) \qquad (6-21)$$

$$x = p_x^d f(y_f, p_x^f, p_x^d) = g(y_f, p_x^f, p_x^d) \qquad (6-22)$$

由于 $p_m^d = e p_m^f$ 和 $p_x^d = e p_x^f$，其中 e 为直接标价法表示的汇率变量，则均衡的本国进出口额和贸易余额方程分别为：

$$m = g(y_d, e) \qquad (6-23)$$

$$x = g(y_f, e) \qquad (6-24)$$

$$B = x - m = g(y_f, e) - g(y_d, e) = h(y_d, y_f, e) \qquad (6-25)$$

即一国贸易收支余额主要由一国汇率、国内实际收入和外国实际收入三个因素共同决定。

6.3.2.2 模型设定、变量选择和数据处理

本书将对总进口额的汇率弹性、总出口额的汇率弹性以及总贸易余额的汇率弹性进行估计，并有针对性地对相关分类商品进口额、出口额、贸易余额的汇率弹性一并予以估计，从而与第四章、第五章中关于汇率传导、进出口需求的价格弹性的估计保持对应，以对前两章的估计结果进行检验并结合前两章估计结果深入分析汇率变化引起贸易余额变化的根本原因。根据上述理论模型，假定上述各模型中所有变量皆采取乘积的函数形式（Wilson and Takace，1979）并在等式两边取对数，则可得相应计量模型表示如下：

$$\ln m_t = \alpha_m + \beta_m \ln e_t + \gamma_m \ln y_{d\,t} + u_{mt} \qquad (6-26)$$

$$\ln x_t = \alpha_x + \beta_x \ln e_t + \gamma_x \ln y_{f\,t} + u_{xt} \qquad (6-27)$$

$$\ln B_t = \alpha_B + \eta \ln e_t + \gamma_B^f \ln y_{f\,t} + \gamma_B^d \ln y_{d\,t} + u_{Bt} \qquad (6-28)$$

式中 α_m、α_x 和 α_B 分别表示各模型的截距项，β_m、β_x 和 β_B 分别表示进口额、出口额和贸易余额的汇率弹性，γ_m 和 γ_x 分别表示进口额的国内收入弹性和出口额的外国收入弹性，γ_B^f 和 γ_B^d 则表示贸易余额对外国收入弹性和国内收入弹性，u_m、u_x 和 u_B 分别表示进口模型、出口模型和贸易余额模型的随机扰动项。另外，同时考虑到我国加入 WTO 和 2005 年汇率制度改革两次制度变化对

我国对外贸易造成的可能影响，特将 *dwto* 和 *der* 两个虚拟变量也一同纳入模型当中，两虚拟变量的具体设定同以上各章，在此不作重复说明。

由于本书使用的全部都是总量数据而非双边数据，不适合采用双边特征的名义汇率或实际汇率指标，故汇率变量选择使用实际有效汇率指数，国内多数研究皆采用 IMF 提供的实际有效汇率指数，但由于该指数测算中的加权采用与发达工业国之间的贸易额作为权重，与我国对外贸易现实不符。同时，由于实际有效汇率本身即反映了现实经济变量变化后的结果，采用实际有效汇率进行模型分析容易造成实证中的共线问题，并且实际有效汇率的政策意义也不直观。另外，贸易总额加权的一般有效汇率指数通常只适用于对贸易总额和贸易余额的分析，进口额或出口额变动的汇率分析指标应采用对应进口额加权或出口额加权的有效汇率指标。基于以上原因本章采用在本书第三章中所测算的以我国与 14 个主要贸易伙伴国之间的进口额、出口额和贸易总额进行加权的三种名义有效汇率指数。在进口模型中使用进口加权的名义有效汇率指数、出口模型中使用出口加权的名义有效汇率指数、贸易余额模型中使用贸易总额加权的一般名义有效汇率指数指标。根据实际有效汇率的定义和测算方法，汇率值上升表示升值，汇率值下降表示贬值。因此，β_m、β_x 和 β_B 大于 0 分别表示升值导致进口额增加、出口额增加和贸易余额增加，而贬值导致进出口额和贸易余额减少。相反，若各 β 值皆小于 0，则表示升值将导致进口额减少、出口额减少和贸易余额减少，而贬值分别导致各进出口额和贸易余额增加。

本书使用的所有进出口相关数据为 1995 年 1 月 ~2008 年 8 月的月度数据，但由于缺乏国内收入的月度数据，考虑到国内社会消费品零售总额与国民收入高度相关，因此选择国内社会消费品零售总额来替代国内收入变量。原始数据来源于中国经济统计数据库。由于是对我国贸易总量进行分析，模型中外国收入变量用实际的世界工业产值（发达工业国工业产值）来进行替代。实际世界工业产值数据来源于 IMF 的 IFS 数据库。所有进入模型的进口额、出口额、贸易余额等来自海关统计的贸易数据因原始数据单位为美元，因此先使用同期 1 美元兑人民币的名义汇率月平均值将所有贸易数据序列换算为人民币单位，之后使用以 2000 年为基期的我国 CPI 指数将所有贸易变量序列和国内收入序列的名义量转换为不受通胀影响的实际量数据序列，而后再连同世界实际收入序列一同进行季节调整，最后对所有变量序列取对数。需要说明的是，其中贸易余额（出口额减进口额）在不同时期内可能为顺差（大于 0），也可能为逆差（小于 0），由于对于小于 0 的数不可能取对数，因此本书将进入计量模型的贸易余额在取对数前重新定义为出口额与进口额的比，而后将其比值取对数。则贸易余额模型中的各参数系数的经济意义发生变化，分别表示 1 单位百分比各自变量的变化分别引起的出口额比进口额的百分比的变化。但就参数系数的符号意义而言，如此重新定义后所得系数符号的经济意义保持不变。即若系数大于 0，仍表示自变量的上升导致贸易余额的上升，原因是，若出口额比进口额的比值上升，表示贸易竞争力提高，在特定情况下也可表示贸易余额的增加。① 但在对外贸易竞争中，贸易竞争力的提高才是一国对外经济发展的需要，而不是单一的提高贸易顺差，因此，此处以出口额比进口额的比值作为因变量存在更高的经济分析价值。

与第四章和第五章在分类贸易处理中有所不同的是，由于海关月度数据中没有直接提供完整商品类别的价格数据和数量数据，本书之前根据已提供的有限数据进行了相关分类商品进出口价格指数和进出口数量指数的归属和测算，在分类归属中存在许多明细类章中缺少数量数据而使其未能被包括进各自应归属的类别。而对于贸易额的分类数据，海关月度库中有根据 SITC 的明确分类商品的完整数据，为了完整分析重点分类商品相关贸易额的变化，本章在进行商品分类时直接采用海关月度库中所提供的完整分类，对所有进口额、出口额和贸易余额等进行了共三个层次、九个类别的划分。分别是第一层次的总贸易额（模型标号为 0），第二层次的初级产品贸易额和工业制成品贸易额（模型标号为 1 和 2），第三层次是制成品中分类贸易额，分别为电子类、轻纺类、钢材类、机械运输类、化工类和杂项类（各分类模型标号依次为 21，22，23，24，25，26）。基于以上分类与第四章和第五章的分类（主要是制成品内部的分类）差异，为避免相关测量误差，本书在进行连贯分析时主要针对各相同类别的相关结论进行分析。

6.3.2.3 各变量序列的单位根检验

在进行 OLS 估计之前，为了避免伪回归，首先要对各时间序列进行单位根检验，以判断各时间序列的平稳性。本书运用 Eviews 6.0 软件分别对方程中各变量的水平值序列与一阶差分序列进行 ADF 单位根检验，其检验过程中根据 AIC 准则（AIC 值最小原则）来选择滞后项，关于进口额、出口额和贸易余

---

① $\frac{x}{m}\uparrow\Rightarrow\frac{x_2}{m_2}>\frac{x_1}{m_1}\Rightarrow\frac{x_1+\Delta x}{m_1+\Delta m}>\frac{x_1}{m_1}$，等式左边分子分母同时除以 m_1，得 $\frac{x_1}{m_1}+\frac{\Delta x}{m_1}>\frac{x_1}{m_1}$

$(1+\frac{\Delta m}{m_1})\Rightarrow\frac{\Delta x}{\Delta m}>\frac{x_1}{m_1}$，当 $m\uparrow$ 时，若 $\frac{x_1}{m_1}\geqslant 1$，则 $\Delta x>\Delta m\Rightarrow B\uparrow$；若 $\frac{x_1}{m_1}<1$，则 Δx 有可能大于、小于和等于 Δm，B 有可能因而上升、不变或下降，具体取决于 Δx 与 Δm 大小对比的实际情况。

额模型中各实际变量序列平稳性的检验结果见表6-1。

表6-1 进口额、出口额和贸易余额模型变量序列的单位根检验结果

序列水平值	(C,T,K)	ADF t - stat.	5%临界值	P - value	一阶差分值	(C,T,K)	ADF t - stat.	5%临界值	P - value
$b\,0$	(C,0,12)	-2.637 3	-2.879 4	0.087 6	$\triangle b\,0$	(0,0,3)	-9.171 6	-1.942 8	0.000 0
$b\,1$	(C,T,6)	-2.326 9	-3.438 3	0.416 7	$\triangle b\,1$	(C,0,3)	-10.077 0	-2.879 6	0.000 0
$b\,2$	(C,0,12)	-0.799 8	-2.879 5	0.816 1	$\triangle b\,2$	(0,0,1)	-13.341 4	-1.942 8	0.000 0
$b\,21$	(C,T,2)	-1.765 4	-3.438 0	0.717 0	$\triangle b\,21$	(0,0,1)	-12.707 9	-1.942 8	0.000 0
$b\,22$	(C,T,5)	-2.173 9	-3.438 5	0.446 1	$\triangle b\,22$	(C,T,4)	-8.936 3	-3.438 5	0.000 0
$b\,23$	(C,0,12)	0.947 0	-2.880 6	0.995 9	$\triangle b\,23$	(C,T,1)	-8.471 6	-3.438 0	0.000 0
$b\,24$	(C,T,4)	-2.275 0	-3.438 5	0.444 7	$\triangle b\,24$	(C,0,3)	-10.701 3	2.879 6	0.000 0
$b\,25$	(C,0,11)	-0.792 2	-2.879 5	0.818 3	$\triangle b\,25$	(C,T,3)	-9.552 9	-3.438 3	0.000 0
$b\,26$	(C,T,2)	-1.650 9	-3.438 0	0.768 2	$\triangle b\,26$	(0,0,1)	-13.003 2	-1.942 8	0.000 0
$m\,0$	(C,T,3)	-2.322 5	-3.438 2	0.419 0	$\triangle m\,0$	(C,0,2)	-11.457 9	-2.879 5	0.000 0
$m\,1$	(C,T,3)	-1.916 7	-3.438 2	0.641 2	$\triangle m\,1$	(C,0,1)	-11.921 0	-2.879 4	0.000 0
$m\,2$	(C,T,3)	-1.925 6	-3.438 2	0.636 5	$\triangle m\,2$	(C,0,2)	-11.885 9	-2.879 5	0.000 0
$m\,21$	(0,0,2)	4.766 2	-1.942 8	1.000 0	$\triangle m\,21$	(C,0,1)	-13.823 6	-2.879 4	0.000 0
$m\,22$	(0,0,3)	-0.016 1	-1.942 8	0.675 9	$\triangle m\,22$	(0,0,2)	-12.464 2	-1.942 8	0.000 0
$m\,23$	(C,T,1)	-2.173 5	-3.437 8	0.500 7	$\triangle m\,23$	(0,0,0)	-18.576 0	-1.942 8	0.000 0
$m\,24$	(C,T,3)	-2.446 9	-3.438 2	0.354 2	$\triangle m\,24$	(0,0,2)	-11.612 5	-1.942 8	0.000 0
$m\,25$	(C,T,3)	-2.221 0	-3.438 2	0.474 4	$\triangle m\,25$	(C,0,2)	-12.000 1	-2.879 5	0.000 0
$m\,26$	(C,T,2)	-1.941 9	-3.438 0	0.627 8	$\triangle m\,26$	(C,0,1)	-13.750 8	-2.879 4	0.000 0
$x\,0$	(C,T,2)	-3.022 9	-3.438 0	0.129 3	$\triangle x\,0$	(C,0,1)	-14.238 8	-2.879 4	0.000 0
$x\,1$	(C,T,3)	-2.829 8	-3.438 2	0.188 9	$\triangle x\,1$	(0,0,2)	-11.103 2	-1.942 8	0.000 0
$x\,2$	(C,T,2)	-2.986 7	-3.438 0	0.139 2	$\triangle x\,2$	(C,0,1)	-13.960 0	-2.879 4	0.000 0
$x\,21$	(C,T,2)	-2.130 5	-3.438 0	0.524 5	$\triangle x\,21$	(C,0,1)	-16.009 9	-2.879 4	0.000 0
$x\,22$	(C,T,2)	-2.938 9	-3.438 0	0.312 6	$\triangle x\,22$	(C,0,1)	-13.960 0	-2.879 4	0.000 0
$x\,23$	(C,T,0)	-1.101 3	-3.437 6	0.924 9	$\triangle x\,23$	(C,T,0)	-13.875 0	-3.437 8	0.000 0
$x\,24$	(C,T,4)	-2.049 2	-3.438 3	0.569 5	$\triangle x\,24$	(C,0,3)	-10.753 9	-2.879 6	0.000 0
$x\,25$	(C,T,4)	-1.919 9	-3.438 3	0.639 4	$\triangle x\,25$	(C,T,3)	-9.200 1	-3.438 5	0.000 0
$x\,26$	(C,T,2)	-2.849 6	-3.438 0	0.182 0	$\triangle x\,26$	(C,0,1)	14.448 6	-2.879 4	0.000 0
e	(0,0,7)	0.022 1	-1.942 8	0.688 4	$\triangle e$	(0,0,6)	-10.792 3	-1.942 8	0.000 0
em	(C,0,1)	-2.133 0	-2.879 3	0.232 2	$\triangle em$	(0,0,1)	-10.364 5	-1.942 8	0.000 0
ex	(0,0,12)	-0.421 7	-1.942 9	0.529 7	$\triangle ex$	(0,0,11)	-3.160 0	-1.943 0	0.000 0
y	(C,T,12)	0.097 7	-3.439 9	0.997 0	$\triangle y$	(C,T,11)	-3.871 4	-3.439 8	0.000 0

表6-1(续)

序列水平值	(C,T,K)	ADF t-stat.	5%临界值	P-value	一阶差分值	(C,T,K)	ADF t-stat.	5%临界值	P-value
wip	(C,T,9)	-3.194 9	-3.439 3	0.089 3	△wip	(0,0,9)	-2.840 8	-1.942 9	0.000 0

注：上述序列名中 b 表示贸易余额，m 为进口额，x 为出口额，neer、neer（im）和 neer（ex）分别表示对 14 个我国主要贸易伙伴国贸易总额加权、进口额加权和出口额加权的人民币名义有效汇率，y 和 wip 分别表示国内实际收入和剩余世界实际收入。所有变量序列皆为经价格调整后的实际变量，再经季节调整后取的对数值。其中检验形式（C，T，K）分别表示单位根检验方程包括：常数项、时间趋势和滞后项的阶数，加入滞后项是为了使残差项为白噪声，△表示一阶差分。

从单位根检验结果表中可看出，贸易余额、进口额、出口额、人民币实际有效汇率和国内外实际收入序列的水平值都是非平稳的，而各序列的一阶差分都是平稳的，即各序列都为 I（1）序列，因此在各模型中的所有变量序列都满足构造协整检验的必要条件。

6.3.2.4　基于 Engle - Granger 两步法的协整检验与长期均衡下的参数估计

本书将采用 Engle - Granger 两步法对 9 个方程的贸易余额、进口额和出口额模型（共 27 个模型）分别进行估计，并对各模型中所有自变量与因变量之间的长期均衡关系进行检验，然后对各方程的短期动态误差模型进行估计。首先运用 Engle - Granger 两步法进行协整检验，第一步采用 OLS 方法估计各类贸易余额、进口额和出口额的具体方程式，其中同时考虑虚拟变量 dwto 和 der 对各模型因变量的影响。第二步对各估计模型残差进行单位根检验。实证结果见表 6-2。

表 6-2　　　　　各类贸易余额模型的参数估计与模型检验结果

B_Model	贸易余额	初级产品余额	制成品余额	电子类余额	轻纺类余额	钢材成品余额	机械运输余额	化工类余额	杂项类余额
	B 0	B 1	B 2	B 21	B 22	B 23	B 24	B 25	B 26
c	-0.689 8 -2.682 7	1.092 0 2.826 1	-1.082 2 -3.915 0	1.188 0 2.650 8	1.718 8 3.233 0	8.543 3 3.375 1	-8.508 5 -10.743	2.349 9 3.736 0	-2.823 0 -4.186 5
neer	0.473 9 4.514 1	1.314 2 7.103 0	0.348 1 2.651 6	0.240 6 * 1.907 9	-1.060 7 -7.061 2	-2.476 9 -3.610 3	0.576 5 2.641 8	0.331 6 * 1.944 8	1.531 6 8.380 0
y	-0.057 6 ** -2.236 2	-1.141 4 -26.182	0.143 3 3.257 7	0.519 2 8.417 4	0.934 2 11.301	1.307 7 ** 2.461 3	0.772 1 5.938 0	0.370 2 2.804 0	-0.901 1 -6.366 8
wip				-1.723 0 -5.209 3	-1.366 0 -3.422 0	-4.253 4 ** -2.160 6	2.249 4 3.890 1	-2.351 4 -4.806 9	1.864 0 3.554 5
dwto		0.077 4 4.152 9	-0.027 7 * -1.966 8			-0.401 0 -4.183 8	-0.091 0 -3.845 0	-0.064 2 -3.015 7	-0.054 4 ** -2.386 3

表6-2(续)

B_Model	贸易余额	初级产品余额	制成品余额	电子类余额	轻纺类余额	钢材成品余额	机械运输余额	化工类余额	杂项类余额
	$B0$	$B1$	$B2$	$B21$	$B22$	$B23$	$B24$	$B25$	$B26$
der	0.066 3 6.302 9		0.076 2 6.256 6		0.081 4 5.759 1	0.532 8 7.712 3		0.141 4 8.235 8	0.045 7 ** 2.484 2
R^2	0.268 2	0.935 7	0.567 2	0.547 8	0.939 8	0.625 8	0.882 9	0.527 7	0.902 2
$F-stat.$	20.913	792.077	54.397	66.810	637.694	55.524	308.342	37.419	301.829
$D-W$	0.878 2	1.270 3	0.819 0	0.394 5	0.942 3	0.202 1	1.378 8	0.653 7	0.861 4
Res_ADF	-4.502 0 -1.942 8 2.050 3	-6.250 4 -1.942 8 2.014 4	-4.279 4 -1.942 8 2.049 7	-2.682 3 -1.942 8 2.005 4	-4.963 1 -1.942 8 1.976 0	-3.405 4 -1.942 8 1.992 4	-10.588 1 -1.942 8 1.997 3	-4.159 7 -1.942 8 1.989 8	-3.907 3 -1.942 8 1.947 4

注：各模型对应变量系数行中第一行数据表示参数系数，第二行数据表示 t 统计量的值。* 表示在10%的水平下显著，** 表示在5%水平下显著，无星号参数系数表示在1%水平下显著。表格最末行表示各模型残差单位根检验结果。其中第一行表示 ADF 检验的 t 统计量值，第二行为5%显著水平的临界值，第三行为单位根检验模型的 $D-W$ 值。

从表6-2可以得出以下结论：

（1）人民币汇率升值对我国总贸易、初级产品贸易和制成品贸易的竞争力有提高作用，尤其是对初级产品贸易在国际市场上的竞争力有较大的提高作用（初级产品"贸易余额"的汇率弹性大于1）。在制成品各类别的贸易中，升值将降低纺织和钢材类成品贸易的竞争力，但对其他商品类别贸易的竞争力有提高作用。

（2）国内收入的增长对我国制成品贸易的国际竞争力有提升作用，但将降低我国初级产品贸易的国际竞争力，而对总贸易的国际竞争水平影响非常小且不够显著。在所有制成品中，仅杂项类贸易竞争力与国内收入呈反比。

（3）世界收入对我国各分类制成品类别贸易竞争力的影响存在很大差异。其中电子、纺织、钢材和化工类贸易竞争力与其呈负相关，而机械运输和杂项类贸易竞争力与其呈正相关。

（4）虚拟变量对各类别贸易竞争力的影响都较小。其中加入 WTO 和汇率制度改革对钢材类贸易竞争力的影响都最大，但两次制度变化对该类商品贸易竞争力的影响方向却不同，加入 WTO 降低其竞争力，而汇改则提高其竞争力。

为了进一步了解以上结论产生的具体原因，本书还需对进口额的汇率弹性和出口额的汇率弹性进行估计，根据上述进出口额与汇率之间的理论关系和实证模型，采用与贸易余额模型相同的估计和检验方法，得到实证结果见表6-3、表6-4。

表 6-3　　　　　　　进口额的影响因素模型的估计和检验结果表

M_Model	总进口	初级产品进口	制成品进口	电子类进口	轻纺类进口	钢材成品进口	机械运输进口	化工类进口	杂项类进口
	$m\,0$	$m\,1$	$m\,2$	$m\,21$	$m\,22$	$m\,23$	$m\,24$	$m\,25$	$m\,26$
c	7.218 5 26.718 3	6.798 2 15.020 2	7.198 7 26.188 2	3.383 5 7.639 4	7.947 3 30.421 7	7.906 1 17.814 4	8.917 3 21.051 5	5.701 6 22.010 3	6.840 6 17.060 4
$neer(im)$	-1.876 0 -14.619 4	-2.731 4 -12.603 1	-1.749 2 -13.398 3	-1.745 6 -9.653 9	-0.822 9 -7.716 3	-2.033 4 -9.647 0	-1.936 7 -9.548 6	-1.525 3 -14.423 4	-2.476 6 -12.899 3
y	1.362 5 31.689 3	1.777 0 34.800 2	1.266 9 28.960 9	2.217 4 50.001 6	0.181 6 6.941 3	0.859 1 12.163 9	0.681 5 14.260 4	1.347 1 51.939 8	1.469 7 32.487 8
$dwto$	0.031 4 ** 2.279 2	-0.078 4 -3.590 4	0.054 8 3.916 0			0.129 9 5.744 1	0.111 8 5.469 2		0.103 2 5.336 2
der	-0.034 1 -2.859 3		-0.053 6 -4.427 2	-0.192 5 -10.632 5	-0.051 6 -4.836 9	-0.170 0 -8.688 3		-0.072 3 -6.828 7	
R^2	0.984 7	0.968 9	0.982 4	0.976 3	0.556 8	0.927 8	0.932 9	0.981 7	0.977 9
$F-stat.$	2 625.530	1 695.290	2 272.830	2 238.780	69.260	524.674	756.623	2 909.516	2 400.342
$D-W$	1.304 5	0.730 4	1.277 2	0.542 7	1.248 2	0.685 1	1.252 2	1.560 9	0.778 1
Res ADF	-5.439 2 -1.942 8 2.019 0	-4.226 8 -1.942 8 2.054 1	-5.237 1 -1.942 8 2.001 3	-2.379 3 ** -1.942 8 2.012 0	-2.474 2 ** -1.942 8 1.967 4	-5.215 1 -1.942 8 2.011 1	-5.948 1 -1.942 8 2.043 0	-6.651 8 -1.942 8 1.920 1	-3.831 4 -1.942 8 1.960 0

注:同上表。

根据进口额影响因素模型的估计和检验结果,可以得出如下基本结论:

(1)长期内人民币升值将大幅降低我国各类贸易的进口额,总进口的汇率弹性高达1.876。其中初级产品进口的汇率弹性要高于制成品的汇率弹性,但制成品进口本身的汇率弹性也很高,在制成品分类进口中,仅纺织类进口额的汇率弹性绝对值低于1,其他都达到1.5以上。结合汇率传导和进口需求弹性分析可以看出,升值导致进口额下降是因为人民币升值降低我国进口的本币价格,而且我国进口需求的价格弹性(总需求弹性、初级产品需求弹性和制成品需求弹性等)皆大于0,进口价格下降导致进口量下降,二者的同时降低导致进口额大幅减少。

(2)各类进口额的国内收入弹性皆大于0,说明国内收入增加有利于增加进口额。制成品进口额的国内收入弹性小于初级产品进口额的国内收入弹性,说明随着国内经济的增长,对初级产品的进口增速要快于对制成品进口的增速。这与我国制成品进口中存在大比例的加工贸易进口有关。在所有制成品进口中,实际上仅一般贸易制成品的进口与国内收入有关。从纺织类进口的收入弹性最低(0.181 6)就可看出,加工贸易程度越高的行业其进口的国内收入弹性就越低。

（3）就制度变化的影响而言,中国加入 WTO 增加了我国的进口额,这是因为加入 WTO 后,大量关税和非关税壁垒得到降低和逐步取消,使得进口增加。但汇改则减少我国进口额,这与汇改后汇率的升值预期与汇率波幅增大有关。

表 6 - 4 　　　　　　出口额的影响因素模型估计和检验结果表

X_Model	总出口	初级产品出口	制成品出口	电子类出口	轻纺类出口	钢材成品出口	机械运输出口	化工类出口	杂项类出口
	$x0$	$x1$	$x2$	$x21$	$x22$	$x23$	$x24$	$x25$	$x26$
c	2.068 1 4.727 5	6.416 7 14.322 6	1.294 7 2.904 7	-4.520 1 -7.845 7	5.737 2 13.730 9	9.342 7 5.387 3	-3.298 2 -5.357 4	2.314 4 3.973 6	2.329 0 6.522 9
$neer(ex)$	-1.484 9 -9.444 7	-1.352 4 -8.399 4	-1.466 2 -9.152 8	-1.604 0 -7.746 8	-1.826 2 -12.161 0	-4.462 3 -8.924 5	-1.268 2 -5.732 0	-1.188 8 -5.679 0	-0.938 6 -7.315 4
wip	4.624 0 23.816 6	1.786 2 8.983 3	4.972 4 25.135 6	7.762 8 30.360 8	2.513 2 13.553 1	3.078 9 4.883 3	6.564 5 24.026 3	3.547 6 13.724 4	3.074 4 23.376 9
$dwto$	0.178 0 13.832 4	0.082 3 6.247 7	0.188 9 14.404 9	0.302 9 17.872 5	0.141 5 11.515 2		0.210 2 11.607 0	0.145 4 8.483 3	0.118 4 11.274 1
der	0.133 6 11.044 3	0.081 0 6.543 0	0.132 1 10.718 2	0.058 6 3.678 0	0.113 7 9.845 0	0.537 4 11.196 1	0.159 9 9.395 1	0.205 2 12.745 9	0.099 9 10.117 4
$\bar{R}^2$	0.977 4	0.911 0	0.978 6	0.981 0	0.942 6	0.827 1	0.972 1	0.952 3	0.972 6
$F-stat.$	1 761.447	418.288	1 867.922	2 110.534	1 043.82	260.915	1 422.707	814.083	1 445.081
$D-W$	0.596 6	0.891 2	0.584 9	0.608 2	0.867 5	0.186 0	0.754 8	0.451 8	0.881 3
Res ADF	-3.444 9 -1.942 8 2.003 2	-4.432 1 -1.942 8 2.047 4	-3.322 2 -1.942 8 1.981 7	-3.883 2 -1.942 8 2.020 3	-4.896 5 -1.942 8 2.065 5	-2.863 8 -1.942 8 1.954 1	-3.602 8 -1.942 8 1.973 8	-2.718 2 -1.942 8 2.027 2	-4.002 3 -1.942 8 2.068 7

注:同上表。

根据出口额的影响因素模型的估计和检验结果,可得出如下基本结论:

（1）长期内人民币升值将大幅减少所有贸易类别的出口额,各出口额的汇率弹性绝对值皆超过 1（仅杂项类出口额的汇率弹性略低于 1,但也达到 0.938 6 的高弹性水平）。制成品出口额的汇率弹性略高于初级产品出口额的汇率弹性,这说明升值过程中,制成品出口额对汇率变化更敏感。值得注意的是,在制成品分类中,钢材类出口额的汇率弹性高达 4.462 3,远超过其他类别的汇率弹性。这说明我国钢材类商品的出口对汇率变化极其敏感。结合汇率对出口价格的传导和出口需求的价格弹性的估计结果可以看出,升值导致出口额下降是因为人民币升值降低我国出口的本币价格,同时由于出口需求的价格弹性大于 0,从而使得本币出口价格下降后引致出口量的减少,价格下降与数量减少的共同作用最终导致出口额大幅下降。

（2）各类出口额的世界收入弹性皆为正,且弹性值大,这说明我国出口受世界经济增长情况的影响非常大,这与我国较高的外贸依存度有着必然的联系。

因此,在未来的开放发展过程中,适当降低我国经济的外贸依存度、降低我国经济的开放风险是必需的。制成品出口额的世界收入弹性值要远高于初级产品出口额的收入弹性值,这一结论完全符合出口需求的基本特征。在制成品分类中,电子类和机械运输类出口额的世界收入弹性值最高,说明这两类产品在国际竞争过程中的竞争能力还有待加强,而世界收入弹性最小的纺织类出口则仍然反映了其行业的高加工贸易程度特征。

(3)与对进口额的影响不同,加入 WTO 和汇改两次制度变化都对各类出口额有显著的增加作用。这与我国出口产品在国际市场上竞争力的持续上升是分不开的。

6.3.3 两阶段分析结论与单阶段分析结论的对比与一致性研究

6.3.3.1 进口、出口汇率弹性和贸易余额汇率弹性间的理论关系及数值检验

本书前面提到,$\eta_B > 0$ 并不必定意味着汇率与贸易余额存在正相关关系。这是因为之前模型中对贸易余额进行指标选取时采用的是 x/m,而不是 $x - m$,要想考察汇率与实际贸易余额之间的真实关系,必须弄清楚进口额、出口额、x/m 和 $x - m$ 的汇率弹性之间的基本关系。为考察本章研究结论的准确性,以及进一步分析引起汇率变化的贸易余额效应的各环节原因,还需就进出口价格的汇率传导和进出口需求的价格弹性对汇率的贸易余额效应进行逻辑推断和数值检验。最后根据推断和检验结果,本书将就汇率变化对贸易余额的影响进行解释。

6.3.3.1.1 进口额、出口额、出口额/进口额(贸易竞争力)、真实贸易余额的汇率弹性之间关系的理论推导与数值检验

令 $B(e) = x(e)/m(e)$,且对 e 求导,根据 $\dfrac{\partial B}{\partial e}$ 来判断汇率变化对贸易竞争力的影响方向和影响大小。

$$\frac{\partial B}{\partial e} = \frac{m\dfrac{\partial x}{\partial e} - x\dfrac{\partial m}{\partial e}}{m^2} = \frac{1}{m}\frac{\partial x}{\partial e}\frac{e}{x}\frac{x}{e} - \frac{x}{m^2}\frac{\partial m}{\partial e}\frac{e}{m}\frac{m}{e} = \frac{x}{em}(\eta_x - \eta_m) \quad (6-29)$$

等式两边同乘以 $\dfrac{e}{B}$ 求得贸易竞争力的汇率弹性,以判断贸易竞争力变化对汇率变化的敏感程度。

$$\eta_B = \frac{\partial B}{\partial e}\frac{e}{B} = \frac{m\dfrac{\partial x}{\partial e} - x\dfrac{\partial m}{\partial e}}{m^2} \cdot \frac{em}{x} = \frac{mx\dfrac{\partial x}{\partial e}\dfrac{e}{x} - mx\dfrac{\partial m}{\partial e}\dfrac{e}{m}}{mx} = \eta_x - \eta_m \quad (6-30)$$

根据以上推导，可以得出汇率变化对贸易竞争力关于影响方向、影响大小和敏感程度三方面的结论：

（1）由于汇率值与进出口额皆为正，因此汇率变化对贸易竞争力的影响方向只与进出口额的汇率弹性之间的大小比较有关。若出口额汇率弹性大于进口额汇率弹性，则汇率值上升将改善贸易竞争力。反之，若出口额汇率弹性小于进口额汇率弹性，则汇率值上升将降低贸易竞争力。至于汇率值的上升表示的是货币升值还是贬值取决于汇率指标的标价方式和经济意义。

（2）单位汇率变化对贸易竞争力影响的大小取决于汇率初始水平、贸易竞争力初始水平和进出口额汇率弹性差额的大小三个方面。该影响大小与汇率初始水平呈反比，与贸易竞争力初始水平和进出口额汇率弹性差额的大小呈正比。

（3）贸易竞争力对汇率变化的敏感程度只与进出口额汇率弹性差额有关，该差额越大，贸易竞争力对汇率变化就越敏感。

令 $b(e)=x(e)-m(e)$，并对 e 求导，根据 $\dfrac{\partial b}{\partial e}$ 的符号来判断汇率变化对贸易余额的影响方向和影响大小。

$$\frac{\partial b}{\partial e}=\frac{\partial x}{\partial e}-\frac{\partial m}{\partial e}=\frac{\partial x}{\partial e}\frac{e}{x}\frac{x}{e}-\frac{\partial m}{\partial e}\frac{e}{m}\frac{m}{e}=\frac{1}{e}(x\eta_x-m\eta_m) \qquad (6-31)$$

等式两边同乘以 $\dfrac{e}{b}$ 求得贸易余额的汇率弹性，以判断贸易余额变化对汇率变化的敏感程度。

$$\eta_b=\frac{\partial b}{\partial e}\frac{e}{b}=\frac{1}{e}(x\eta_x-m\eta_m)\frac{e}{x-m}=\frac{1}{x-m}(x\eta_x-m\eta_m) \qquad (6-32)$$

根据以上推导，同样可以得出汇率变化对贸易余额关于影响方向、影响大小和敏感程度三方面的结论：

（1）由于汇率值始终为正，因此汇率变化对贸易余额的影响方向受两种因素的影响，即进出口额的初始水平和进出口额的汇率弹性。若出口额汇率弹性与初始出口额的乘积大于进口额汇率弹性与初始进口额的乘积（$x\eta_x-m\eta_m>0$），则汇率值上升将增加贸易余额。反之，汇率值上升将减少贸易余额。同样地，汇率值的上升表示的是货币升值还是贬值取决于汇率指标的标价方式和经济意义。

（2）单位汇率变化对贸易余额影响的大小取决于汇率初始水平、进出口额初始水平和进出口额汇率弹性的大小三个方面。该影响大小与汇率初始水平成反比，与 $x\eta_x-m\eta_m$ 的大小成正比。

（3）贸易余额对汇率变化的敏感程度与初始贸易余额的大小和 $x\eta_x - m\eta_m$ 的大小有关，且与初始贸易余额呈反比，与 $x\eta_x - m\eta_m$ 的大小成正比。

根据以上数理推导和结论分析，本书将实证分析结果列表对理论结论进行应用与数值检验，具体见表6-5。

表6-5 各贸易类别进口、出口汇率弹性和贸易余额汇率弹性间理论关系的数值检验

贸易类别（编号）	总贸易_0	初级产品_1	制成品_2	电子_21	纺织_22	钢材_23	机械运输_24	化工_25	杂项_26
η_m	-1.876 0	-2.731 4	-1.749 2	-1.745 6	-0.822 9	-2.033 4	-1.367	-1.525 3	-2.476 6
η_x	-1.484 9	-1.352 4	-1.466 2	-1.604 0	-1.826 2	-4.462 3	-1.268 2	-1.188 8	-0.938 6
$\eta_x - \eta_m$	0.391 1	1.379 0	0.283 0	0.141 6	-0.993 3	-2.382 9	0.098 5	0.336 5	1.538 0
$\eta_B(B = \dfrac{x}{m})$	0.473 9	1.314 2	0.348 1	0.240 6 *	-1.060 7	-2.476 9	0.576 5	0.331 6 *	1.531 6
双（单）模型两类推断的一致性（误差率）	17%	4.9%	18%	41%	6.3%	3.8%	82%	1.5%	0.4%
升值时关于贸易竞争力 $B(x/m)$ 的推断	↑	↑	↑	↑	↓	↓	↑	↑	↑
$\dfrac{\partial b}{\partial e}$	48 045	181 734	-87 496	-44 177	-32 830	-29 866	20 898	39 564	-35 655
η_b	0.79	-3.54	-0.78	-1.22	-2.83	95.50	-1.69	-1.85	-0.42
升值时关于贸易余额 $b(x-m)$ 的推断	↑	↑	↓	↓	↓	↓	↑	↑	↓

根据以上理论运用与数值检验结果，人民币升值将从总体上提高我国对外贸易在国际市场上的竞争水平，在制成品内部仅纺织类和钢材类贸易的竞争水平受人民币升值的影响将有所下降。根据贸易竞争力对汇率变化敏感度数据可以发现，初级产品的贸易竞争力对汇率变化的敏感度要高于制成品贸易竞争力对汇率变化的敏感度。而在制成品内部，与初级产品贸易相类似，钢材类贸易竞争力对汇率变化的敏感度非常高，这与钢材类贸易品的标准化大宗商品特征、在全球范围内以美元定价以及国内对此类商品出口存在政策限制等特征有关。

就贸易余额的变化而言，长期内人民币升值在整体上仍然增加我国贸易顺差，但将减少我国工业制成品的贸易余额。需要加以说明的是，升值对贸易余额影响方向的具体判断因涉及初始进出口额因素，故在数据处理时采用了样本期内所有样本对应贸易类别进出口额的平均值进行替代。

不管是贸易余额的汇率弹性，还是贸易竞争力的汇率弹性，初级产品汇率

弹性都要高于制成品汇率弹性，这是因为，受垄断性资源限制或生产周期的影响，初级产品的供给弹性往往十分有限，其均衡贸易量和均衡贸易价格基本上直接由需求决定。当世界需求发生变化时，由于其供给严重缺乏弹性，将导致价格的大幅波动。而制成品却有所不同，由于技术创新与组织管理的不断发展，使得制成品所受资源限制程度低，且成本能够得到下降，同时普通制成品生产周期相对较短，产量调整也相对自由，当面临需求冲击时，其供给也可依据价格信号相应调整，相对完的市场竞争使得价格波动较小。在市场需求不变的情况下，若汇率发生变化引起一定的价格变化，那么供给富有弹性的制成品将会较快地响应价格信号对生产进行调整而后使价格恢复到相对稳定的水平，贸易额的波动也就相对较小。

6.3.3.2 进出口额的汇率弹性、汇率的进出口价格传导、进出口需求弹性之间关系的理论推导与数值检验

由于实证研究中使用的价格指数皆为本币价格指数且汇率指标为实际有效汇率，基于此，本书令 $x(e) = p_x q_x$，$q_x = q_x(p_x^f)$，$p_x^f = p_x^f(e) = e p_x(e)$（此处 e 为间接标价法的汇率指标，如实际有效汇率指标，其汇率值上升表示升值，下降表示贬值），则有本币出口额 $x(e) = p_x(e) q_x[e p_x(e)]$，将其对 e 求导，以考察单位汇率变化对出口额的影响方向和大小。

$$\frac{\partial x}{\partial e} = \frac{\partial p_x}{\partial e} q_x + p_x \frac{\partial q_x}{e \partial p_x}(p_x + e \frac{\partial p_x}{\partial e})$$

$$= \frac{\partial p_x}{\partial e} \frac{e}{p_x} \cdot \frac{p_x q_x}{e} + \frac{\partial q_x}{\partial p_x} \frac{p_x}{q_x} \cdot \frac{p_x q_x}{e} + \frac{\partial q_x}{\partial p_x} \frac{p_x}{q_x} \cdot \frac{\partial p_x}{\partial e} \frac{e}{p_x} \cdot \frac{p_x q_x}{e}$$

$$= \frac{x}{e}(pt_x - \varepsilon_x - pt_x \varepsilon_x)$$

$$= \frac{x}{e}[pt_x - (1 + pt_x)\varepsilon_x] \qquad (6-33)$$

在等式左右两边同乘以 $\frac{e}{x}$，求解出口额的汇率弹性，以考察出口额对汇率变化的敏感程度，并考察其汇率弹性的影响因素和影响机制。

$$\eta_x = \frac{\partial x}{\partial e} \frac{e}{x} = pt_x - (1 + pt_x)\varepsilon_x \qquad (6-34)$$

令 $m(e) = p_m q_m$，$q_m = q_m(p_m)$，$p_m = p_m(e)$（同样地，此处 e 为间接标价法的汇率指标，如实际有效汇率指标，其汇率值上升表示升值，下降表示贬值），则有本币进口额 $m(e) = p_m(e) q_m[p_m(e)]$，将其对 e 求导，以考察单位汇率变化对进口额的影响方向和大小。

经推导可得，单位汇率变化对进口额的影响可表示为：

$$\frac{\partial m}{\partial e} = pt_m(1 - \varepsilon_m)\frac{m}{e} \qquad (6-35)$$

进口额的汇率弹性可表示为：

$$\eta_m = \frac{\partial m}{\partial e}\frac{e}{m} = pt_m(1 - \varepsilon_m) \qquad (6-36)$$

根据以上推导，可以得出汇率变化对进出口额的影响方向、影响大小和影响弹性三个方面的结论：

（1）由于汇率值与进出口额的初始值皆为正，因此汇率对进出口额的影响方向只受两种因素的影响。一是汇率变化对进出口价格的传导率（包括传导方向），二是进出口需求量所对应的进出口价格弹性的大小（包括弹性符号）。

（2）单位汇率变化对出口额的影响大小与汇率的出口价格传导、需求价格弹性、初始汇率值的大小和初始进出口额的水平有关。该影响大小与关系式 $pt_x - (1 + pt_x)\varepsilon_x$ 的值和初始出口额的大小成正比，而与汇率初始值成反比。单位汇率变化对进口额的影响大小与汇率的进口价格传导和初始进口额成正比，而与进口需求的价格弹性和汇率初始值成反比。

（3）进出口额的汇率弹性的大小取决于汇率传导和需求弹性两个因素。其他条件保持不变，汇率对进口本币价格的传导越完全，或进口需求的价格弹性值越大，则进口额的汇率弹性越大，进口额对汇率变化就越敏感。而汇率对出口本币价格的传导程度对汇率弹性的影响不确定，但与进口需求的价格弹性一样，出口需求的价格弹性与其汇率弹性也成反比关系。

（4）由于 $b(e) = x(e) - m(e)$，则有 $\frac{\partial b}{\partial e} = \frac{\partial x}{\partial e} - \frac{\partial m}{\partial e}$，根据上述 $\frac{\partial x}{\partial e} = \frac{x}{e}$ $[pt_x - (1 + pt_x)\varepsilon_x]$ 和 $\frac{\partial m}{\partial e} = pt_m(1 - \varepsilon_m)\frac{m}{e}$ 得：

$$\frac{\partial b}{\partial e} = \frac{x}{e}[pt_x - (1 + pt_x)\varepsilon_x] - \frac{m}{e}pt_m(1 - \varepsilon_m) \qquad (6-37)$$

两阶段的理论结论是否与一阶段（直接从汇率到贸易余额的分析）结论相一致，可以与 6.1.2 中关于单位汇率变化对贸易余额的影响关系式进行比较。

根据 6.1.2 中所得出的理论结论 $\frac{\partial b}{\partial e} = \frac{x}{e}(1 + pt_x^f - pt_x^f\varepsilon_x^f) - \frac{m}{e}pt_m(1 - \varepsilon_m)$，由于式中 pt_x^f 和 ε_x^f 分别表示的是汇率变化对出口外币价格的传导和出口需求量的外币价格弹性，故要运用汇率对进出口本币价格的传导和进出口需求的本币

价格弹性计算单位汇率变化对贸易余额的影响，首先必须要弄清 pt_x^f 与 pt_x 之间以及 ε_x^f 与 ε_x 之间的关系。另外，式中 e 的原始假定为直接标价法的汇率指标，其上升表示贬值，而实证分析中本书采用的是实际有效汇率指标，其上升表示升值，所以在使用数据进行分析之前，还需对此进行调整。

根据间接标价法的汇率指标与出口外币价格、出口本币价格之间的关系有：$ep_x(e)=p_x^f(e)$，等式两边都对 e 求导，有：

$$p_x + \frac{\partial p_x}{\partial e}e = \frac{\partial p_x^f}{\partial e}$$

$$\Rightarrow \frac{\partial p_x^f}{\partial e}\frac{e}{p_x^f}\frac{p_x^f}{e} = p_x\left(1 + \frac{\partial p_x}{\partial e}\frac{e}{p_x}\right)$$

$$\Rightarrow pt_x^f = \frac{ep_x}{p_x^f}(1 + pt_x) = 1 + pt_x \qquad (6-38)$$

另外，根据间接标价法的汇率指标、出口需求量与出口外币价格和出口本币价格之间的关系有：由于 $p_x^f = ep_x$，$\varepsilon_x^f = -\dfrac{\Delta q_x/q_x}{\Delta p_x^f/p_x^f} = -\dfrac{\Delta q_x/q_x}{e\Delta p_x/(ep_x)} = -\dfrac{\Delta q_x/q_x}{\Delta p_x/p_x} = \varepsilon_x$。故原 $\dfrac{\partial b}{\partial e}$ 的计算式可重新表述为：$\dfrac{\partial b}{\partial e} = \dfrac{x}{e}\left[pt_x - (1+pt_x)\varepsilon_x\right] - \dfrac{m}{e}pt_m(1-\varepsilon_m)$。与两因素推导结论相对比可知，一阶段理论结论与两因素分析结论完全一致。也即汇率变化对贸易余额的影响完全可以用两因素方法进行理论解释和实证检验，这有利于我们充分运用各阶段结论对汇率的贸易余额效应进行更深入的解释。

根据以上数理推导和结论分析，本书将利用实证分析结果列表对理论结论进行应用与数值检验，并将此式直接运用于对实证结果的数值检验。数值计算和检验结果见表6-6。

表6-6　各贸易汇率弹性和汇率传导、贸易弹性间关系的数值检验

	贸易（编号）	总贸易_0	初级产品_1	制成品_2	电子_21	纺织_22	钢材_23	机械运输_24
进口	pt_m	-0.362	-1.220	-1.150	-0.624	-0.552	-0.396	-0.757
	ε_m	0.137	0.178	0.009	-0.226	-0.390	-0.363	-0.288
	η_m	-0.412	-1.437	-1.160	-0.483	-0.337	-0.252	-0.539
	$\partial m/\partial e$	<0	<0	<0	<0	<0	<0	<0

表6-6(续)

贸易 （编号）		总贸易 _ 0	初级产 品_ 1	制成品 _ 2	电子 _ 21	纺织 _ 22	钢材 _ 23	机械运 输_ 24
出口	pt_x	-0.668	-1.225	-0.621	-1.198	-0.346	-1.068	-0.757
	ε_x	0.470	0.080	0.441	0.485	0.251	0.950	-0.485
	η_x	-0.982	-1.323	-0.895	-1.779	-0.433	-2.083	-0.390
	$\partial x/\partial e$	<0	<0	<0	<0	<0	<0	<0
余额	$\partial b/\partial e$	<0	>0	<0	<0	<0	<0	<0

注：表格中的 η_m、η_x、$\partial m/\partial e$、$\partial x/\partial e$ 以及 $\partial b/\partial e$ 皆是根据上述理论结论进行计算后所得。

通过运用之前各章实证结论数据对各变量理论关系进行数值检验，结果表明与进出口额和汇率之间直接建模后的估计结果基本一致，汇率升值减少我国各类出口额和进口额，使初级产品贸易余额有所增加，但制成品贸易余额被减少。仅总贸易余额的变化方向与单阶段分析存在不同，单阶段分析认为汇率升值仍然增加我国总贸易余额，而两因素分析认为汇率升值将降低我国总贸易余额。单阶段分析和两因素分析的结论之所以存在差异是因为在单阶段分析中，本书采用的是完整贸易数据，而两因素分析中由于涉及价格数量数据的运用使贸易数据存在缺失，因此产生了各明细分类贸易中结论一致，而总贸易余额的影响结论存在差异的情况。总的来看，通过与整体单阶段分析结论进行比较可以看出，之前的两因素分析是有效的，基本可以用来解释汇率变动对各分类贸易余额的影响。

6.3.4　人民币汇率变化对贸易余额影响的综合原因解析

6.3.4.1　人民币升值增加初级产品贸易余额

这是因为人民币升值后导致进口额下降和出口额下降，且进口下降额要远大于出口下降额。升值对进出口额的这种影响存在两个方面的原因，一是初始状态的初级产品进口额大于出口额（即初级产品初始贸易余额为逆差），同时进口额的汇率弹性大于出口额汇率弹性绝对值。对该原因进一步分析发现，当人民币升值时，其初级产品的进口本币价格和出口本币价格皆相应下降，且汇率传导程度基本一致（汇率对进口价格传导 1.220，对出口价格传导 1.225），而初级产品的进出口价格弹性皆为正，但出口弹性值（0.08）要远小于进口弹性值（0.178），因此出口价格下降引起出口量的微弱减少，而进口价格的下降引起进口量的相对大量减少，从而初级产品出口额的下降小于进口额的下降，最终导致初级产品贸易余额上升。

6.3.4.2 人民币升值减少制成品贸易余额

这是因为人民币升值后导致制成品进口额的下降和出口额下降，且进口额下降额要小于出口额的下降额。这种影响的形成原因是，首先初始状态的制成品贸易进口额远小于出口额（制成品初始贸易余额为大额顺差），同时即使进口额的汇率弹性绝对值（1.16）要略大于出口额的汇率弹性绝对值（0.895），但该差异要远小于进口额和出口额初始水平的差异，因此制成品初始状态下的大额顺差是其进口额下降少于出口额下降的根本原因。更进一步，之所以进口额的汇率弹性值略大于出口额汇率弹性值是因为，升值降低制成品进口和出口本币价格，且对制成品进口价格的传导（1.15）要高于对其出口价格的传导（0.62），即使制成品进口需求弹性（0.009）要远小于出口需求弹性（0.441），但由于汇率传导是汇率变化引起贸易余额变化的先决条件，因此进出口额的汇率弹性值的对比关系仍基于汇率对进出口价格传导的对比关系。

6.3.4.3 人民币升值减少电子类贸易余额

原因有二，首先电子类贸易余额初始状态皆为贸易顺差，即该两类初始出口额大于进口额。其次升值同时减少进口额和出口额，且出口额的汇率弹性（1.779）绝对值要大于进口额的汇率弹性（0.483）。根据 $\frac{b}{\theta} = \frac{1}{e}(x\eta_x - m\eta_m)$，以上两点原因皆造成贸易余额的减少。更进一步，出口额汇率弹性大于进口额汇率弹性是因为，首先升值降低进出口价格，且汇率的出口价格传导程度（1.198）要高于对进口价格的传导（0.624），其次电子类进口需求价格弹性小于0，而出口需求弹性大于0，进口价格下降导致进口量上升，出口价格下降导致出口量下降，两相对比，进口额减少有限，而出口额大幅减少。在原有汇率对进出口价格传导的基础上，出口额的汇率弹性值要大大高于进口额的汇率弹性。同样地，人民币升值也减少纺织类的贸易余额。其整体影响机制和分阶段影响机制与电子类贸易完全相同。

6.3.4.4 人民币升值减少钢材成品类贸易余额

人民币升值同样减少钢材成品类贸易余额，但影响因素的相对重要性与前两类贸易有所不同。首先，钢材类初始贸易余额体现为小额逆差，其次升值将同时减少钢材类的进口额和出口额，但出口额的汇率弹性远高于进口额的汇率弹性，几乎为进口额汇率弹性的10倍，因此进出口额汇率弹性值的对比关系是升值减少钢材类贸易余额的根本原因。更进一步，出口额汇率弹性大于进口额汇率弹性是因为，首先升值降低进出口价格，且汇率的出口价格传导（1.068）远高于进口价格传导（0.396），其次钢材类进口需求弹性为负，而出口需求弹性为正，进口额下降有限，而出口额大幅下降。加上出口价格下降幅度大于进口价格下降幅度，二者共同作用导致出口额汇率弹性远高于进口额汇率弹性。

6.3.4.5 人民币升值减少机械运输类贸易余额

由于其初始贸易余额体现为大额顺差，虽然升值同时减少进口额和出口额，且进口额汇率弹性值（0.539）高于出口额汇率弹性值（0.390），但由于初始出口额大幅超过进口额，导致初始进出口额的对比关系在升值对贸易余额的影响中起到了决定性作用。更进一步，因升值对进出口价格的传导程度一致，故进出口额汇率弹性值的对比关系主要取决于进出口需求弹性间的对比关系。升值降低进出口价格，且进出口价格降低幅度相同，进口价格下降导致进口量上升，但上升幅度（0.288）小于出口价格下降导致出口量上升的幅度（0.485），由于进出口需求皆缺乏弹性，因此进出口价格下降仍导致进口额和出口额都减少，但进口额的减少要多于出口额的减少，从而进口额的汇率弹性大于出口额汇率弹性。

6.4 不同贸易方式下人民币汇率变化对贸易余额的影响

6.4.1 我国不同贸易方式下贸易余额变化趋势的描述性分析

我国加工贸易的出口、进口及差额都始终保持着增长趋势，从增长的速度来看，可将其划分为两个阶段：第一阶段为1995年1月到2001年12月，该阶段的加工贸易无论是出口、进口还是顺差，其增长都较为平缓；第二阶段为2002年1月到2008年8月，此阶段内无论是加工贸易的出口、进口都呈现高速增长特征，且加工贸易的出口增速大于进口增速，导致加工贸易顺差急剧增加，同时此阶段的进出口和顺差的波动也更剧烈。

我国一般贸易的出口和进口也都始终保持增长趋势，但就其进出口变化趋势进行对比可细分为三个变化阶段：第一阶段为自样本期初开始到2000年中期皆为小幅顺差且增长缓慢；第二阶段为2000年下半年至2004年中期各月份逆差占了绝大多数；第三阶段自2004年下半年开始直到样本期末基本都为顺差，若剔除季节因素（各年春节期间为小幅逆差），其顺差本身也呈扩大趋势。就进出口波动幅度来看，第三阶段的一般贸易进口和出口的波动都明显加大。具体见图6-2。

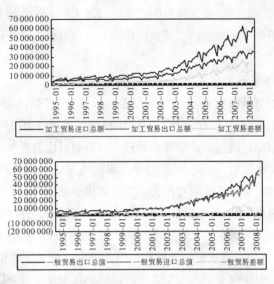

数据来源：中国经济统计数据库海关月度数据。

图 6-2 我国加工贸易和一般贸易进出口及其差额变化趋势

加工贸易特殊的"两头在外"特征决定了在正常情况下其出口始终大于进口，且进口量受出口量的直接影响，间接地由国际市场需求决定。加工贸易出口大于进口所形成的顺差来源于国内加工环节的价值增值（国内劳动力成本、来自国内部分的原材料成本、国内加工过程中的创新活动等）和出口品国际竞争力的相对提升所带来的附加值。另外，关于上述两阶段增长差异可以解释如下：早期我国劳动力比较优势明显，土地和能源等国内资源成本较低。同时，加工贸易准入门槛低，在全球产业转移过程中承接了处于全球价值链最低端的最终产品组装环节和低端零部件配套生产环节，劳动密集度高、技术含量低，在技术、管理、品牌等方面严重缺乏，导致加工贸易出口附加值较低，出口产品国际竞争力低，贸易顺差较小且增速缓慢。进入 21 世纪以来，我国国内劳动力、土地、能源等成本普遍上升。由于新的国际产业转移和国内产业结构调整，我国加工贸易内部的产业构成也发生了变化，技术与资本密集型加工贸易占比逐渐提高，机电类和高新技术类产品的出口占比逐年提高，以2007 年为例，仅机电类产品出口就占到总出口的47%。另外加工贸易出口中民营企业出口占比也逐渐提高，加工贸易开始从以外商直接投资企业主导的单纯加工向更多民营企业参与的自主研发和品牌创新延伸，产业链高端发展趋势明显，出口产品的国际竞争力提高，附加值大幅攀升。但与此同时，贸易顺差的急速扩大和汇改后人民币升值都增加了对外贸易的不确定性，使得加工贸易进出口的波动加剧。

一般贸易进出口的变化可能来自于一国产品在国际市场竞争中的比较优势的变化，也可能是受国内与国际供求和经济大环境变化的影响，还可能是国内制度变迁和相关政策变化的结果。自1994年我国进行外汇管理体制改革并对人民币名义汇率进行贬值之后，我国开始主要采取经济手段调节对外贸易，并实施了出口退税制度，这一系列的市场化改革措施大大激发了我国外贸出口的活力，导致一般贸易出口额逐渐增加，贸易顺差形成。但在2001年前后因为我国加入世界贸易组织而逐步下调进口关税，直到2005年止分批取消非关税措施，这些措施的实施使得我国一般贸易进口快速增长，但一般贸易出口由于国内商品竞争力仍相对较弱，导致此阶段内频繁出现贸易逆差。自2004年下半年开始，由于国内产业发展迅速、产品质量和档次明显提高，产业竞争力和对外贸易环境改善，我国一般贸易出口在面临强大世界需求的同时，供给能力也得到了实质性的提高，对外贸易持续增长，一般贸易顺差急速扩大，从2005年的295.6亿美元增长到2007年的918.9亿美元。另外，一般贸易进口占比有显著上升，从样本期初的25.5%上升到期末的50.5%，而出口占比变化不大，始终徘徊在40%～50%的占比区间内。

6.4.2 加工贸易余额和一般贸易余额的汇率弹性估计与模型检验

6.4.2.1 进出口需求模型、协整与误差修正分析

6.4.2.1.1 理论分析框架

在一般均衡框架下，考虑一个标准国际收支决定的两国模型，假定各国进口品与国内产品为不完全替代。则进口品的需求取决于国内实际收入和进口品的本币价格，本国进口品的供给取决于外国出口厂商所面临的出口外币价格；本国出口品的需求取决于外国实际收入和外国进口该产品的进口外币价格，本国出口品的供给取决于本国出口厂商面临的出口本币价格。具体表示如下：

$$D_m = f(y^d, p_m^d) \qquad (6-39)$$

$$S_m = f(p_x^f) \qquad (6-40)$$

$$D_x = f(y^f, p_m^f) \qquad (6-41)$$

$$S_x = f(p_x^d) \qquad (6-42)$$

式中 D_m、S_m、D_x、S_x 分别表示本国的进口需求、进口供给、出口需求和出口供给；y^d 和 y^f 表示本国和外国的实际收入；p_m^d 和 p_m^f 表示本国进口品的本币价格和外国进口品的外币价格；p_x^d 和 p_x^f 表示本国出口品的本币价格和外国出口品的外币价格。当 $D_m = S_m$、$D_x = S_x$ 时，进口和出口分别达到均衡，则均衡

时的本国进出口可分别表示为：

$$m = f(y^d, p_m^d, p_x^f) \tag{6-43}$$

$$x = f(y^f, p_m^f, p_x^d) \tag{6-44}$$

由于 $p_m^d = ep_x^f$ 和 $p_x^d = ep_m^f$，其中 e 为直接标价法表示的汇率，则均衡的本国进出口方程分别为：

$$m = m(y^d, e) \tag{6-45}$$

$$x = x(y^f, e) \tag{6-46}$$

$$B = x/m = B(y^d, y^f, e) \tag{6-47}$$

此模型可直接运用于一般贸易的分析单中，但由于加工贸易"两头在外"的特有性质，加工贸易进口与国内收入并无直接关系，而是直接与加工贸易出口需求有关，故加工贸易进口、出口和贸易余额方程式具有其特殊性，可分别表示为：

$$m_{jg} = f(x_{jg}, e) = g(y^f, e) \tag{6-48}$$

$$x_{jg} = x_{jg}(y^f, e) \tag{6-49}$$

$$B_{jg} = x_{jg}/m_{jg} = B_{jg}(y^f, e) \tag{6-50}$$

6.4.2.1.2　模型设定、变量选择与数据处理

本书采用海关月度库提供的 1995 年 1 月 ~ 2008 年 8 月的加工贸易和一般贸易相关数据，各变量指标分别有：加工贸易进口额 jgm、加工贸易出口额 jgx、一般贸易进口额 ybm、一般贸易出口额 ybx、加工贸易余额 jgB、一般贸易余额 ybB、人民币实际有效汇率指数 $reer$（考虑到此处分析的是各类贸易的总量数据，故汇率变量采用利用贸易总额加权的一般实际有效汇率指数更合适；该数值的增加表示升值）、社会消费品零售总额 y^d（由于 GDP 没有月度数据，故采用该指标作为实际收入的替代变量，在计量模型中直接以 y 表示）和世界收入 y^f（此处世界收入变量采用 IMF 提供的发达国家工业增加指数 wip 替代）。另外考虑到样本期内 2001 年 12 月中国加入 WTO、2005 年 7 月汇改人民币对美元名义汇率开始升值，我们在模型中加入了与之对应的两个虚拟变量 $dwto$ 和 der 以考察两次制度变化的影响。

其中加工贸易进出口数据采用的是以人民币为单位的进出口额，首先用当期人民币与美元名义汇率的日平均值乘以以美元表示的进出口额，再采用以 2000 年为基期的我国 CPI 指数将名义额转换为实际额，之后对进出口各实际额进行季度调整，最后对进口额、出口额和贸易余额（出口额/进口额）进行取对数处理，以估计不同贸易方式下各贸易额的汇率弹性。进出口数据来源于

中国海关统计数据库，人民币实际有效汇率和名义汇率日平均值数据来源于 IMF 网站的 IFS 数据库，社会消费品零售总额数据来自中国经济统计数据库宏观月度库。基准模型如下：

$$\begin{pmatrix} jgm_t \\ jgx_t \\ jgB \end{pmatrix} = \begin{pmatrix} c_{jgm} \\ c_{jgx} \\ c_{jgB} \end{pmatrix} + \begin{pmatrix} \alpha_{jgm} & \beta_{jgm} & \gamma_{jgm} & \lambda_{jgm} \\ \alpha_{jgx} & \beta_{jgx} & \gamma_{jgx} & \lambda_{jgx} \\ \alpha_{jgB} & \beta_{jgB} & \gamma_{jgB} & \lambda_{jgB} \end{pmatrix} \begin{pmatrix} neer_t \\ wip_t \\ dwto_t \\ der_t \end{pmatrix} + \begin{pmatrix} \varepsilon_{jgm\ t} \\ \varepsilon_{jgx\ t} \\ \varepsilon_{jgB} \end{pmatrix} \quad (6-51)$$

$$\begin{pmatrix} ybm_t \\ ybx_t \\ ybB \end{pmatrix} = \begin{pmatrix} c_{ybm} \\ c_{ybx} \\ c_{ybB} \end{pmatrix} + \begin{pmatrix} \alpha_{ybm} & \beta_{ybm} & 0 & \gamma_{ybm} & \lambda_{ybm} \\ \alpha_{ybx} & 0 & \beta_{ybx} & \gamma_{ybx} & \lambda_{ybx} \\ \alpha_{ybB} & \beta_{ybB}^d & \beta_{ybB}^f & \gamma_{ybB} & \lambda_{ybB} \end{pmatrix} \begin{pmatrix} neer_t \\ y_t \\ wip_t \\ dwto_t \\ der_t \end{pmatrix} + \begin{pmatrix} \varepsilon_{ybm\ t} \\ \varepsilon_{ybx\ t} \\ \varepsilon_{ybB} \end{pmatrix} (6-52)$$

6.4.2.1.3 单位根检验

在进行 OLS 估计之前，为了避免伪回归，首先要对各时间序列进行单位根检验，以判断各时间序列的平稳性。本书运用 Eviews 6.0 软件分别对方程中各变量的水平值与一阶差分进行 ADF 单位根检验，其检验过程中根据 AIC 准则（AIC 值最小原则）来选择滞后项，关于加工贸易进口方程中各实际变量序列平稳性的检验结果见表 6-7。

表 6-7　加工贸易与一般贸易进口、出口和贸易余额模型变量序列的单位根检验结果

	水平值序列检验结果				一阶差分序列检验结果			
	检验形式（C,T,K）	5%临界值	ADF t-stat.	P value	检验形式（C,T,K）	5%临界值	ADF t-stat.	P value
jgm	(C,T,2)	-1.942 8	3.692 0	0.999 9	(0,0,1)	-1.942 8	-13.319 5	0.000 0
jgx	(C,T,3)	-3.438 2	-1.462 4	0.838 4	(C,0,2)	-2.879 5	-11.192 4	0.000 0
jgB	(C,T,4)	-3.438 2	-2.925 3	0.157 4	(0,0,2)	-1.942 8	-11.502 6	0.000 0
ybm	(C,T,2)	-3.438 0	-2.278 2	0.443 0	(C,0,2)	-2.879 5	-10.529 1	0.000 0
ybx	(C,T,7)	-3.438 7	-2.728 9	0.193 2	(C,0,5)	-2.879 8	-4.399 6	0.000 4
ybB	(C,0,2)	-3.879 3	-2.735 1	0.070 3	(0,0,0)	-1.942 8	-20.097 3	0.000 0

注：其中检验形式（C, T, K）分别表示单位根检验方程包括：常数项、时间趋势和滞后项的阶数，加入滞后项是为了使残差项为白噪声。其他关于汇率，国内收入和世界收入指标序列的单位根检验结果比照前文，此处不再重复给出。

从单位根检验结果表中可看出，加工贸易进出口额、一般贸易进出口额、加工贸易和一般贸易的贸易余额序列皆为一阶单整序列，根据前文对汇率序列和国内外收入序列的检验可知，这些序列也都为一阶单整序列，因此这些变量满足构造协整检验的必要条件。

6.4.2.1.4 协整检验与长期均衡分析

与前文相同，本书将采用 Engle—Grange 两步法和 Johansen 检验两种方法对分贸易方式进出口额和贸易余额方程式进行估计，并报告两步法的估计结果。运用 Engle—Grange 两步法进行协整检验，第一步采用 OLS 方法估计各贸易方式进出口额和贸易余额的方程式，第二步对各贸易方程式的残差进行 ADF 单位根检验，若在 1% 的显著水平下拒绝存在单位根的原假设，即残差序列平稳，则说明回归方程的设定是合理的，且方程中因变量与自变量之间存在长期均衡的协整关系。具体见表 6－8。

表 6－8　加工贸易和一般贸易进口额、出口额与贸易余额方程式估计
与检验结果表

	jgm	jgx	jgB	ybm	ybx	ybB
neer	−3.793 −11.978	−2.716 7 −8.014 2	0.978 2 7.818 4	−5.533 5 −10.466 9	−4.330 4 −9.667 1	1.313 1 * 1.923 2
y				4.921 2 27.182 0		−2.023 9 −8.846 9
wip	8.505 9 21.752 2	11.040 9 26.375 0	2.765 5 22.821 6		10.080 3 18.222 8	
dwto	0.422 5 16.299 2	0.431 2 15.539 9		−0.138 7 ** −2.446 4	0.369 6 10.080 2	0.568 2 8.966 9
der	0.211 1 8.669 1	0.229 4 8.799 7		−0.428 7 −8.737 1	0.369 1 10.713 5	0.170 8 ** 2.332 7
$\bar{R}^2$	0.977 6	0.979 0	0.762 4	0.968 0	0.966 2	0.498 6
F − stat.	1 778.377	1 899.305	262.525	1 231.911	1 167.604	41.520 8
D − W 值	0.752 2	0.594 5	1.397 4	0.768 9	0.601 7	0.477 6
模型残差 单位根检验	−4.278 3 −1.942 8 2.050 8	−3.690 5 −1.942 8 2.031 5	−5.174 2 −1.942 9 1.990 6	−3.868 8 −1.942 8 2.024 0	−3.572 8 −1.942 8 2.018 0	−3.201 7 −1.942 8 1.995 4

运用 Johansen 检验法对以上各模型进行协整检验，模型检验结果与两步法结果相近，此处不另作报告。

根据报告结果，可以得出以下结论：

（1）长期内人民币名义有效汇率升值将减少我国加工贸易和一般贸易的进口额与出口额。对于加工贸易而言，由于加工贸易方式的特殊性，进口由出口决定，则汇率的变化首先影响出口从而最终影响到进口，升值将导致出口减少，从而从长期内减少加工贸易进口。就一般贸易而言，人民币升值同时减少其进口额和出口额，主要与一般贸易进出口的价格弹性皆为正有关，根据汇率传导结论，一般贸易进出口的汇率传导率皆为负，升值导致进出口价格下降，从而致使进出口量也下降，最终使得进出口额皆减少。

（2）人民币升值将提高我国加工贸易和一般贸易的出口额与进口额的比值，提升我国各贸易方式下对外贸易的国际竞争力。就加工贸易而言，其出口额与进口额的比值即为加工贸易增值系数，该系数反映了国内加工环节的附加值程度，是衡量加工贸易创汇质量的指标，也是加工贸易行业升级变化的间接反映。因此，人民币升值提高加工贸易增值系数，实际上是增强了我国加工贸易的国际竞争力，加强了我国加工贸易企业的定价主导权。长期内人民币升值提升加工贸易出口的竞争力是因为，升值降低我国加工贸易进口价格，从而降低我国加工贸易出口企业的成本，使得利润空间增大，出口企业的定价主动权得到加强。而对于一般贸易而言，升值提升其竞争力主要是因为汇率对我国一般贸易进口额的影响弹性绝对值要大于对出口额的影响弹性，具体影响机制在原因部分予以详细解释。

（3）国内收入的变化对我国加工贸易的进出口额和贸易余额的影响都不显著，但显著增加我国一般贸易进口，显著减少一般贸易余额。国内收入对加工贸易的影响不显著是由加工贸易本身的特点决定的。加工贸易"两头在外"体现了其进口是为出口服务的，而出口又只受世界市场需求的影响，虽然国内供给方面也会因为劳动力和其他供给方面存在一定影响，但并不显著。但国内收入显著影响一般贸易进口，且表现为显著正影响，这与一般贸易理论相符。

（4）世界收入增加将显著增加我国加工贸易进口、出口和贸易余额，同时也增加我国一般贸易的出口。根据国际贸易理论，一国的任何贸易方式下的出口皆受世界需求的影响，世界需求增加导致出口增加。当然，这需要以出口的供给弹性不为 0 为前提。我国国内经济长期内保持持续地快速增长，使我国国内供给能力不断提高，供给弹性大于 0，故能实现均衡出口随世界需求的增加而增加。

6.4.3 分贸易方式的两阶段与单阶段分析结论的比较与一致性评价

6.4.3.1 不同贸易方式进口额、出口额、进出口比和进出口差额等汇率弹性的数值检验

根据 6.3.3 中关于贸易余额对汇率的导数推导和贸易余额的汇率弹性推导，$\frac{\partial b}{\partial e} = \frac{1}{e}(x\eta_x - m\eta_m)$，$\eta_b = \frac{1}{x-m}(x\eta_x - m\eta_m)$，其中初始汇率水平和进出口额用样本期内平均值的绝对额表示。

针对加工贸易的特殊性，其出口额必定大于进口额，出口额可以看成是进口额和国内加工环节增值之和，则有 $x = m(1+\kappa)$，其中 κ 为加工增值率，$\kappa > 0$。则有：

$$\frac{\partial b}{\partial e} = \frac{1}{e}[m(1+\kappa)\eta_x - m\eta_m] = \frac{1}{e}[m(\eta_x - \eta_m) + m\kappa\eta_x] \quad (6-53)$$

$$\eta_b = \frac{1}{x-m}(x\eta_x - m\eta_m) = \frac{1}{\kappa}[(\eta_x - \eta_m) - \kappa\eta_x] \quad (6-54)$$

式（6-54）对 κ 求导，有：

$$\frac{\partial \eta_b}{\partial \kappa} = \frac{-(\eta_x - \eta_m)}{\kappa^2} \quad (6-55)$$

以上式子表明，加工贸易余额的汇率弹性与加工增值率有关，且该汇率弹性的绝对值与加工增值率呈负相关。这说明加工贸易出口成本中进口占比越小或是国内环节的增值越多，则加工贸易余额对汇率变化的敏感度就越小。一般贸易的贸易余额边际变化和汇率弹性仍遵循 6.3.3 的推导结论。根据以上关系，此处列表对各汇率弹性进行数值检验结果见表 6-9。

表 6-9 分贸易方式进出口额汇率弹性与贸易余额汇率弹性间的数值检验

贸易类别	η_m	η_x	$\eta_x - \eta_m$	η_B	双（单）模型推断的一致性（误差率）	升值时关于贸易竞争力 B 的推断	$\frac{\partial b}{\partial e}$	η_b	升值时关于贸易余额 b 的推断
加工贸易	-3.792 9	-2.716 7	1.075 2	0.978 2	9.91%	↑	-53 474.9	-0.699 1	↓
一般贸易	-5.533 5	-4.330 4	1.203 1	1.313 1	8.38%	↑	763.6.03	3.025 4	↑

根据以上数值检验，可以得出以下几个方面的结论：

（1）从理论关系上来看，$\eta_B = \eta_x - \eta_m$，根据实证结论，加工贸易和一般贸易进出口额的汇率弹性与各自的 η_B 相差不大，进口和出口双模型结论与单一进出口比模型汇率弹性系数符号相同，数值差异低于 10%，说明单一模型

和双模型结论相对一致，可以用来解释汇率对该两种贸易方式下进出口和余额的影响。

（2）人民币升值将提高我国加工贸易和一般贸易的国际竞争水平，但将导致我国加工贸易余额减少、一般贸易余额增加。人民币升值减少加工贸易余额是因为人民币升值直接导致加工贸易进口额和出口额的同时减少，由于加工贸易进口构成出口的成本部分，进出口额同时减少将直接导致加工贸易余额下降。而人民币升值导致我国一般贸易余额增加是因为一般贸易进口额的汇率弹性绝对值要大于一般贸易出口额的汇率弹性绝对值，从而一定的汇率升值所导致的进口额的减少要多于出口额的减少，最终使得一般贸易余额上升。

（3）根据加工贸易和一般贸易的各类汇率弹性比较，可以看出我国一般贸易的进口额、出口额、进出口额比以及进出口差额的汇率弹性值都要高于相应的加工贸易汇率弹性值，这说明人民币汇率变化对我国一般贸易的影响要大于对加工贸易的影响。

6.4.3.2　不同贸易方式进出口额的汇率弹性、汇率的进出口价格传导与进出口需求弹性之间关系的数值检验

根据6.3.3中关于汇率弹性、汇率传导和进出口需求价格弹性之间的理论关系，$\eta_m = pt_m(1 - \varepsilon_m)$，$\eta_x = pt_x - (1 + pt_x)\varepsilon_x$，$\dfrac{\partial b}{\partial e} = \dfrac{x}{e}[pt_x - (1 + pt_x)\varepsilon_x] - \dfrac{m}{e}$ $pt_m(1 - \varepsilon_m)$，$\dfrac{\partial m}{\partial e} = pt_m(1 - \varepsilon_m)\dfrac{m}{e}$，$\dfrac{\partial x}{\partial e} = \dfrac{x}{e}[pt_x - (1 + pt_x)\varepsilon_x]$。由于数据处理过程中存在的局限性，此处只对汇率弹性的两环节变化结论与综合结论进行符号上的检验，其中初始汇率水平和进出口额用样本期内平均值的绝对额表示。最终结果见表6-10。

表6-10　分贸易方式汇率弹性与汇率传导、贸易弹性间的数值检验

贸易方式	进口				出口				余额
	pt_m	ε_m	η_m	$\partial m/\partial e$	pt_x	ε_x	η_x	$\partial x/\partial e$	$\partial b/\partial e$
加工贸易	-0.828	-0.779	-3.792 9	<0	-0.801	0.300	-2.716 7	<0	<0
一般贸易	-0.082	0.362	-5.533 5	<0	-0.149	0.927	-4.330 4	<0	>0

通过运用前两章实证结果数据对各变量理论关系进行数值检验，结果表明与进出口额和汇率直接建模后的估计参数的符号一致，汇率升值减少加工贸易和一般贸易的进口额和出口额，同时导致加工贸易余额减少，一般贸易余额增加。因此可以判断，两阶段分析的实证结论是有效的。

6.4.4 人民币汇率变化对不同贸易方式余额影响的综合分析

6.4.4.1 人民币升值减少我国加工贸易余额的原因解析

人民币升值减少我国加工贸易余额是因为,升值使得加工贸易进口额和出口额同时减少,基于加工贸易中存在 $x = m(1 + \kappa)$ 的关系,加工贸易余额为 $\Delta b = \Delta x - \Delta m = \kappa \cdot \Delta m$,加工贸易进口额的减少必定导致出口额减少,进而导致贸易余额减少,进口增值率越高,贸易余额下降得也就越多。因此加工贸易余额的变化直接取决于加工贸易进口额的变化,人民币升值导致加工贸易进口额减少可以进一步从汇率影响进口额在汇率传导和贸易弹性两个环节进行因素分析。人民币汇率变化对加工贸易进口价格的传导为负,说明升值导致进口本币价格下降,由于进口需求的价格弹性为负,进口本币价格下降进一步导致进口量上升,但由于该需求弹性值小于1,价格下降幅度要大于进口量上升幅度,最终导致进口额下降。汇率变化对加工贸易进口本币价格负传导,人民币升值导致进口本币价格下降是因为加工贸易进口基本上皆以外币定价,若进口的外币价格不变,则人民币升值完全传导给进口本币价格,传导率为 -1,根据实证结果,该传导并非完全,但传导程度仍较高,为 -0.828,说明加工贸易进口的外币定价特征明显,且由于我国加工贸易进口商品主要集中于初级产品中的原料进口和制成品中的机械设备等资本品进口,致使加工贸易进口需求缺乏弹性。

6.4.4.2 人民币升值增加我国一般贸易余额的原因解析

人民币升值导致我国一般贸易余额增加是因为,升值在减少一般贸易进口额和出口额的同时,出口额的减少要小于进口额的减少,即进口额的汇率弹性绝对值要大于出口额的汇率弹性,进口额对汇率变化比出口额对汇率变化更敏感。一般贸易进口额对汇率变化更敏感是由我国一般贸易进出口商品结构及其市场定价能力决定的。根据国际贸易比较优势理论,一国进口的往往是国内市场缺乏或竞争力弱的比较劣势产品,进口国在此类产品的定价能力上相对较弱,进口国升值对本币进口价格的传导率极低,且进口需求的价格弹性也相对较小。就一般贸易出口而言,由于我国出口产品商品类别相对集中,市场规模大,占有率相对较高,因此人民币升值提高出口外币价格且传导程度较高,对人民币出口价格传导程度较低,由于出口需求的价格弹性大于0,故外币价格上升导致出口需求增加,但由于出口弹性值小于1,故本币出口额仍出现少量减少,最终导致一般贸易出口额的减少小于进口额的减少,一般贸易余额增加。

6.5　本章小结

本章首先通过直接对人民币实际有效汇率与各类贸易额及余额之间进行建模，从整体上探讨了人民币升值对我国进口额、出口额、进出口额比和贸易余额的影响，并结合分商品类别和分贸易方式对上述变量关系进行了实证检验。之后，本章结合前两章关于汇率传导和贸易弹性的实证结论，在对各类贸易额的汇率弹性与汇率传导、贸易弹性之间的理论关系进行数理推导的基础上，将两阶段结论与整体建模结论进行了一致性检验和比较分析，从而实现对汇率变化贸易余额效应的分阶段因素分析。最终得出相关结论如下：

6.5.1　人民币升值对我国各类贸易余额的影响相关结论

人民币升值将同时减少我国各类贸易的进口额和出口额，但对我国总贸易余额、初级产品贸易余额、制成品中机械运输和化工类贸易余额有增加作用，对我国制成品贸易余额、制成品内部电子类、纺织类、钢材成品类和杂项类的贸易余额等都有减少作用。

6.5.2　人民币升值对我国贸易依存度的影响相关结论

由于人民币升值同时减少我国各类贸易的进口额和出口额，从而进出口总额减少，这使得我国对外贸易中进口依存度、出口依存度和总的对外贸易依存度将下降。也即人民币升值将降低我国外贸依存度，有利于减少我国经济发展过程中对国际市场的依赖、降低国际市场风险。

6.5.3　人民币升值对我国对外贸易国际竞争力的影响相关结论

除了纺织类和钢材成品类进出口比受人民币升值影响被降低外，其他各类贸易进出口比受人民币升值影响而被提高。这说明人民币升值有利于我国外贸竞争力的提高，尤其是对于我国的加工贸易而言，人民币升值将有效提高我国加工贸易在国内环节的增值率，对我国加工贸易的转型升级有一定的积极意义。

7 基本结论与政策建议

7.1 全书基本结论

7.1.1 关于人民币汇率变化对进出口价格传导的结论

7.1.1.1 人民币汇率变动对进口本币价格负传导，且传导不完全，行业和贸易方式差异大

人民币汇率变动对我国各类进口价格指数都存在显著影响，二者呈负相关关系，也就是说随着人民币汇率的上升，我国各类进口本币价格都将下降，这实际上反映了我国进口品市场上采用美元或其他外币定价的基本特征。从工业制成品进口价格的汇率总传导程度来看，与发达国家汇率传导水平相比，人民币汇率的进口传导程度相对偏高，这可能与我国尚处在发展中国家的经济发展阶段有关。

人民币汇率变化对我国初级产品进口价格的传导程度与对工业制成品进口价格的传导程度较为相近，这与已有对发达工业国家的研究中认为汇率变化对工业制成品进口价格的传导程度要大于对初级产品进口价格的传导程度的结论有较大差异。而在各进口商品类别之间，人民币汇率变化的传导程度存在较大差异，人民币汇率变化对医药化工制成品进口价格的传导程度最高，超过 1，其次是机械运输类、电子类和轻纺类，对钢材类成品的进口价格传导程度最低，仅 0.39。就制成品内部的进口商品传导程度的排序与各类别加工程度和产品生产的复杂程度来看，其结论与已有文献的结论基本一致，加工程度高且生产过程复杂的产品其进口价格的汇率传导程度要更高一些。

汇率变化对加工贸易进口价格的传导要大大高于对一般贸易进口价格的传导。这与加工贸易和一般贸易进口的商品结构有关，加工贸易进口品大多为原材料或半成品，进口直接为出口服务，进口价格弹性取决于出口方面的因素，而一般贸易进口品大多为初级产品和资本品，进口需求弹性小，进口定价主要为出口方，价格受汇率变化的影响小。

7.1.1.2 人民币汇率变动对出口本币价格呈不完全传导，市场占有率越高的行业，汇率传导程度越小

出口加权的人民币实际有效汇率长期内对人民币出口价格指数都存在显著负影响，也即人民币升值将导致各类出口的人民币价格指数下降，这反映了我国出口皆以外币定价，为了保障海外市场份额，国内出口商在面临人民币汇率升值时采取因市定价，主动降低出口的人民币价格，自主吸收一部分因汇率上升带来的影响。根据计量模型所得出的系数来看，出口价格总指数模型中的对应系数为 -0.667 6，表示当人民币升值 1 个百分点，则国内出口商需承担 0.667 6 个百分点的损失，人民币汇率升值对出口外币价格的传导仅为 0.332 4。

初级产品和工业制成品的出口相比较，汇率对初级产品的出口本币价格影响更大，对初级产品出口国际市场的价格传导存在逆传导现象（其本币价格传导系数绝对值超过 1），这说明我国初级产品的出口竞争力很弱，升值会直接造成初级产品出口商的损失。在制成品内部，电子类、基础材料类和机械运输类出口也面临与初级产品出口类似的问题，电子和机械运输是近年来我国发展最快的出口行业，基础材料的出口与初级产品的出口紧密联系，因此就出口目标市场的成熟度和竞争力来看，都存在弱势，因此人民币升值将给这三个制成品部门造成较大的影响。只有轻纺类和杂项类出口，由于这两类制成品是我国传统的劳动密集型出口产品，而且加工贸易比重较大，出口市场成熟稳定，升值对这两个部门出口本币价格影响较小，大部分升值的影响都传导至目标市场的进口价格。

7.1.1.3 人民币汇率变动对加工贸易和一般贸易进出口价格的传导，升值对加工贸易进出口价格传导都高于一般贸易

人民币汇率变化对我国加工贸易进口价格和出口价格长期内都存在显著影响，且皆为显著负影响，即人民币升值将导致加工贸易的进口价格和出口价格都降低。人民币汇率对加工贸易进出口价格形成负传递，且对进口本币价格和出口本币价格的传导率基本接近，二者皆高达 80% 以上，也就是说，人民币每升值 1%，加工贸易的进口价格和出口价格都将下降 0.8%。这说明，在我国加工贸易的进出口市场上基本上都以外币定价，在面临汇率变化（如人民币升值）时，以外币定价的进口其本币价格相应下降，进口厂商得到了人民币升值的大部分好处；而以外币定价的出口其本币价格也相应下降，出口方承担了人民币升值的大部分损失。假定进出口为同一厂商，则该厂商得到了

80%的进口价格下降的好处，而产生了80%出口价格下降的损失，就同一厂商而言，由于出口价格必定高于进口价格，因此可以断定，在人民币升值过程中，该加工贸易厂商的人民币利润将遭受损失。

人民币汇率变化对一般贸易进口价格和出口价格在长期内的影响都非常小（对本币价格的传导率都低于15%），且不显著，这说明贸易方式对人民币汇率的价格传导有影响，但在不同的贸易方式下，汇率的价格传导机制发生变化，从而导致传导率和显著程度的差异。

值得进一步解释的是，导致不同贸易方式下汇率变化对出口价格传导程度不同的根本原因在于出口商生产成本中投入要素来源的差异。一般贸易出口商生产过程中的生产原料主要来自国内，汇率变化对其出口价格的传导只受海外市场需求的影响，原料来源因素对汇率的贸易效应影响呈中性，如果其他条件保持不变，人民币升值并不改变出口的人民币价格或是受其他因素影响对出口本币价格的降低非常少。但加工贸易出口商生产过程中的生产原料部分甚至全部来源于国外，由于汇率变化已经先行影响进口价格，人民币升值降低进口价格从而降低加工贸易出口商的生产成本，增加其利润空间，出口商为扩大其市场份额，往往对出口产品实施降价措施，故升值导致我国出口外币价格上升的效应因此而被削弱，人民币升值对加工贸易出口本币价格的传导加大，且加工贸易出口中进口成本比例越高，出口本币的汇率传导程度越高。

7.1.2　关于进出口需求的价格弹性和 ML 条件的结论

7.1.2.1　我国对外贸易中进口需求弹性的相关结论

进口总价格的变化对我国进口数量的影响为正，即价格上涨将导致进口量的增加，初级产品的进口价格与数量关系也同样如此，而制成品总进口量与价格的关系不显著。也就是说，进口总价格与进口总数量的弹性系数的大小和显著程度主要由初级产品的进口价格与数量之间的弹性关系来解释。我国初级产品进口量与价格之间的正弹性关系表明，随着初级产品价格的上升，国内对初级产品的进口量将增加，这似乎与传统需求理论相违背，但模型中的弹性系数反映的是同期相关关系，如果考虑对价格的预期，针对初级产品在生产过程中的"初级阶段"特征，在该市场上"买涨卖跌"的情况则相当普遍，因此对初级产品的需求更多的与价格预期相关，从而导致其需求量与当期价格呈正相关关系。

就制成品内部的分类弹性而言，我国各类制成品进口需求的价格弹性都小于0，结合汇率对进口价格的传导，可以说明在人民币升值过程中，我国进口价格的下降将导致各类制成品进口需求的增加。但各类制成品的价格弹性绝对值都偏小，普遍小于0.4，说明即使汇率对价格的传导完全，我国进口受价格的影响也有限，这说明我国进口的大部分产品在国内受替代品的竞争非常有限，或者进口中大部分皆为需求稳定的初级产品或资本品。在分类制成品中价格弹性最大的是轻纺类，为0.39，价格弹性最小的是医药化工类，仅为0.01，且该价格对其数量的影响并不显著。这说明相比而言，国内替代品竞争能力较强的行业为轻纺行业，而医药化工行业的国内替代品的竞争力则特别低。

7.1.2.2 我国对外贸易中出口需求弹性的相关结论

我国出口总需求的价格弹性为0.47，其中，初级产品的出口需求价格弹性非常低（仅0.08），且不显著，制成品出口需求的价格弹性相对较高（0.44）。因此关于出口总需求的价格弹性可以用制成品的出口需求弹性来解释。制成品内部仅机械运输类和杂项类的出口价格弹性为负，表现与传统经济理论相符，其他如电子、轻纺和基础材料成品类出口需求的价格弹性都为正，与传统的微观经济理论有所相悖，这可能存在以下几个方面的原因：第一，长期以来，我国出口商品大多为劳动密集型产品，附加值低，导致出口产品中吉芬商品特征明显，但随着WTO的加入，我国新兴电子行业和传统轻纺行业以及基础材料成品行业的竞争力都有所增加，随着产品附加值的上升，产品价格虽有上升，但出口需求量却仍增加，这说明我国出口价格的变化中同时反映了产品附加值的变化。第二，我国加工贸易出口在总出口中占比高，出口价格高导致外国需求多的根本原因或不在价格因素，而在国内加工环节中的成本因素，中国加工成本在国际市场上相对低廉，故而加工贸易的增加会导致出口量的增加，而出口价格的上升存在加工贸易升级过程中进口价格上升方面的原因。因此在国内政府鼓励、企业主导和社会竞争等方面想办法努力提高我国出口产品的品质，同时进一步升级我国的加工贸易，在增加产品附加值的前提下提高出口价格，不但不会丢失市场份额，反而会促进出口数量的增长，增加我国出口企业的出口收入和利润。

7.1.2.3 我国加工贸易和一般贸易进出口需求弹性

加工贸易进出口价格弹性皆显著为负，加工贸易进出口价格上升或是下降将分别导致加工贸易进口量和出口量的减少或增加，反映出的价格数量关系与传统需求理论相符。同时，由于合同期限的影响，加工贸易进出口量对进出口价格的反应都存在一定的滞后，进口量对进口价格的影响滞后约3个月，而出口量对出口价格的影响滞后约5个月。

一般贸易进出口价格弹性皆显著为正，一般贸易进出口价格的上升或下降将导致一般贸易进口量和出口量发生相同方向的变化。这种逆传统理论的经济现象实际上反映了进出口需求方对价格的预期所产生的作用。在我国的一般贸易市场，决定其进出口需求的不是当期价格，而是预期价格水平。

无论加工贸易还是一般贸易，进口价格弹性的绝对值都要较出口价格弹性的绝对值大，这反映了我国国内进口替代品对进口品的替代程度要高于外国国内产品对我国出口品的替代程度。这一特征在加工贸易行业表现更为突出，加工贸易进口弹性几乎是出口弹性的10倍。

7.1.2.4 我国对外贸易中 ML 条件的相关结论

根据 ML 条件的基本定义，本书所得出的关于各类贸易的 ML 条件是否成立问题的结论为：除了基础材料类的进出口需求价格弹性满足 ML 条件，其他各分类的进出口需求弹性皆不满足。制成品进出口需求弹性和要大于初级产品进出口需求弹性和。就分类制成品而言，情况有所不同，这是因为除了机械运输类和杂项（医药）类的进出口需求的价格弹性符号相同以外，其余的电子、轻纺和基础材料类的进出口需求的价格弹性皆具有不同的符号，且其中轻纺类一项的进口需求价格弹性绝对值要大于其出口需求的价格弹性绝对值。这使得对问题的分析变得相对复杂。①首先考察机械运输类和杂项（医药）类。假定其他条件满足，人民币升值导致进口价格下降，出口价格上升。进口价格下降导致该两类进口需求上升，而出口价格上升导致该两类出口需求下降。由于进出口需求都缺乏弹性，因此进口价格下降导致的进口额下降超过需求增加导致的进口额的增加，最终导致进口额下降，弹性越小进口额下降越多。对应地，出口价格上升导致的出口额上升要超过出口需求下降导致的出口额下降，最终导致出口额上升，弹性越大出口额上升越少。综合进口额与出口额的变化，由于该两项进口弹性皆小于出口弹性，因此出口额上升少而进口额下降多，贸易余额减少。②其次考察电子、轻纺和基础材料类。假定其他条件满足，人民币升值导致进口价格下降，出口价格上升。根据弹性符号可知，进口价格下降导致该两类进口需求上升，而出口价格上升也导致该两类出口需求上升。根据弹性绝对值，进出口都缺乏弹性，因此进口价格下降导致的进口额的减少要大于进口量上升导致的进口额的增加，最终导致进口额减少。而出口价格上升和出口量的上升都增加出口额，因此进口和出口两方面都对该三类贸易余额有改善作用。

从以上结论可以看出，各类进口与出口的需求价格弹性和都小于1，ML条件都不成立，在其他条件皆满足的情况下，人民币升值不但不能导致贸易余额的减少，反而导致贸易余额进一步增加。但也有例外，如机械运输类和杂项类，当进出口需求弹性皆为负时，人民币升值将可能导致贸易余额的减少。

在加工贸易方式下和在一般贸易方式下的 ML 条件都分别成立。假定其他条件都满足，根据各贸易方式下进出口需求的价格弹性，人民币升值将大幅减少加工贸易余额，增加一般贸易余额。但汇率变化对贸易收支的最终影响却并不必定遵循上述分析结果，还需要结合汇率对价格的传导、贸易收支的初始状态等。

不管是我国总进出口、分商品类别进出口、还是分贸易方式进出口的需求价格弹性的估计结果都表明，如果不考虑其他因素的影响，单以 ML 条件是否成立作为判断汇率对贸易余额是否有改善作用的标准可能会造成分析结果上的混乱。即使是关于 ML 条件的原始假设都成立，如初始贸易平衡、汇率对价格完全传导、供给弹性无穷大等假设都成立，也可能因为用来判断 ML 条件是否成立的进出口需求弹性的符号和弹性绝对值的大小发生改变而改变根据原有 ML 条件推导出的贸易收支结果。换句话说，在原有 ML 条件判断过程中，所使用的贸易价格弹性都被假定为负，即遵循需求由价格决定且与价格负相关的理论，但在诸多经济现实中，这一理论也许并不成立。因此，准确地说，使用"ML 条件成立"来判断汇率变化对贸易收支的调节作用，只有在关于 ML 条件的所有原始假设都成立，且进出口需求价格弹性都为负时，这一判定标准才是有效的。

7.1.3 关于进口额、出口额与贸易余额汇率弹性的结论

7.1.3.1 进口额的汇率弹性结论
长期内人民币升值将大幅降低我国各类贸易的进口额，总进口的汇率弹性高达 1.876。其中初级产品进口的汇率弹性要高于制成品的汇率弹性，但制成品进口本身的汇率弹性也很高，在制成品分类进口中，仅纺织类进口额的汇率弹性绝对值低于 1，其他都达到 1.5 以上。结合汇率传导和进口需求弹性分析可以看出，升值导致进口额下降是因为人民币升值降低我国进口的本币价格，而且我国进口需求的价格弹性（总需求弹性、初级产品需求弹性和制成品需求弹性等）皆大于 0，进口价格下降导致进口量下降，二者的同时降低导致进口额大幅减少。

7.1.3.2 出口额的汇率弹性结论
长期内人民币升值将大幅减少所有贸易类别的出口额，各出口额的汇率弹性绝对值皆超过 1（仅杂项类出口额的汇率弹性略低于 1，但也达到 0.938 6 的高弹性水平）。制成品出口额的汇率弹性略高于初级产品出口额的汇率弹性，

这说明升值过程中，制成品出口额对汇率变化更敏感。值得注意的是，在制成品分类中，钢材类出口额的汇率弹性高达 4.462 3，远超过其他类别的汇率弹性。这说明我国钢材类商品的出口对汇率变化极其敏感。结合汇率对出口价格的传导和出口需求的价格弹性的估计结果可以看出，升值导致出口额下降是因为人民币升值降低我国出口的本币价格，同时由于出口需求的价格弹性大于0，从而使得本币出口价格下降后引致出口量的减少，价格下降与数量减少的共同作用最终导致出口额大幅下降。

7.1.3.3　贸易竞争力（X/M）和贸易余额（X-M）的汇率弹性相关结论

人民币汇率升值对我国总贸易、初级产品贸易和制成品贸易的竞争力有提高作用，尤其是对初级产品贸易在国际市场上的竞争力有较大的提高作用（初级产品"贸易余额"的汇率弹性大于1）。在制成品各类别的贸易中，升值将降低纺织和钢材类成品贸易的竞争力，但对其他商品类别贸易的竞争力有提高作用。尤其是钢材类贸易竞争力对汇率变化的敏感度非常高，这与钢材类贸易品的标准化大宗商品特征、在全球范围内以美元定价、国内对此类商品出口存在政策限制等特征有关。

不管是贸易余额的汇率弹性，还是贸易竞争力的汇率弹性，初级产品汇率弹性都要高于制成品汇率弹性。这是因为，受垄断性资源限制或生产周期的影响，初级产品的供给弹性往往十分有限，其均衡贸易量和均衡贸易价格基本上直接由需求决定。当世界需求发生变化时，由于其供给严重缺乏弹性，将导致价格的大幅波动。而制成品却有所不同，由于技术创新与组织管理的不断发展，使得制成品所受资源限制程度低，且成本能够得到下降，同时普通制成品生产周期相对较短，产量调整也相对自由。当面临需求冲击时，其供给也可依据价格信号相应调整，相对完全的市场竞争使得价格波动较小。在市场需求不变的情况下，若汇率发生变化引起一定的价格变化，那么供给富有弹性的制成品将会较快地对价格信号作出反应，并对生产进行调整，而后使价格恢复到相对稳定的水平，贸易额的波动也就相对较小。

贸易余额的汇率弹性符号并不能直接决定贸易余额受汇率影响的方向，这是因为弹性的计算公式中还包括了贸易余额的初始水平。若初始贸易余额为顺差，则汇率弹性符号直接体现贸易余额所受汇率影响的方向特征；若初始贸易余额为逆差，则汇率弹性符号反映了与贸易余额受汇率影响相反的方向。长期内，人民币升值将增加我国贸易总余额和初级产品贸易余额，但将减少我国制成品贸易余额。就制成品内部而言，除机械运输类和化工类贸易余额受人民币升值影响上升外，其他类别制成品余额都将因人民币升值而下降。

7.2 本书的相关政策建议

在 2005 年汇改前后，根据大多数国内外研究的结论，认为人民币应该升值的根本原因一般可以归结为两类观点：一是根据巴拉萨—萨缪尔森效应，认为我国持续高速的经济增长必然导致人民币实际汇率升值，而 2005 年汇改之前我国近 10 年的名义汇率都基本没有变化，致使真实汇率被低估，需要经由名义汇率升值恢复真实汇率的均衡；二是巨额的贸易顺差和外汇储备也表明我国人民币价值被低估，需要升值人民币以使贸易收支恢复平衡。针对第一类观点，卢锋（2006）认为"巴拉萨—萨缪尔森"效应的理论假定在中国经济中并不能完全成立，因此并不完全适合用其理论结论来实施中国的经济政策，并认为采用升值名义汇率的方式来实现真实汇率升值的政策建议是值得商榷的。林毅夫（2007）也对该结论表示了支持。若第一个支持人民币升值的理由值得商榷，那么第二类观点中所阐述的理由是否成立呢？人民币升值能否减少我国贸易顺差使贸易收支恢复平衡？从全书所得出的分析结论看，人民币升值不仅不能有效减少我国持续增长的贸易顺差，还可能适得其反，继续增加我国贸易顺差。人民币升值的政策效果将与其初始要求背道而驰。

自 2005 年 7 月 21 日开始的人民币汇率制度改革，除了汇率水平的调整内容外，还涉及人民币汇率形成机制的改变。汇率制度改革的根本目标是使汇率能够逐步真实地反映市场供求，根据市场供求进行灵活调节。但此次汇率改革在操作过程中以名义汇率的调整作为其核心内容，仍然局限于"名义的市场化"改革，而非实际的市场化改革（杨长江等，2008）。在汇率形成机制改革过程中，要实行实际的市场化改革，就应结合国内产品市场、要素市场的结构改革和体制转换，对导致资源配置扭曲的土地、劳动力和自然资源等要素市场进行深层次的结构调整和市场化改革。否则，"名义的市场化"改革始终都只能是治标而不能治本。

有管理的浮动汇率制度是一种相对市场化的名义汇率形成机制，是经由名义汇率反映真实汇率的有效过渡手段。一般而言，汇率制度的选择或是汇率形成机制的选择与一国的开放程度有关。对于开放度小的经济体可以采取灵活的汇率制度，但对于中国这样一个贸易大国而言，外贸依存度高（2007 年我国外贸依存度已超过 66%），且人民币尚未实现国际市场的自由兑换、金融体系不发达、缺乏完善的外汇远期交易市场，名义汇率的浮动将使得我国进出口商所面临的汇率风险加大，也使得我国外汇风险暴露加大。因此采取浮动的名义汇率一方面将提高外贸企业的经营成本，降低我国外贸企业的国际竞争力；另一方面也提高我国外汇储备的管理成本，增加外汇风险。同时，同样出于以上原因，外向经济部门所受汇率的影响将直接传递给内部经济部门，致使汇率的变化牵一发而动全身，其影响波及整个经济，不利于我国经济的稳定发展。以上皆说明采取有管理的浮动汇率制度这一汇率形成机制的同时，还需要其他各项改革的深入和其他相关政策的支持。

7.2.1 关于人民币汇率调整的政策建议

7.2.1.1 短期内暂缓人民币升值步伐，稳定人民币汇率预期；中长期内缓解人民币升值压力，缓步慢行地实现人民币实际汇率的基本均衡

短期暂缓人民币升值步伐，稳定人民币汇率预期。这至少能有以下几个方面的好处：一是降低外贸企业汇率风险，减少应对汇率变化的成本，保持出口和国内就业稳定。二是有利于降低汇率风险暴露，将相对固定的汇率作为一道抵御外部冲击的防火墙，让来自国际市场的外部冲击消化在对外经济部门内部。三是停止人民币升值，能有效减少因升值而导致的我国巨额外汇储备的价值贬损，并为未来外汇储备的积极管理提供缓冲。四是稳定预期能有效抑制外汇升值投机，这一方面可以减少国际市场上"热钱"的流入，对当前国内房地产、股市的"去泡沫化"有积极的意义；另一方面可以控制和减少虚增的贸易盈余，即在人民币投机压力存在时，从事进出口贸易的企业会利用高报出口价格、低报进口价格的方式进行投机，最终导致贸易盈余虚增。若汇率预期稳定，人民币投机压力消失，则虚增的贸易盈余也将减少并逐渐消失。

我国采用低估汇率以维持出口导向战略的实施已经变得不可持续（毕吉耀等，2009），汇率低估在导致了我国国内生产率的提高的同时，也导致了对外经济部门持续贸易顺差的不断累积，各类贸易摩擦日益升级，外部经济环境恶化。巨额的外汇储备也增加了外汇储备的管理成本，另外汇率低估也加剧了我国贸易部门和非贸易部门之间的结构失调。既然汇率升值不可避免，那么就需要在缓步释放升值压力的同时，采取措施降低人民币升值压力，使人民币汇率逐步达到均衡。中长期内缓解人民币升值压力需要从根本上深化要素市场的改革，同时引导与鼓励创新的发展。作为对外价格的实际汇率其调整压力从根本上讲来自于我国内部价格的结构扭曲（杨长江等，2008），要素市场上的高度行政定价导致了其扭曲的价格体系，人为地强化了我国在加工贸易方面的比较优势，进而导致资源配置向此类产业过度倾斜，导致加工贸易的过度扩张，

贸易顺差加速增加。由于创新活动能直接提高我国制造业的国际竞争力，促进可贸易品价格的下降和相应的实际汇率的下降，因此鼓励和引导创新活动与深化要素市场改革有利于缓解人民币升值压力，使我国人民币实际汇率逐步达到均衡状态，从而真实地体现我国人民币的对外价格和我国产品在国际市场上的竞争水平。

7.2.1.2 分阶段、分层次、可控的开放资本项目，逐步推进人民币国际化进程

随着我国对外经济和贸易的快速发展，人民币越来越多地运用于世界贸易和资本交易活动。早在 1993 年 2 月，国家外汇管理局就对外宣布，外汇管制改革的长期目标是实现人民币自由兑换，真正实现我国国内市场与国际市场的统一，使国内经济资源在世界范围内进行配置，提高国内资源的配置效率，真正发挥本国资源的比较优势。1996 年 12 月 1 日中国提早实现了人民币在经常项目上的自由兑换。研究表明，经常项目可兑换的实行可为隐蔽的资本流动提供多种渠道，资本管制的效力将会减弱，成本将会增加（唐纳德·马西森，1995）。外管局资本项目管理司司长刘光溪于 2009 年 9 月在伦敦举行的博鳌亚洲论坛全球资本峰会上指出，人民币有望成为国际货币前，需要实现资本项目的自由化。并指出实现资本项目自由兑换需要三个条件：一是足够强大的国家经济竞争力；二是足够完善的金融体系；三是持续稳定的货币运行环境。在当前的经济条件下，仅第一个条件得到基本满足，因此资本项目的开放必须本着分阶段、分层次的原则，并在保持其可控性的条件下慢步缓行地进行。根据印度经验的研究表明，汇率制度改革应优先于资本项目开放（袁宜，2005）。目前我国已实行有管理的浮动汇率制度，资本项目开放的汇率制度条件已有改善，但资本项目管理仍需能保证本币汇率的稳定，因此以汇率稳定优先为目标的审慎资本项目管理应和弹性的开放进程紧密结合，以保证人民币国际化进程的安全可控和有效地开展。

7.2.1.3 加快完善外汇储备管理体制、提高外汇储备管理效率

2006 年我国外汇储备首次过万亿，达到 10 663 亿美元，中国超过日本成为世界第一大外汇储备国。2008 年我国外汇储备规模更是扩大到 19 460 亿美元，稳居世界第一。如此庞大的外汇储备面临人民币对美元名义升值，使我国外汇资产价值损失巨大。如何实现外汇资产的保值增值已成为一个亟须思考并采取积极行动的课题，在 2005 年汇改后的有管理的浮动汇率制度条件下，这一课题具有更为突出的研究意义。完善外汇储备管理体制，提高外汇储备管理效率应成为外汇储备管理的核心内容。

对外汇储备的积极管理需要树立保值增值和风险意识，采用公司治理管理模式，对外汇储备进行分级定档，在满足外汇储备资产的必要流动性和安全性的前提下，将富余储备交给专业投资机构进行管理，以实现此类资产的收益性，通过市场手段拓展储备资产种类、提高储备资产的整体收益水平（何帆、陈平，2006）。具体操作上可借鉴新加坡的做法，如成立类似于新加坡"政府投资公司"（GIC）和淡马锡的专门管理外汇资产的投资公司，进行海外股权投资和战略投资，在国际市场价格合适时增加石油等战略物资的储备，或是与战略物资生产国合作投资战略物资的生产、储备的基础设施，以保障战略物资的稳定供给（林毅夫，2007）。

7.2.2 关于对外贸易结构调整的政策建议

根据国民收入恒等式，国内消费和投资需求的不足将直接反映在净出口的增长上，故内需不足，也迫使经济增长进一步依赖国际市场，经济增长的整体风险暴露增加。根据本书的研究，人民币升值不仅不能减少净出口，反而增加净出口，这说明升值进一步导致了国内需求的下降，恶化了国内制造业的投资环境，导致了失业的增加。

在持续三年的人民币升值之后，又逢金融危机和世界经济走低，就业问题已经成为我国的当务之急。作为占世界四分之一人口的中国，扩大和稳定就业始终都是关乎国计民生的大事。大量失业将危及社会稳定，国民收入减少，消费和投资不足，进一步放缓经济增长。因此，要从根本上解决内外经济失衡问题，减少我国经济发展对国际市场的依赖，减少风险暴露，就需要想方设法提高国内需求，这需要从以下几个方面着手。

7.2.2.1 坚定不移地继续推进对外贸易的发展，吸收国内过剩产能，扩大就业

多数关于汇率变化的就业效应的国外研究表明，本币实际升值将对本国就业产生不利影响，尤其会导致制造业就业的显著下降。同时，这一影响效应还会随着汇率波动幅度的上升而增加，另外，行业开放程度越高，汇率变化对该行业就业的影响也越大。国内研究也得出了类似的结论，认为人民币升值将抑制就业的增长，尤其使制造业就业减少（沙文兵，2009；万解秋、徐涛，2004；范言慧、宋旺，2005）。本书的研究也再次证明，人民币升值将减少出口，从而降低就业水平，在制造业中尤其对加工贸易行业的就业影响显著。这其中有以下几个原因：一是我国经济的开放程度高，2007 年外贸依存度达到66%，东部 11 省市的外贸依存度更是高达 92.7%，国内经济的发展对世界市

场的依赖程度高且仍有加大趋势。二是中国出口产品的劳动密集程度高，其中尤其以加工贸易出口为甚。三是我国出口企业的低规模经济特征，中小企业更容易遭受升值所带来的冲击。以上三个方面的原因都将直接导致汇率变化对我国劳动需求的显著影响。

中国之所以会出现严重的内需不足的问题，说到底是人民收入增长速度慢，而人们因为住房、医疗、教育和社会保障等问题的不稳定预期又使得大家有钱不敢花。在短期内此类问题难以解决的情况下，必须坚持推进对外贸易部门的发展，这有利于释放国内过度累积的过剩产能，同时也增加就业人数，提高收入水平，从而增加消费的基数。在投资既定的条件下，提高消费在 GDP 中的贡献度，长期内更能有效降低净出口，减少贸易余额，使内外经济结构趋于均衡，国民经济发展进入一个良性循环阶段。

7.2.2.2 抓住时机，加速促进加工贸易的转型升级

在推进外贸部门的发展中，应在发展加工贸易的过程中，加速促进加工贸易的转型升级。这是因为，根据本书研究结论，相对于一般贸易而言，我国加工贸易受汇率调整的影响较小，出口和就业相对稳定，在汇率浮动的制度环境下，加工贸易存在更大的稳定优势。根据经典国际贸易理论，产业间贸易对发展中国家的福利要弱于产业内贸易。这是因为发展中国家的产业间贸易主要是出口初级产品而进口工业制成品，这将导致长期内恶化贸易条件，进而减少社会福利。而产业内贸易能通过"干中学"（Learning by Doing）产生学习溢出效应，对社会福利产生有利影响，同时通过延长产业链，增加加工贸易对国内经济部门的溢出效应，有利于提高其他贸易部门和非贸易部门的生产效率，提高整个社会的收入水平。

就中国贸易发展的现实来看，在对外贸易行业中，加工贸易占比大，且具有更为典型的劳动密集型特征，短期内能有效增加就业人数。但由于长期以来基于国内劳动力和土地等生产要素成本低以及国内政府对外向性企业配套提供的各种政策优惠，使得我国加工贸易准入条件低，承接的大多是国际化专业分工中的最低端组装和生产业务。随着国内生产要素成本的不断提高和我国加入WTO 后出口退税等优惠待遇缩水，原有低端加工模式已难以为继，加工贸易的转型与升级已迫在眉睫。从长期来看，发展加工贸易必须加速其转型与升级，提高加工贸易增值率，增加国内加工环节的附加值，从而增加加工贸易企业利润，提升加工贸易出口的国际竞争力，这不仅能使稳定加工贸易行业的就业具有可持续性，而且对收入的提高也有显著作用。

基于人民币升值对我国加工贸易进出口价格的影响要大于对我国一般贸易

进出口价格的影响，人民币升值将降低我国加工贸易的进口价格和出口价格，致使加工贸易企业人民币利润减少，加上我国近年来国内成本的不断上升，加工贸易企业的生存与发展面临着前所未有的困难。考虑到我国加工贸易大部分集中于传统劳动密集型行业，对我国就业和社会稳定仍将起到积极的作用，因此未来应该稳定人民币预期，放慢人民币升值的步伐，给加工贸易的转型和升级创造良好的国际金融环境。

7.2.2.3 继续鼓励外商直接投资、重视进口对促进经济增长和提升国民福利的作用

内生经济增长模型强调了技术进步的重要性，在发展中国家缺乏技术和技术落后是阻碍其经济增长的主要因素，而外汇缺口又阻碍了发展中国家对技术的引进，因此发展中国家在早期发展阶段更倾向于用资源密集型产品的出口弥补外汇缺口，以引进其所需要的技术。中国自改革开放以来长期实行的出口导向型对外贸易战略就是明证，在此阶段，进口对经济增长的重要性并未得到充分重视。我国经济对外开放发展到今天，有必要也有能力让进口贸易发挥其更大的作用。

就进口的必要性来看，在世界经济格局多元化发展的情况下，进口石油等资源性战略物资可以保障国家经济安全；通过从发达国家进口产品和机器设备等中间投入品可以给本国带来更多的技术模仿和学习的机会，通过技术溢出间接提高国内生产率；而在选择适宜的技术水平差距的前提下，直接引进那些可以发挥本国生产潜力、与本国现有生产水平和技术吸收能力相匹配的技术，更能直接带来国内生产率的提高。由于我国进口超过半数是外资企业的进口（2007 年外资企业进口占总进口的 58.52%），并且外商直接投资本身具有比单一进口本身更多样的技术外溢渠道，技术外溢效果更好，因此要增加进口，还需鼓励外商直接投资，扩大招商引资的规模，调整和升级引资结构，为国内的经济发展和社会福利的提高服务。

就进口的可行性来看，经过 30 年对外经济和贸易的发展，我国已累积了足够充足的外汇储备可以实现大规模的技术引进，同时经济开放程度的大幅提高也改善了技术吸收环境，再加上国内基础设施等配套生产条件也有了实质性的改善，国内人力资本投资和自主技术创新水平也得到了较大提高。这些都增强了我国对引进技术的吸收能力，在技术引进和技术吸收条件皆具备的情况下重视进口贸易的发展，更有利于我国未来经济的可持续发展和社会福利的提高。

7.2.2.4 提高出口行业产业集聚程度，全方位提升出口企业竞争能力

要维持一国进出口价格的相对稳定，其根本就是掌握定价的主动权。一国

进口的货品往往是其比较劣势商品，其价格往往由出口商决定，但我国不管进口或出口，其定价权基本掌握在贸易伙伴对方手中，这说明虽然我国出口数量在不断增加，但出口产品的国际竞争力仍相当有限，出口价格都相对低廉，甚至我国出口价格与世界收入呈现负相关关系。这就要求我国出口企业在未来的出口竞争中，不是大打价格战，而是努力提高我国出口产品的竞争能力，在产品质量、营销推广、品牌创新等方面做出成绩，同时在企业内部要不断提升企业经营管理水平、实施有效的成本节约，在拥有真正高利润的基础上，掌握定价的主动权，即使非本币结算，也可以降低汇率变化对出口本币价格的传导程度，减少汇率风险。

提升出口竞争力，除了需要从企业内部着手，在组织管理效率、产品生产效率和市场营销战略等方面进一步提升外，还需要提高出口行业的产业集聚程度，借助产业集聚区内的公共产品优势、主导性企业在产业集聚和创新方面的带头和辐射作用，以及通过产业集聚促成产业集群以实现出口产业的规模经济效应，加快出口产业技术创新步伐，提升出口行业整体的国际竞争能力。

7.2.3　其他相关配套措施的政策建议

我国长期贸易顺差的根本原因是国内需求不足所造成的结果，而依靠人民币升值并不能有效改变这一结果。因此要缓解人民币升值压力，降低我国贸易顺差，从根本上还必须从平衡内部经济着手，改善政府宏观管理，扩大国内需求。

中国消费（包括居民消费和政府消费）在 GDP 中的占比严重不足，2007年的消费率为 45%，其中居民消费率仅为 36.2%，并且动态来看该比率还呈下降趋势。因此，扩大国内消费需求，在保持一定的政府消费比率的前提下，应以扩大居民消费需求为重点。这可以从两方面入手：一是增加居民收入；二是提高消费率。增加居民收入可以通过增加就业和提高工资水平两方面实现，增加就业有赖于政府必须始终以保障就业作为第一宏观经济管理目标，通过多种政策和市场途径来实现。提高工资水平则有赖于整个国民生产过程中创新活动的开展以及整个社会的劳动生产效率的提高。而提高居民消费率是一个长期任务，需要调整收入分配结构、扩大消费信贷、完善社会保障体系、优化投资结构、改善消费环境。而今最需要解决的是家庭预期支出的不稳定问题，这需要改善政府宏观管理，在住房、医疗、教育和社会保障等家庭主体支出方面提供稳定的政策预期和行之有效的政策执行方案，同时还需要政府在宏观层面对公共卫生、食品安全、环境治理等重大公共事务方面进行法律规范、政策引导和舆论监督等方面做出坚持不懈的努力。优化投资结构应着眼于可持续发展战略，减少和部分淘汰那些集中于低附加值、低技术程度、高耗能、高污染等产能过剩行业的投资，鼓励绿色产业的发展，充分发挥市场在资源配置过程中的基础和主导作用，鼓励民间资本投资。

7.3 进一步研究的方向

基于本书研究中的不足，在本书研究的基础上，还可以就以下几个方面进行深入的研究：①人民币汇率变化对各双边贸易的影响。对中国与美国、欧盟和日本等主要贸易伙伴之间的双边贸易进行汇率因素分析有利于正确认识人民币汇率调整对各双边贸易的影响，从而有助于判断汇率调整在缓解双边贸易顺差、减少贸易摩擦等方面的具体作用如何。同样采用汇率传导和贸易弹性两因素分析方法能更清楚地分析汇率变化对双边贸易影响的具体机制和影响效应。②人民币汇率传导的影响因素建模与实证分析。国内外诸多文献已经对汇率传导的影响因素进行了充分的分析和探讨，但很少将加工贸易这一特殊贸易方式在其中所起到的作用进行分析。中国对外贸易中加工贸易占比大，有必要就加工贸易问题对汇率传导的影响因素进行重新建模，并进行相关的实证检验与分析。对于汇率传导的影响因素模型而言，这将是一个有益的理论拓展。③贸易弹性的影响因素分析。在汇率传导程度一定的情况下，汇率变化对贸易收支的影响仍取决于进出口供求的价格弹性。而进出口供求的价格弹性的大小到底与什么有关，由哪些因素决定，很少有学者对这一问题进行探讨。本书作者认为，若能从产品加工程度、生活和生产必需程度、竞争品替代程度、市场结构、企业沉没成本等方面进行深入讨论，或能产生有意义的研究结果。④汇率变化对贸易收支影响的一般均衡分析。不管是汇率传导分析还是贸易弹性分析，都只局限于汇率变化对贸易收支影响的微观研究和直接效应，是一种局部均衡分析。而实际上，某一次的汇率变化在对贸易收支产生影响的同时，也将通过货币效应和吸收效应对货币经济和实际宏观经济两方面产生影响。并且在汇率变化影响到贸易收支以后也将通过贸易收支的变化进一步影响到宏观经济，进而对汇率本身和贸易收支产生更为复杂的影响。因此，同时考虑微观机制和宏观效应的一般均衡分析能够更为全面地解释汇率变化的贸易收支效应，有待在后续的研究中进一步深入和完善。

附　录

[1] 134种出口商品为：彩色电视机（包括整套散件）、餐桌、厨房及其他家用搪瓷器、草编结品、茶叶、肠衣、车床、成品油、初级形状的聚氯乙烯、船舶、地毯、电动机及发电机、电动手表、电容器、电扇、电视和收音机及无线电讯设备的零附件、电视机（包括整套散件）、电线和电缆、电子计算器（包括具有计算功能的袖珍数据记录重现机）、冻鸡、冻虾仁、冻鱼、冻鱼片、二极管及类似半导体器件、干的食用菌类、钢材、钢坯及粗锻件、钢铁板材、钢铁棒材、钢铁管配件、钢铁或铜制标准紧固件、钢铁线材、工业用缝纫机、谷物及谷物粉、合成短纤与棉混纺机织物、合成有机染料、黑白电视机（包括整套散件）、烘焙花生、花生及花生仁、滑石、活家禽、活鱼、活猪（种猪除外）、机械手表、集装箱、家用或装饰用木制品、家用陶瓷器皿、焦炭和半焦炭、角钢及型钢、金属加工机床、静止式变流器、锯材、抗生素（制剂除外）、烤烟、口腔及牙齿清洁剂、辣椒干、柳编结品、录音机及收录（放）音组合机（包括整套散件）、铝材、毛纺机织物、裘皮服装、帽类、煤、美容化妆品及护肤品、棉机织物、棉纱线、蘑菇罐头、黏土及其他耐火矿物、皮革服装、皮革手套、皮面鞋、啤酒、平板玻璃、普通缝纫机、日用钟、伞、山羊绒、生丝、石蜡、食糖、食用油籽、食用植物油（含棕榈油）、手表、手用或机用工具、蔬菜、水海产品、水泥、丝织物、松香及树脂酸、松子仁、塑料编织袋（周转袋除外）、塑料制品、藤编结品、天然蜂蜜、天然硫酸钡（重晶石）、天然石墨、天然碳酸镁和氧化镁、填充用羽毛和羽绒、铜材、外底及鞋面均以橡胶或塑料制的鞋、未锻造的铝（包括铝合金）、未锻造的锰、未锻造的铜（包括铜合金）、未锻造的锌及锌合金、洗衣粉、铣床、鲜冻对虾、鲜干水果及坚果、鲜蛋、鲜或冷藏蔬菜、鲜苹果、橡胶或塑料底纺织材料为面的鞋、鞋、鞋靴零件和护腿及类似品、锌钡白（立德粉）、蓄电池、亚麻及苎麻机织物、烟花、爆竹、扬声器、氧化锌及过氧化锌、药材、医药品、医用敷

料、萤石（氟石）、原电池、原油、照相机、织物制手套、织物制袜子、纸及纸板（未切成形的）、纸、中式成药、仲钨酸铵、轴承、猪肉罐头、竹编结品等。

[2] 初级产品与制成品出口分类：根据联合国《国际贸易标准分类》第三次修订本［SITC(Rev.3)］的分类结构及编码排列0-4类（食品和食用活物、饮料及烟、非食用原料、矿物燃料和润滑油、动植物油脂）的商品，在本书前面选择的134类出口品中，有44类出口品属于初级产品。具体为：茶叶、肠衣、成品油、初级形状的聚氯乙烯、冻鸡、冻虾仁、冻鱼、冻鱼片、干的食用菌类、谷物及谷物粉、烘焙花生、花生及花生仁、滑石、活家禽、活鱼、活猪（种猪除外）、焦炭、半焦炭、烤烟、辣椒干、煤、蘑菇罐头、黏土及其他耐火矿物、啤酒、食糖、食用油籽、食用植物油（含棕榈油）、蔬菜、水海产品、松香及树脂酸、松子仁、天然蜂蜜、天然硫酸钡（重晶石）、天然石墨、天然碳酸镁和氧化镁、填充用羽毛和羽绒、鲜冻对虾、鲜干水果及坚果、鲜蛋、鲜或冷藏蔬菜、鲜苹果、萤石（氟石）、原油、纸及纸板（未切成形的）、纸烟、猪肉罐头等44种商品。其他90类出口品产品归类于出口制成品。

[3] 出口制成品内部分类：（1）电子类出口品（18项）：彩色电视机（包括整套散件）、电动机及发电机、电动手表、电容器、电扇、电视、收音机及无线电讯设备的零附件、电视机（包括整套散件）、电线和电缆、电子计算器（包括具有计算功能的袖珍数据记录重现机）、二极管及类似半导体器件、黑白电视机（包括整套散件）、静止式变流器、录音机及收录（放）音组合机（包括整套散件）、日用钟、蓄电池、扬声器、原电池、照相机等。（2）机械运输类出口品（10项）：车床、船舶、工业用缝纫机、机械手表、集装箱、金属加工机床、普通缝纫机、手用或机用工具、铣床、轴承等。（3）轻纺类出口品（20项）：合成短纤与棉混纺机织物、合成有机染料、毛纺机织物、毛皮服装、帽类、棉机织物、棉纱线、皮革服装、皮革手套、皮面鞋、山羊绒、生丝、丝织物、外底及鞋面均以橡胶或塑料制的鞋、橡胶或塑料底纺织材料为面的鞋、鞋及鞋靴零件和护腿及类似品、亚麻及苎麻机织物、织物制手套、织物制袜子等。（4）基础材料类（17项）：钢材、钢坯及粗锻件、钢铁板材、钢铁棒材、钢铁管配件、钢铁或铜制标准紧固件、钢铁线材、角钢及型钢、锯材、铝材、水泥、铜材、未锻造的铝（包括铝合金）、未锻造的锰、未锻造的铜（包括铜合金）、未锻造的锌及锌合金、氧化锌及过氧化锌等。（5）杂项（25项）：餐桌、厨房及其他家用搪瓷器、草编结品、地毯、家

用或装饰用木制品、家用陶瓷器皿、抗生素（制剂除外）、口腔及牙齿清洁剂、柳编结品、美容化妆品及护肤品、平板玻璃、伞、石蜡、手表、塑料编织袋（周转袋除外）、塑料制品、藤编结品、洗衣粉、锌钡白（立德粉）、烟花和爆竹、药材、医药品、医用敷料、中式成药、仲钨酸铵、竹编结品等。

参考文献

[1] ALTERMAN WILLIAM. Price Trends in U. S. Trade: New Data, New Insights. , in International Economic Transactions: Issues in Measurement and Empirical Research, Peter Hooper and J. David Richardson, ed. University of Chicago Press, 1991: 109 - 143.

[2] ANDERSON J E, VANWINCOOP. Eric. Trade costs. Journal of Economic Literature. September (3), 2004: 691 - 751.

[3] ANDREWS D W K, W PLOBERGER. Optimal Tests When a Nuisance Parameter Is Present Only under the Alternative. Econometrica, 62, 1994: 1383 - 1414.

[4] ANDREWS D W K. Tests for Parameter Instability and Structural Change with Unknown Change Point. Econometrica, 61, 1993: 821 - 856.

[5] ASSEERY D A PEEL. The Effects of Exchange Rate Volatility on Exports: Some New Estimates. Economics Letters, Vol. 37, No. 2, Oct. , 1991: 173 - 177.

[6] BACCHETTA PHILIPPE, ERIC VAN WINCOOP. Why Do Consumer Prices React Less Than Import Prices to Exchange Rate?. Journal of the European Economics Association, 1 (2), 2003.

[7] BACCHETTA PHILIPPE, ERIC VAN WINCOOP. A Theory of the Currency Denomination of International Trade. Journal of International Economics, forthcoming, 2005.

[8] BACKUS K, KEBOE P J, KYDLAND F E. Dynamics of the Trade Balance and the Term of Trade: the J - curve?. American Economic Review, 84, 1998: 84 - 103.

[9] BAHMANI OSKOOEE M, BROOKS T J. Bilateral J - curve between US

and her Trading Partners. Weltwirtschaftliches Archiv, 135, 1999: 156 – 65.

[10] BAHMANI OSKOOEE, NIROOMAND. Long run Price Elasticities and the Marshall Lerner Condition Revisited. Economics Letters, 61, 1998: 101 – 109.

[11] BAHMANI OSKOOEE M, RATHA A. The J – curve: A literature review. Applied Economics, 36 [July (13)] 2004: 1377 – 1398.

[12] BAHMANI OSKOOEE M. Determinants of international trade flows: the case of developing countries. Journal of Development Economics, 20, 1986: 107 – 123.

[13] BAHMANI OSKOOEE M. The black market exchange rate and demand for money in Iran. Journal of Macroeconomics, 18, 1996: 171 – 176.

[14] BAILEY M J, TAVALAS G S, ULAN M. Exchange rate variability and trade performance: evidence for the big seven industrial countries. Weltwirtschaftliches Archiv, 122, 1986: 466 – 477.

[15] BASEVI G D COCCHI, P L LISCHI. The Choice of Currency in the Foreign Trade of Italy. Research Paper, 1985, 17 (University of Bologna).

[16] BHAGWATI J N. The pass-through Puzzle: the Missing Prince from Hamlet. mimeo. , Columbia University, December, 1988.

[17] BIKERDIKE. The Instability of Foreign Exchange. The Economic Journal, Vol. 30, No. 117, Mar. , 1920: 118 – 122.

[18] BILSON J F O. The Choice of an Invoice Currency in International Transactions. in Bhandari, J. S. and Putnam, B. H. (eds), Economic Independence and Flexible Exchange Rates (Cambridge, Mass. : MIT Press), 1983.

[19] BLACK S W. International Money and International Monetary Arrangements. in Jones, R. W. and Kenen, P. B. (eds), Handbook of International Economics, Vol. II (Amsterdam: North&Holland), 1985.

[20] BOYD D, SMITH R. Testing for Purchasing Power Parity: Econometric Issues and An Application to Developing Countries. Manchester School, 67, 1999: 287 – 303.

[21] BOYD D, et al. Real Exchange Rate Effects on the Balance of Trade. International Journal of Finance and Economics, 6, 2001: 201 – 216.

[22] BRANDER A. China's foreign trade behavior in the 1980s: An empirical analysis. 1992, January IMF Working Paper.

［23］BRANSON W H. The Trade Effects of The 1971 Currency Realignment. Brookings Papers on Economic Aactivity, 1, 1972: 15 - 69.

［24］BRANSON W H. Comment on Exchange Rate pass-through in The 1980s: The Case of U. S. Imports of Manufactoures. Brookings Papers on Economic Activity, 1, 330, 1989.

［25］BU YONGXIANG, ROD TYERS. China's equilibrium real exchange rate: A counterfactual analysis. Working Papers in Economics and Econometrics No 1390, Australian National University, 1, February, 2001.

［26］BURSTEIN, ARIEL, JOAO NEVES, SERGIO REBELO. Distribution Costs and Real Exchange Rate Dynamics during Exchange Rate Based Stabilizations. Journal of Monetary Economics, 50 (6), 2003: 1189 - 1214.

［27］CAMPA J M, L S GOLDBERG. Exchange Rate Pass Through into Import Prices: A Macro and Micro Phenomenon. mimeo, IESE Business School and Federal Reserve Bank of New York , 2001.

［28］CAMPA JOSE, LINDA GOLDBERG. The Evolving External Orientation of Manufacturing: Evidence from Four Countries. Economic Policy Review, (Federal Reserve Bank of New York) 3: 2 , 1997: 53 - 81.

［29］CARSE S, WILLIAMSON J, WOOD G E. The Financing Procedures of British Foreign Trade. Cambridge: Cambridge University Press, 1980.

［30］CAVES R E, FRANKEL J A, JONES R W. World trade and payments: an introduction. 9th edition, Addison&Wesley, 2002.

［31］CERRA V, DAYAL GULATI A. China's trade flows: Changing price sensitivities and the reform process. 1999, January IMF Working Paper No. WP/99/1.

［32］CHANG G H, SHAO QIN. How much is the Chinese currency undervalued? A quantitative estimation. China Economic Review, 15, 2004: 366 - 371.

［33］CHEUNG Y - W, CHINN M D, FUJII E. Why the Renminbi might be overvalued (but probably isn't). Paper presented at the Federal Reserve Bank conference on "External Imbalances and Adjustment in the Pacific Basin", 2005, September.

［34］CHOUDHRI E, D HAKURA. Exchange Rate Pass Through to Domestic Prices: Does the Inflationary Environment Matter?. IMF Working Paper, WP/01/194, 2001.

［35］ CHOUDHRI EHSAN U, HAMID FARUQEE, DALIA S HAKURA. Explaining the exchange pass through in different prices. IMF Working Paper, 02/224, December, 2002.

［36］ CHUA, SHARMA. An Investigation of the Effects of Price and Exchange Rates on Trade Flows in East Asia. Asian Economic Journal, 12, 1998: 253 – 271.

［37］ CLARK LEITH. The Exchange Rate and the Price Level in a Small Open Economy: Bostwana. Journal of Policy Modeling, Vol. 13, 1991: 309 – 315.

［38］ CLARK P B, TAMIRISA N, WEI S – J. A new look at exchange rate volatility and trade flows. IMF Occasional Paper No. 235, 2004.

［39］ COAKLEY, et al. Current Account Solvency and the Feldstein – Horioka Puzzle. Economic Journal, 106, 1996: 620 – 627.

［40］ COE D T, SUBRAMANIA A, TAMIRISA N T. The missing globalization puzzle. 2005, September IMF Working Paper, No. WP/02/171, Original published in October 2002.

［41］ CORSETTI GIANCARLO, LUCA DEDOLA. A Macroeconomic Model of International Price Discrimination. Journal of International Economics, forthcoming, 2005.

［42］ CORSETTI G, P PESENTI. Endogenous pass-through and Optimal Monetary Policy: A Model of Self – Validating Exchange Rate Regimes. CEPR Working Paper No. 8737, 2004.

［43］ CORSETTI, GIANCARLO, PAOLO PESENTI. International Dimensions of Optimal Monetary Policy. Journal of Monetary Economics, 52 (2), 2005: 281 – 305.

［44］ COUDERD V, CECILE C. Real equilibrium exchange rate in China. CEPII Working Paper No. 01, 2005.

［45］ DE GRAUWE, VERFAILLE. Exchange Rate Variability, Misalignment, and the European Monetary System. in Misalignment of Exchange Rates, Richard C. Marston, ed., University of Chicago Press, 1988: 77 – 104.

［46］ DENNIS R APPLEYARD, ALFRED J FIELD JR. A note on teaching the Marshall – Lerner conditon. The Journal of Economic Education, Vol. 17. No. 1, 1986: 52 – 56.

［47］ DEVEREUX M, C ENGLE. Exchange Rate pass-through, Exchange

Rate Volatility, and Exchange Rate Disconnect. Journal of Monetary Economics, June, 2002: 913 - 940.

[48] DEVEREUX M, C ENGLE. Monetary Policy in the Open Economy Revisited: Price Setting and Exchange Rate Flexibility. Review of Economic Studies, 70, 2003: 765 - 784.

[49] DEVEREUX M, C ENGLE, P STORGAARD. Endogenous pass-through when Nominal Prices are Set in Advance. Journal of International Economics, 63 (2), 2004: 263 - 291.

[50] DEVEREUX MICHAEL. Monetary Policy, Exchange Rate Flexibility and Exchange Rate pass-through. in Revisiting the Case for Flexible Exchange Rates, Bank of Canada, 2001: 47 - 82.

[51] DEVEREUX MICHAEL, CHARLES ENGEL. Endogenous Currency of Price Setting in a Dynamic Open Economy Model. NBER working paper No. 8559, 2001.

[52] DICKEY D A, BELL W R, MILLER R B. Unit roots in time series models: tests and implications. The American Statistician, 40, 1986: 12 - 26.

[53] DIPENDRA SINHA. A note on trade elasticities in asian countries. International Trade Journal, Vol. 15, Summer, 2001: 221 - 237.

[54] DIXIT, AVINASH. Hysteresis, import penetration, and exchange rate pass-through. Quarterly Journal of Economics, 104 (2), 1989: 205 - 2281.

[55] DIXIT A K, STIGLITZ J E. Monopolistic Competition and Optimum Product Diversity. American Economic Review, 67, 1977: 297 - 308.

[56] DORNBUSCH R. Exchange Rates and Prices. American Economic Review, 77, March, 1987: 93 - 106.

[57] DORNBUSCH, RUDIGER. Exchange Rates and Fiscal Policy in a Popular Model of International Trade. The American Economic Review, Vol. 65, No. 5, Dec. , 1975: 859 - 871.

[58] DUARTE, MARGARIDA, ALAN STOCKMAN. Rational Speculation and Exchange Rates. National Bureau of Economic Research, Working Paper, No. 8362, 2001.

[59] EDWARDS, SEBASTIAN. Tariffs, Capital controls, and Equilibrium real exchange rates. Canadian Journal of Economics, 1989, Vol. 22: 79 - 93.

[60] EICHENGREEN B. Chinese currency controversies. CEPR Discussion Paper No. 4375, May, 2004.

[61] ENGEL C, ROGERS J H. How wide is the border?. American Economic Review, 86 (5), December, 1996: 1112 – 1125.

[62] ENGEL C. Equivalence Results for Optimal pass-through, Optimal Indexing to Exchange Rates and Optimal Choice of Currency for Export Pricing. Journal of European Economic Association, 4 (6), 2006: 1249 – 1260.

[63] FAIR R C. Estimating how the macroeconomy works. Cambridge: Harvard University Press, 2004.

[64] FEENSTRA, ROBERT. Symmetric Pass Through of Tariffs and Exchange Rates Under Imperfect Competition: An Empirical Test. Journal of International Economics, 27, 1989: 25 – 45.

[65] FEENSTRA, ROBERT. Integration of Trade and Disintegration of Production in the Global Economy. Journal of Economic Perspectives, 12, 1998: 31 – 50.

[66] FELDSTEIN, MARTIN. The Council of Economic Advisers and Economics Advising in the United States. The Economic Journal, 102, September, 1992: 1223 – 1234.

[67] FISCHER E. A Model of Exchange Rate pass-through. Journal of International Economics, 26, 1989: 119 – 37.

[68] FLEMINGHAM B S. Where is the Australian J – curve?. Bulletin of Economic Research, 40 (1), 1988: 43 – 56.

[69] FRANKEL J A, PARSLEY D, WEI S – J. Slow passthrough around the world: A new import for developing countries?. NBER Working Paper No. 11199, March, 2005.

[70] FRANKEL J A, STEIN E, WEI S – J. Continental trading blocs: Are they natural or supernatrual. In A. Jeffrey&Frankel Eds. , The regionalization of the world economy, Chicago: University of Chicago Press, 1998: 91 – 120.

[71] FRIEDMAN, MILTON. The Case for Flexible Exchange Rates. in Essays in Positive Economics, Chicago: University of Chicago Press, 1953.

[72] FROOT, KEN, PAUL KLEMPERER. Exchange Rate pass-through When Market Share Matters. American Economic Review, September, 1989:

637 – 654.

[73] FUKUDA SI, J CONG. On the Choice of Invoice Currency by Japanese Exporters: The PTM Approach. Journal of the Japanese and International Economies, 8, 1994: 511 – 529.

[74] GAGNON, JOSEPH, JANE IHRIG. Monetary Policy and Exchange Rate pass-through. International Journal of Finance and Economics, 9, 2004: 315 – 338.

[75] GAO S. China' s Open – Door Policy. China's Economic Reform, New York: St. Martin' s Press. Chapter 3, 1996.

[76] GHOSH A, H WOLF. Imperfect Exchange Rate pass-through: Strategic Pricing and Menu Cost. CESIFO Working Paper, No. 436, March 2001.

[77] GIOVANNINI A. Exchange Rates and Traded Goods Prices. Journal of International Economies, 24, 1988: 45 – 68.

[78] GOLDBERG L S, GONZALES MINGUEZ J M. Exchange rate pass-through to import prices in the euro area. Federal Reserve Bank of New York Staff Reports, No. 219, September, 2005.

[79] GOLDERGE L, C TILLE. Vehicle Currency Use in International Trade. NBER Working Paper No. 11127, 2005.

[80] GOLDBERG, PINELOPI, MICHAEL KNETTER. Goods Prices and Exchange Rates: What Have We Learned?. Journal of Economic Literature, 35, 1997: 1243 – 1292.

[81] GOLDFAJN ILAN, SERGIO WERLANG. The pass-through from Depreciation to Inflation: A Panel Study. Department of Economics, PUC – Rio, Working paper, No. 423, 2000.

[82] GOLDSTEIN M, KHAN M S. Income and price effects in foreign trade. In Jones, R. W. and Kenen, P. B. Eds, Handbook of international economics, Vol. II, Amsterdam: North – Holland, 1985: 1041 – 1105.

[83] GOLDSTEIN M, LARDY N R. China' s exchange rate policy dilemma. American Economic Review (Papers and Proceedings), 96 (2), 2006: 422 – 426.

[84] GOLDSTEIN M, KHAN M. Large versus small price changes and the demand for imports. IMF Staff Papers, No. 22, 1976: 200 – 225.

[85] GOLDSTEIN M, KHAN M. The supply and demand for exports: a sim-

ultaneous approach. Review of Economics and Statistics, 60, 1978: 275 - 286.

[86] GRANGER. Investigating Causal Relations by Econometric Models and Cross - spectral Methods. Econometrica, Vol. 37, No. 3, Aug. , 1969: 424 - 438.

[87] GRASSMAN S. Exhange Reserves and the Financial Structure of Foreign Trade. Hants, England: Saxon House, 1973.

[88] GREENE W H. Econometric Analysis. Prentice Hall Inc. , 4th Edition, 2000.

[89] GREENSPAN A. Current Account: Remarks before the Economic Club of New York. New York, March 2, 2004: 1 - 10.

[90] HACKER, HATEMI. Is the J - Curve Effect Observable for Small North European Economies?. Open Economies Review, Vol. 14, No. 2, 2003: 119 - 134.

[91] HAKKIO C S, RUSH M. Cointegration: how short is the long - run?. Journal of International Money and Finance, 10, 1991: 571 - 581.

[92] HANS ADLER. United States Import Demand During the Interwar Period. The American Economic Review, Vol. 35, No. 3, Jun. , 1945: 418 - 430.

[93] HAYNES S E, STONE J A. Secular and Cyclical Responses of U. S. Trade to Income: An Evaluation of Traditional Models. Review of Economics and Statistics, 65, 1983: 87 - 95.

[94] HELKIE W L, HOOPER P. An Empirical Analysis of the External Deficit: 1980 - 86. In R. C. Bryant, 1988.

[95] HELLEINER G K. Comment on Efficiency, Equity and Transfer Pricing in LDCs. inA. M. Rugman and L. Eden, Multinationals and Transfer Pricing, London: Croom Helm, 1985: 240 - 244.

[96] HELLVIN L. Intra - industry Trade in Asia. International Economic Journal, 8 (4), Winter, 1994: 27 - 40.

[97] HINKLE, PETER J MONTIEL. Exchange Rate Misalignment: Concepts and Measurement for Developing Countries. Journal of Economic Literature, Vol. 38, No. 3, 2000: 651 - 652.

[98] HOOPER P. Trade Elasticities for the G 27 Countries. Princeton University: Princeton Studies in International Economics, No. 87, 2000.

[99] HOOPER, PETER, STEVEN W. Kohlhagen. The Effect of Exchange Rate Uncertainty on the Prices and Volume of International Trade. Journal of International Economics, 8, Nov., 1978: 483 - 511.

[100] HOQUE A. Terms of trade and Current Account Deficit in the Auustralian Context. Journal of Quantitative Economics, 27 (1), 1995: 169 - 179.

[101] HOUTHAKKER H S, MAGEE S. Income and Price Elasticities in World Trade. Review of Economics and Statistics, 51, 1969: 111 - 125.

[102] HU X, MA Y. International Intra - industry Trade of China. Weltwirtschaftliches Archiv, 135 [1(Heft)], 1999: 82 - 102.

[103] JEFFREY A. Frankel, David C. Parsley, Shang - Jin Wei. Slow pass-through Around the World: A New Import for Developing Countries?. NBER Working Paper No. 11199, March, 2005.

[104] JOHANSEN S, JUSELIUS K. Maximum Likelihood Estimation and Inference on Cointegration , with Applicaiton for the Demand for Money. Oxford Bulletin of Economics and Statistics, 52, 1990: 169 - 210.

[105] JOHANSEN S. Estimation and Hypothesis Testing of Cointegration Vectors in Gaussian vector Autoregressive Models. Econometrica, No. 59, 1991: 1551 - 1580.

[106] JOHANSEN S. Statistical Analysis of Cointegration Vectors. Journal of Economic Dynamics and Control, 12, 1988: 231 - 254.

[107] JONES R W. Stability Conditions in International Trade: A General Equilibrium Analysis. International Economics Review, May 1961, 2: 199 - 209.

[108] JOSÉMANUEL CAMPA, LINDA S GOLDBERG, JOSÉM GONZáLEZ MÍNGUEZL. Exchange Rate pass-through to Import Prices in the EURO Area. NBER Working Paper, No. 111632, September, 2005.

[109] JUNZ B HELEN, RUDOLF R RHOMBERG. Price Competitiveness in Export Trade Among Industrial Countries. The American Economic Review, Vol. 63, No. 2, May, 1973: 412 - 418.

[110] KARA O. Determinants of Trade Flows : Speed of Adjust. the University of Wisconsin - Milwaukee, 2002.

[111] KENNETH A FROOT, PAUL D KLEMPERER. Exchange Rate pass-through When Market Share Matters. The American Economic Review, 79

(4), 1989: 637 – 654.

[112] KHAN M. Import and Export Demand in Developing Countries. IMF Staff Papers, No. 21, 1974: 678 – 693.

[113] KHAN M. The Structure and Behavior of Imports of Venezuela. Review of Economics and Statistics, 57, 1975: 221 – 224.

[114] KHOSLA ANTI, JURO TERANISHI. Exchange Rate pass-Through in Export Prices—an International Comparison. Hitotsubaishi Journal of Economics, 30, 1989, pp31 – 48.

[115] KIM, YOONBAI. External Adjustments and Exchange Rate Flexibility: Some Evidence from U. S. Data. The Review of Economics and Statistics, Vol. 73, No. 1, Feb. 1991: 176 – 171.

[116] KNETTER, MICHAEL. Pricing Discrimination by U. S. and German Exporters. American Economic Review, 79, March, 1989: 198 – 210.

[117] KNETTER, MICHAEL. International Comparisons of Price to Market Behavior. American Economic Review, 83 (3), 1993: 473 – 486.

[118] KREINEN, MORDECHAI. The Effect of Exchange Rate Changes on the Prices and Volume of Foreign Trade. International Monetary Fund Staff Papers, July, 24 (2), 1977: 297 – 329.

[119] KREININ M E. Price Elasticities in International Trade. Review of Economics and Statistics, 49, 1967: 510 – 516.

[120] KREININ M E. Disaggregated Import Demand Functions—Further Results. Southern Economic Journal, 40, 1973: 19 – 25.

[121] KREININ, MORDECHAI E. The Effect of Exchange Rate Changes on the Prices and Volume of Foreign Trade. Staff Papers of International Monetary Fund, 1977: 297 – 329.

[122] KRUGMAN, PAUL. Pricing to Market When the Exchange Rate Changes. in Real Financial Linkages Among Open Economies, S. W. Arndt and J. D. Richardson ed., Cambridge: MIT Press, 1987.

[123] KUMAR. Algorithms for constraint satisfaction problems: A survy. AL Magazine, Vol13 (1), 1992: 32 – 44.

[124] KUO LIANG WANG, CHUNG SHU WU. Exchange Rate Pass Through and Industry Characteristics: The Case of Taiwan' s Exports of Midstream Petro-

chemical Products. in Takatoshi Ito and Anne O. Kruger (eds). Changes in Exchange Rates in Rapidly Developing Countries: Theory, Practice and Policy Issues. University of Chicago Press, 1999.

[125] LAL A K, LOWINGER T C. The J - curve: Evidence from East Asia. Journal of Economic Integration, 17, 2002: 397 - 415.

[126] LEE, CHINN. The Current Account and the Real Exchange Rate: A Structural VAR Analysis of Major Currencies. NBER Working Paper, No. 6495, 1998.

[127] LEE J, CHINN M D. Current Account and Real Exchange Rate Dynamics in the G - 7 Countries. IMF Working Paper, WP, 2, 130, 2002.

[128] LERNER A. The economics of control. New York: Macmillan, 1944.

[129] LERNER ABBA P. The Diagrammatical Representation of Cost Condition in International Trade. Economica, Vol. 1, No. 3, Aug. , 1934: 319 - 334.

[130] LI WANG, JOHN WHALLEY. The Impacts of Renminbi Appreciation on Trades Flows and Reserve Accumulation in a Monetary Trade Model. NBER Working Paper No. 13586, Nov. , 2007.

[131] MAGEE S P. Currency Contracts, pass-through and Devaluation. Brooking Papers on Economic Activity, 1, 1973: 203 - 225.

[132] MAH J S. Structural Change in Import Demand Behavior: the Korean Experience. Journal of Policy Modeling, 15, 1993: 223 - 227.

[133] MARAZZI M, SHEETS N. Declining Exchange Rate pass-through to U. S. Import Prices: The Potential Role of Global Factors. Journal of International Money and Finance, Vol. , 26, No. 6, 2007: 924 - 947.

[134] MARQUEZ J. Bilateral Trade Elasticities. The Review of Economics and Statistics, 72, 1990: 70 - 77.

[135] MARSHALL, ALFRED. Money, Credit, and Commerce. London: Macmillan Co. , Ltd, 1923.

[136] MARSTON, RICHARD. Pricing to Market in Japanese Manufacturing. Journal of International Economics, 29, 1990: 217 - 236.

[137] MCCARTHY, JONATHON. Pass Through of Exchange Rates and Import Prices to Domestic Inflation in Some Industrialized Economies. Manuscript, Federal Reserve Bank of New York, August, 2000.

[138] MEADE E E. Exchange Rate, Adjustment, and the J - curve. Federal Reserve Bulletin, October, 1988: 633 - 644.

[139] MENON J. Exchange rate pass-through. Journal of Economic Surveys, 1995, 9 (2): 197 - 231.

[140] METZLER LLOYD A. The Theory of Internatioanl Trade. in A Survey of Contemporary Economics, Howard S. Ellis. ed. , Philadelphia: Blakiston, 1948: 210 - 254.

[141] NICK GIGINEISHVILI. pass-Through from Exchange Rate to Inflation: Monetary Transmission in Georgia. Proceedings, Economic Series, Georgian Academy of Sience, Vol. 10, 2002: 214 - 232.

[142] OBSTFELD M, KENNETH ROGOFF. Foundations of International Macroeconomics. Cambridge, MA, MIT Press, 1996.

[143] OBSTFELD M, KENNETH ROGOFF. Exchange Rate Dynamics Redux. Journal of Political Economy, 103, 1995: 624 - 660.

[144] OBSTFELD M, KENNETH ROGOFF. The Six Major Puzzles in International Macroeconomics: Is there A Common Cause?. NBER Macroeconomics Annual, 2000: 339 - 390.

[145] OHNO K. Export Pricing Behaviour of Manufacturing: a US - Japan Comparison. IMF Staff Papers, 36 (3), 1989: 550 - 579.

[146] OLIVEI GIOVANNI P. Exchange Rates and the Prices of Manufacturing Products Imported into the United States. New England Economic Review, First Quarter, 2002: 3 - 18.

[147] ORCUTT H GUY. Measurement of Price Elasticities in International Trade. The Review of Economics and Statistics, Vol. 32, No. 2, May, 1950: 117 - 132.

[148] PESARAN M H, SHIN Y. An Autoregressive Distributed Lag Modeling Approach to Cointegration Analysis. Presented at the Symposium at the Centennial of Ragnar Frisch, 1995.

[149] PESARAN M H, SHIN Y. Cointegration and the Speed of Convergence to Equilibrium. Journal of Econometrics, 71, 1996: 117 - 143.

[150] PESARAN M H, SMITH R P. Structural Analysis of Cointegrating VARs. Journal of Economic Survey, 12 (5), 1998: 471 - 505.

[151] PINDYCK R S, RUBINFELD D L. Econometric Models and Economic Forecasts. 4th, the McGraw - Hill Companies, Inc, 1998.

[152] PIRIYA PHOLPHIRUL. Trade Responses to Prices and Exchange Rates: Evidence from Sectoral Differentials in Thailand. Thailand Development Research Institute Quarterly Review, Dec. 2004: 13 - 25.

[153] RANDALL HINSHAW. American Prosperity and the British Balance of Payments Problem. The Review of Economics and Statistics, Vol. 27, No. 1, Feb., 1945: 1 - 9.

[154] REINHART. Devaluation, Relative Price, and International Trade. IMF Staff Paper, 42, 1995: 290 - 312.

[155] RICHARD BALDWIN, PAUL KRUGMAN. Persistent Trade Effects of Large Exchange Rate Shocks," The Quarterly Journal of Economics, Vol. 104, No. 4, Nov., 1989: 635 - 654.

[156] ROBINSON, JOAN. The Foreign Exchanges. in Essays in the Theory of Employment, Joan Robinson ed., London: Macmillan and Co., Ltd., 1937: 183 - 209.

[157] ROSE A K, YELLEN. Is This a J - curve?. Journal of Monetary Economics, 24, 1989: 53 - 56.

[158] ROSE A K. The Role of Exchange Rates in A Popular Model of International Trade: Does the 'Marshall - Lerner' Condition Hold?. Journal of International Economics, 30, 1991: 301 - 316.

[159] SCHEMBRI, LAWRENCE. Export Prices and Exchange Rates: An Industry Approach. in Robert Feenstra, ed., Trade Policies for International Competitiveness, Chicago: University of Chicago Press, 1989: 185 - 216.

[160] SENHADJI. Time - Series Estimation of Structural Import Demand Equations: A Cross - Country Analysis. Staff Papers of International Monetary Fund, Vol. 45, No. 2, Jun., 1998: 236 - 268.

[161] SHIRVANI H, B WILBRATTE. The Relationship between the Real Exchange Rate and the Trade Balance: an Empicical Reassessment. International Economics Journal, Vol. 11, 1997: 30 - 50.

[162] SIBERT A. Exchange Rates, Market Structure, Prices and Imports. Economic Record, 68 (202), 1992: 233 - 239.

[163] SIMS C A. Money, income and causality. American Economic Review, 62, 1972: 540 – 552.

[164] SPITAELLER E. Short – run Effects of Exchange Rate Changes on the Terms of Trade and Trade Balance. IMF Staff Papers, 27 (2), 1980: 320 – 348.

[165] TAKATOSHI ITO, KIYOTAKA SATO. Exchange Rate pass-Through and Domestic Inflation: A Comparison between East Asia and Latin American Countries. The Research Institute of Economy, Trade and Industry Discussion Paper Series, 07 – E – 040, http: //www. rieti. go. jp/en/, 2007.

[166] TAYLOR JONE B. Low Inflation, Pass Through, and the Pricing Power of Firms. European Economic Review, 44 (7), 2000: 1389 – 1408.

[167] UDO BROLL, BERNHARD ECKWERT. Exchange Rate Volatility and International Trade. Southern Economic Journal, 66 (1), 1999: 178 – 185.

[168] VIAENE J M, DE VRIES C G. On the Design of Invoicing Practices in International Trade. Open Economics Review, 3, 1992: 133 – 142.

[169] VCNABLES A J. Microeconomic Implications of Exchange Rate Changes. Oxford Review of Economic Policy, 6 (3), 1990: 18 – 27.

[170] WARNER D, KREININ M E. Determinants of international trade flows. Review of Economics and Statistics, 65, 1983: 96 – 104.

[171] WILSON P. Exchange rate and the Trade Balance for Dynamic Asian Economies: Does the J – curve Exit for Singapore, Malaysia and Korea?. Open Economies Reviews, 12, 2001: 389 – 413.

[172] WILSON J F, TAKACS W E. Differential responses to price and exchange rate influences in the foreign trade of selected industrial countries. Review of Economics and Statistics, 61, 1979: 267 – 279.

[173] YANG, JAIWEN. Exchange Rate Pass Through into U. S. Manufacturing Industries. Review of Economics and Statistics, 79, 1997: 95 – 104.

[174] YURI NAGATAKI SASAKI. Pricing – to – Market Behavior: Japanese Exports to the US, Asia, and the EU. Review of International Economics, Vol. 10, 2002: 140 – 150.

[175] 联合国国际货币基金组织. 中国经济改革的新阶段 [M]. 北京: 中国金融出版社, 1994.

[176] 保罗·克鲁格曼, 茅瑞斯·奥伯斯法尔德. 国际经济学 [M]. 海

闻，等，译. 北京：中国人民大学出版社，1996.

[177] 毕吉耀，陈长缨，张一，等. 人民币汇率变动对就业的影响 [J]. 宏观经济研究，2009，4：10-16.

[178] 毕玉江. 实际有效汇率对我国商品进出口贸易的影响 [J]. 世界经济研究，2005，6：61-67.

[179] 毕玉江，朱钟棣. 人民币汇率变动的价格传递效应——基于协整与误差修正模型的实证研究 [J]. 财经研究，2006，7：53-62.

[180] 毕玉江，朱钟棣. 人民币汇率变动对中国商品出口价格的传递效应 [J]. 世界经济，2007，5：3-15.

[181] 卜永祥. 人民币汇率变动对国内物价水平的影响 [J]. 金融研究，2001，3：78-88.

[182] 曹永福. 中国贸易弹性的实证研究 [J]. 国际贸易问题，2005，10：10-13.

[183] 陈彪如. 人民币汇率研究 [M]. 上海：华东师范大学出版社，1992.

[184] 陈六傅，刘厚俊. 人民币汇率的价格传递效应——基于 VAR 模型的实证分析 [J]. 金融研究，2007，4：1-13.

[185] 陈平，熊欣. 进口国汇率波动影响中国出口的实证分析 [J]. 国际金融研究，2002，6：7-11.

[186] 陈平，谭秋梅. 人民币回滞问题的供求分析及 SUR 检验 [J]. 国际金融研究，2006，5：41-49.

[187] 陈平，李凯. 人民币汇率变动对广东外向型经济的影响——基于 VAR 模型 [J]. 国际经济评论，2008，1：48-51.

[188] 陈学彬，李世刚，芦东. 中国出口汇率传递率和盯市能力的实证研究 [J]. 经济研究，2007，12：106-117.

[189] 陈用山，等. 亚洲"四小"汇率制度与外贸发展 [M]. 厦门：厦门大学出版社，1995.

[190] 陈治中. 人民币升值对中国大陆加工贸易行业中外资企业的影响 [J]. 科技情报开发与经济，2005，9：117-121.

[191] 储幼阳. 人民币均衡汇率实证研究 [J]. 国际金融研究，2004，5：19-24.

[192] 戴祖祥. 我国贸易收支的弹性分析：1981—1995 [J]. 经济研究，

1997，7：55-62.

[193] 董继华. 汇率、贸易弹性和经常账户 [J]. 数量经济技术经济研究，2008，3：30-44.

[194] 杜进朝. 汇率变动与贸易发展 [M]. 上海：上海财经大学出版社，2004.

[195] 杜晓蓉. 人民币汇率波动对美国进口价格的不完全传递 [J]. 山西财经大学学报，2006，8：51-56.

[196] 范从来，曹丽. 人民币汇率走势的实证分析——基于1994—2001年数据的判断 [J]. 经济科学，2004，1：73-82.

[197] 范金，郑庆武，王艳，等. 完善人民币汇率形成机制对中国宏观经济影响的情景分析——一般均衡分析 [J]. 管理世界，2004，7：29-43.

[198] 范言慧，宋旺. 实际汇率对中国就业的影响：对中国制造业总体的经济分析 [J]. 世界经济，2005，4：3-14.

[199] 封北麟. 汇率传递效应与宏观经济冲击对通货膨胀的影响分析 [J]. 世界经济研究，2006，12：45-51.

[200] 葛开明. 人民币汇率与劳动生产力成本相对优势的思考 [J]. 世界经济研究，2005，1：32-36.

[201] 辜岚. 人民币双边汇率与我国贸易收支关系的实证研究：1997—2004 [J]. 经济科学，2006，1：65-74.

[202] 谷任，吴海斌. 汇率变动对我国纺织品出口国际竞争力的影响 [J]. 国际贸易问题，2006，8：29-35.

[203] 何帆，陈平. 外汇储备的积极管理：新加坡、挪威的经验与启示 [J]. 国际金融研究，2006，6：4-14.

[204] 贾恩卡洛·甘道尔夫. 国际金融与开放经济的宏观经济学 [M]. 靳玉英，译. 上海：上海财经大学出版社，2006.

[205] 姜波克. 国际金融学 [M]. 高等教育出版社，1999.

[206] 姜波克，陆前进. 汇率理论和政策研究 [M]. 上海：复旦大学出版社，2000.

[207] 鞠荣华，李小云. 中国农产品出口价格汇率传递研究 [J]. 中国农村观察，2006，2：16-24.

[208] 李安心，孙立坚. 购买力平价难以成立的重要原因：从"价格歧视"的新观点来论述 [J]. 世界经济研究，2003，1：81-85.

[209] 李广众, LAN P. VOON. 实际汇率错位、汇率波动性及其对制造业出口贸易影响的实证分析: 1978—1998 年平行数据研究 [J]. 管理世界, 2004, 11: 22 - 28.

[210] 李海菠. 人民币实际汇率与中国对外贸易的关系 [J]. 世界经济研究, 2003, 7: 62 - 65.

[211] 李建伟, 余明. 人民币有效汇率的波动及其对中国经济增长的影响 [J]. 世界经济, 2003, 11: 21 - 34.

[212] 李子奈, 叶阿忠. 高等计量经济学 [M]. 北京: 清华大学出版社, 2000.

[213] 厉以宁, 等. 中国对外经济与国际收支研究 [M]. 北京: 国际文化出版公司, 1991.

[214] 梁琦, 徐原. 汇率对中国进出口贸易的影响——兼论 2005 年人民币汇率机制改革 [J]. 管理世界, 2006, 1: 48 - 56.

[215] 林伯强. 人民币均衡实际汇率的估计与实际汇率错位的测算 [J]. 经济研究, 2002, 12: 60 - 70.

[216] 林毅夫. 关于人民币汇率问题的思考与政策建议 [J]. 世界经济, 2007, 3: 3 - 12.

[217] 卢锋, 韩晓亚. 长期经济成长与实际汇率演变. 经济研究 [J]. 2006, 7: 4 - 13.

[218] 卢锋, 李远芳, 刘鎏. 国际商品价格波动与中国因素——我国开放经济成长面临新问题 [J]. 金融研究, 2009, 10: 38 - 56.

[219] 卢向前, 戴国强. 人民币实际汇率波动对我国进出口的影响: 1994—2003 [J]. 经济研究, 2005, 5: 31 - 39.

[220] 罗纳德·金麦农, 大野健一. 美元与日元: 化解美日两国的经济冲突 [M]. 上海: 上海远东出版社, 1999.

[221] 罗忠洲. 关于汇率对进口价格转嫁率的实证分析: 以 1971—2003 年的日本为例 [J]. 金融研究, 2004, 11: 54 - 61.

[222] 马红霞. 欧元区东扩的进程、问题及其影响 [J]. 世界经济研究, 2007, 3: 79 - 85.

[223] 马红霞, 张朋. 人民币汇率变动对中欧出口价格的传递效应 [J]. 世界经济研究, 2008, 7: 32 - 38.

[224] 马宇. 人民币汇率对出口价格传递率的实证分析: 以家电行业出口

为例 [J]. 经济科学, 2007, 1: 44 - 53.

[225] 马宇. 金融体系风险分担机制研究 [M]. 北京: 经济管理出版社, 2006.

[226] 马宇, 江秀辉. 人民币汇率升值对我国工资性收入分配的影响 [J]. 时代金融, 2007, 7: 52 - 53.

[227] 麦金龙. 经济市场化的次序——向市场经济过渡时期的金融控制 [M]. 上海: 上海三联出版社, 1997.

[228] 倪克勤. 人民币汇率的传递机制和杠杆作用 [J]. 财经科学, 1999, 1: 68 - 70.

[229] 裴长洪. 正确认识我国加工贸易转型升级 [J]. 国际贸易, 2008, 4: 4 - 8.

[230] 强永昌, 吴兢, 陈爱玮, 等. 有关人民币汇率问题的对外贸易分析 [J]. 世界经济研究, 2004, 8: 4 - 9.

[231] 秦宛顺, 靳云汇, 卜永祥. 人民币汇率水平的合理性——人民币实际汇率与均衡汇率的偏离度分析 [J]. 数量经济技术经济研究, 2004, 7: 26 - 31.

[232] 任兆璋, 宁忠忠. 人民币实际汇率与贸易收支实证分析 [J]. 现代财经, 2004, 11: 29 - 34.

[233] 沙文兵. 人民币实际有效汇率的水平与波动性对就业的影响——基于东部地区面板数据的实证分析 [J]. 世界经济研究, 2009, 4: 20 - 24.

[234] 沈国兵. 美中贸易关系与人民币汇率关系: 实证分析 [J]. 当代财经, 2005, 1: 43 - 47.

[235] 沈国兵. 中日贸易与人民币汇率: 实证分析 [J]. 国际经贸探索, 2004, 5: 11 - 16.

[236] 盛洪. 外汇额度的交易: 一个计划权利交易的案例 [M]. 上海: 上海人民出版社, 1996.

[237] 施建淮, 余海丰. 人民币均衡汇率与汇率失调: 1991—2004 [J]. 经济研究, 2005, 4: 34 - 45.

[238] 宋文兵. 中国的资本外逃问题研究: 1987—1997 [J]. 经济研究, 1999, 5: 39 - 48.

[239] 宋小川. 国际收支调节理论中的弹性说述评 [J]. 世界经济, 1986, 5: 33 - 40.

[240] 孙立坚. 现代汇率理论体系及其评价 [J]. 世界经济，2003，1：22-28.

[241] 孙立坚，吴刚，李安心. 国际贸易中价格传递效应的实证研究 [J]. 世界经济文汇，2003，4：3-21.

[242] 唐国兴，徐剑刚. 现代汇率理论及模型研究 [M]. 北京：中国金融出版社，2003.

[243] 唐纳德·马西森，等. 资本帐户自由化——经验与问题 [M]. 中国金融出版社，1995.

[244] 佟家栋. 人民币汇率变动在我国对外贸易中的作用及其条件限制 [J]. 南开学报（哲学社会科学版），1999，6：34-40.

[245] 万解秋，徐涛. 汇率调整对中国就业的影响——基于理论与经验的研究 [J]. 经济研究. 2004，2：39-46.

[246] 万正晓. 基于实际有效汇率变动趋势的人民币汇率问题研究 [J]. 数量经济技术经济研究，2004，2：5-15.

[247] 王晋斌，李南. 中国汇率传递效应的实证分析 [J]. 经济研究，2009，4：17-29.

[248] 王铮，龚轶，王尽然，等. 从贸易转价理论看人民币汇率问题 [J]. 管理科学学报，1999，9，Vol. 2 (3)：85-91.

[249] 魏巍贤. 基于贸易方程的人民币汇率研究 [J]. 经济科学，2000，1：20-28.

[250] 伍德里奇. 计量经济学现代观点（第二版）[M]. 北京：清华大学出版社，2004.

[251] 吴丽华，王锋. 人民币实际汇率错位的经济效应实证研究 [J]. 经济研究，2006，7：15-28.

[252] 向东. 汇率变动的支出转换效应 [J]. 国际金融研究：2004，1：50-55.

[253] 谢建国，陈漓高. 人民币汇率与贸易收支：协整研究和冲击分解 [J]. 世界经济，2000，9：27-34.

[254] 谢志勇. 亚洲金融危机以来人民币汇率与进出口贸易增长关系的实证分析 [J]. 国际金融研究，1999，7：64-68.

[255] 徐康宁，施海洋. 亚洲金融危机五年后看人民币汇率保持稳定的原因——关于人民币币值与中国进出口贸易关系的分析 [J]. 东南大学学报（哲

学社会科学版)，2002，4（3）：38－45．

[256] 许和连，赖明勇. 中国对外贸易平衡与实际有效汇率 [J]. 统计与决策，2002，2：19－21．

[257] 许少强，朱真丽. 1949—2000 年的人民币汇率史 [M]. 上海：上海财经大学，2002.

[258] 许伟，傅雄广. 人民币名义有效汇率对进口价格的传递效应研究 [J]. 金融研究，2008，9：77－91．

[259] 杨碧云. 汇率波动的贸易效应文献综述 [J]. 海南金融，2009，11：10－14．

[260] 杨碧云. 人民币汇率变动对我国加工贸易进口的实证研究 [J]. 当代财经，2009，9：99－104．

[261] 杨碧云，易行健. 广东外贸依存度的判断及其趋势预测——基于外贸依存度的国际与国内比较 [J]. 国际经贸探索，2009，1：9－13．

[262] 杨碧云，易行健. 我国经常项目收支的演变趋势、结构分解及其原因与对策分析 [J]. 世界经济研究，2009，6：19－25．

[263] 杨长江. 人民币实际汇率长期调整趋势研究 [M]. 上海：上海财经出版社，2002.

[264] 杨长江，程锋. 人民币实际汇率调整趋势与中国经济转型 [J]. 南方经济，2008，12：30－40．

[265] 杨玉华. 进出口贸易增长与人民币汇率之间的长期均衡与动态波动分析 [J]. 国际贸易问题，2007，6：110－116．

[266] 伊藤隆敏，彼德·伊萨德，史蒂文·西门斯基，等. 汇率变化及其对亚太经合组织地区贸易和投资的影响 [M]. 北京：中国金融出版社，1996.

[267] 易纲，汤弦，范敏. 汇率制度的选择和人民币有效汇率的估计 [J]. 北京大学中国经济研究中心学刊，2000，2：1－10．

[268] 易行健. 经济开放条件下的货币需求函数：中国的经验 [J]. 世界经济，2006，4：49－59．

[269] 易行健. 人民币有效汇率波动对我国货币替代与资本外流影响的实证检验 [J]. 世界经济研究，2006，12：40－45．

[270] 易行健. 我国外贸依存度高低的判断及其趋势预测：一个发展阶段假说 [J]. 国际贸易问题，2006，6：10－15．

[271] 易行健. 我国进出口快速增长的现状、趋势、问题及未来的政策选

择 [J]. 中央财经大学学报, 2006, 12: 63-68.

[272] 易行健. 人民币实际有效汇率波动对外汇储备影响的实证研究: 1996—2004 [J]. 数量经济技术经济研究, 2007, 2: 3-10.

[273] 殷德生. 中国贸易收支的汇率弹性与收入弹性 [J]. 世界经济研究, 2004, 11: 47-53.

[274] 余明, 等. 人民币汇率专题研究 [J]. 货币政策研究, 2003, 1: 1-30.

[275] 余斌. 马歇尔—勒纳条件的实证研究 [J]. 对外经济贸易大学学报, 2000, 5: 5-7.

[276] 余珊萍, 韩剑. 基于引力模型的汇率波动对我国出口影响的实证分析 [J]. 新金融, 2005, 11: 23-27.

[277] 俞萌. 人民币汇率的巴拉萨-萨缪尔森效应分析 [J]. 世界经济, 2001, 5: 24-28.

[278] 俞乔. 论我国汇率政策与国内经济目标的冲突及协调 [J]. 经济研究, 1999, 7: 23-32.

[279] 喻卫斌, 苏国强. 人民币升值对广东加工贸易影响的实证研究 [J]. 南方金融, 2006, 1: 27-29.

[280] 袁宜. 资本项目开放中的汇率安排——印度的经验及对我国的启示 [J]. 世界经济研究, 2005, 6: 36-41.

[281] 岳昌君. 亚洲十国经济贸易关系的实证分析 [J]. 财贸经济, 2000, 8: 58-61.

[282] 张斌. 人民币真实汇率: 概念、测量与解析 [J]. 经济学, 2005, 1: 317-334.

[283] 张明. 人民币贬值对我国贸易收支的关系研究——关于国际收支的理论分析 [J]. 金融教学与研究, 2001, 1: 2-6.

[284] 张曙光, 等. 中国贸易保护代价的实证分析 [J]. 经济研究, 1997, 2: 12-22.

[285] 张曙光. 人民币汇率问题: 升值及其成本—收益分析 [J]. 经济研究, 2005, 5: 17-30.

[286] 张晓朴. 人民币均衡汇率研究 [M]. 北京: 中国金融出版社, 2001.

[287] 赵大平. 汇率传递及其对贸易平衡的影响 [J]. 世界经济研究,

2005, 9: 37 - 41.

[288] 钟伟. 略论人民币的国际化进程 [J]. 世界经济, 2002, 3: 56 - 59.

[289] 周申. 贸易自由化、汇率政策与中国宏观经济内部平衡 [J]. 世界经济, 2003, 5: 27 - 33.

[290] 钟剑, 孟浩. 大国经济模型下人民币汇率变动对中国外贸影响分析 [J]. 当代财经, 2008, 12: 99 - 104.

[291] 朱真丽, 宁妮. 中国贸易收支弹性分析 [J]. 世界经济, 2002, 11: 26 - 31.

后 记

　　本书是以我的博士论文为基础与导师陈平教授一起修改完成的。文章收笔并不如无数次想象中的那般轻松释然和狂喜落泪，有太多需要进一步完善的地方，有太多值得进一步研究的课题。在拟博士论文选题时的迷惑与彷徨、在理论演绎有所斩获和实证分析结论找到现实支持时的欣喜、在遇到困难时的纠结与困惑、在发现新问题却难以解决时的惶恐与不安，以及在出版前的重新修订都让我第一次全面地体会到研究工作中的种种不易。

　　人生的道路上有太多的偶然，或许种种偶然的背后又都是必然的结果。每当想起自己的专业转换，从本科的会计专业到硕士的财政学专业再到博士的金融学专业，虽然研究对象不同，但终究跳不开那个被称为 Finance 的关键词，任一经济主体的活动中总如影随形的伴有资金的流动，或许这才是必然要和我结缘一生的研究主题。从 1995 年上大学到现在，人生的路线也一变再变，从湘潭大学到浙江大学再到中山大学，从湘潭到杭州再到广州，这期间有多次考研和考博的历练，有从公司到银行再到高校的工作经历，还有为人妻母的家庭生活，这其中的辗转变化因偶然而起，却也因一颗不肯止步的心而必然发生，让我有了更多的人生经历和更丰富的人生体验。

　　博士学习期间，我首先要感谢我最尊敬和爱戴的导师——陈平教授，是他无私地接受了从外专业调剂过来的我，使我没有因为刚当上妈妈而被拒之于求学门外，是他的宽容、理解和支持让我的博士学习和论文写作有了足够的自由，激励我认真地学习，是他的言传身教让我对科研工作有了更多的了解与更深的认识，也让我对新的研究方向产生了不可割舍的兴趣。老师宽厚为人、淡然处世的品格风范和对研究的执着与热情都将使我受益终生。同时，我要感谢我的硕士生导师朱柏铭教授，因为有了他的指导才让我对经济学研究有了最初的认识与体验，为之后的学习、教学和科研工作打下了坚实的基础，老师淡泊明志的生活态度和宁静致远的工作情怀一直让我牢记于心。

博士学习期间我还得益于诸多良师的教导与指引，是他们夯实了我的理论与实证研究基础。他们是王美今教授、王曦教授、陆军教授、李仲飞教授、王一鸣教授、郭小冬教授、林江教授、姚益龙教授、李杰博士、周开国博士、何兴强博士和史卫博士等。另外，岭南行政办公室的阳向荣老师也为我提供了多方面的帮助。在此对各位老师表示感谢！另外，我还要感谢我的工作单位广东外语外贸大学国际经济与贸易学院的领导和同事们，是学院领导的宽容与学院同事的体谅和帮助让我有更充足的时间完成我的博士学业。在此期间，还有我的学友们也给予我诸多帮助，他们是博士同门胡新添、刘醒云、徐守本、梅琳、谭秋梅、任庆华、李凯、颜超、袁申国等，博士同学刘冰冰、李景睿、展凯、李琴、杨景辉、向铁梅、刘白兰、陈云、孙健、刘显昌等，好友张晓寒、王霞、李霞、郑恒、郭萍等。我在此一并表示感谢！

　　我要把本书献给我的家人，因为是他们让我拥有了一个幸福温暖的家。在博士学习期间，一辈子为儿女着想的公公婆婆全力帮我带小孩，并给予我理解，让我有足够的时间安心地在兼顾高校工作的同时专注于我的博士学习。陪着孩子一天天成长更给了我无穷的力量，与儿子相处的每分每秒都能给我最好的抚慰，让我在学习、工作和家庭生活中找到平衡。我的幸福还应归因于一个不得不说的人和一个不得不说的理由，那就是我的先生易行健博士和他对我的种种苛责和爱护，是他在我懒散时给予我最严厉的批评，是他在我辛劳时给我最温情的照顾，是他在我最困惑时给我最及时的引导，是他引领和见证了我十年的成长。而家庭成员中的另一位，我的小叔易君健，在兄长的引导下，从中专毕业生成长为我在浙大的硕士学弟，再到香港中文大学攻读博士学位并跨越重洋追随诺奖得主詹姆士·赫克曼进行博士后研究。其传奇经历虽不可复制，但他的经历却时刻激励着我命运是由自己掌握的，只要有决心，付出的努力终究会有回报，他对我的鼓励与支持也让我有了更多积极进取的勇气。另外，还有对他的另一半、我的妯娌沈勤芳女士在与我同时求学的过程中为这个家庭带来的欢乐以及给我儿子的疼爱一并表示感谢！

　　最后我要将此书献给生我养我的父母们和与我一起成长的妹妹和弟弟，因为有了他们我才能一步步长大成人，因为有了他们我才能在不管遇到多少风和雨时都能勇敢前行。

杨碧云

2012 年 2 月 5 日于丽园